前　言

　　高质量发展是一种相对的概念，是在原有发展基础之上更优、更好、更新、更协调的一种状态。其是一种创新驱动型的经济增长方式，它将创新、高效、节能、环保、高附加值等因素融为一体，形成了以智慧经济为主导、高附加值为核心的增长模式。这种增长方式强调质量优先，不仅注重经济总量的增长，更关注有效经济总量的提升，致力于推动产业升级，促进经济建设、政治建设、文化建设、社会建设、生态文明建设的全面可持续发展。正确把握和深刻理解高质量发展的理论内涵，有助于减少政策制定和经济工作中的失误，破解思想误区，也有助于更好地探索实现经济高质量发展的有效路径。

　　本书是一部系统研究我国经济高质量发展多维路径的专著，全书以高质量发展的内涵阐释、经济高质量发展的理论依据、经济高质量发展的条件与环境为切入点，剖析新时代中国经济增长新变化，解读经济高质量发展指标体系，探讨基于产业视角的我国经济高质量发展，最后围绕大数据下我国经济高质量发展、"互联网＋"助推我国经济高质量发展、创新驱动战略下我国经济高质量发展展开研究。全书理论观点新颖、论述深刻，紧扣时代脉搏，注重理论联系实际，具有较强的理论性、实践性和指导性。

　　本书撰写得到了许多专家、学者的帮助和指导，在此表示诚挚谢意。由于笔者水平有限，加之时间仓促，书中所涉及的内容难免有疏漏与不够严谨之处，希望读者多提宝贵意见，以待进一步修改，使之更加完善。

目 录

第一章 绪 论 …………………………………………… 001

　第一节　高质量发展的内涵阐释 ……………………… 001

　第二节　经济高质量发展的特征表现 ………………… 005

　第三节　经济高质量发展的理论依据 ………………… 007

　第四节　经济高质量发展的条件与环境 ……………… 009

第二章 新时代中国经济增长新变化 …………………… 016

　第一节　经济增长速度的变化 ………………………… 016

　第二节　经济增长客观条件的变化 …………………… 017

　第三节　经济转向高质量发展的可能性 ……………… 019

第三章 我国经济高质量发展指标体系 ………………… 023

　第一节　经济高质量发展的衡量维度 ………………… 023

　第二节　经济高质量发展的测量指标 ………………… 027

　第三节　经济高质量发展的国际经验 ………………… 033

第四章　基于产业视角的我国经济高质量发展 048

第一节　我国农业的高质量发展 048

第二节　我国服务业的高质量发展 056

第三节　我国建筑业的高质量发展 073

第四节　我国制造业的高质量发展 083

第五章　大数据推动我国经济高质量发展探究 092

第一节　大数据推动我国经济高质量的背景分析 092

第二节　大数据推动我国经济高质量发展的动力机制 105

第三节　大数据推动我国经济高质量的实现路径 108

第四节　大数据推动我国经济高质量的加快对策 113

第六章　"互联网+"助推我国经济高质量发展 124

第一节　"互联网+医疗"建设助推高质量发展 124

第二节　"互联网+教育"建设助推高质量发展 142

第三节　"互联网+旅游"建设助推高质量发展 166

第四节　"互联网+智慧城市"建设助推高质量发展 185

第七章　创新驱动战略下我国经济高质量发展 199

第一节　创新驱动的演进及其理论内涵 199

第二节　知识创新体系与我国经济高质量发展 219

第三节　技术创新体系与我国经济高质量发展 …………… 228

第四节　模式创新体系与我国经济高质量发展 …………… 240

第五节　空间创新体系与我国经济高质量发展 …………… 253

结束语 …………………………………………………………… **266**

参考文献 ………………………………………………………… **267**

第一章 绪 论

我国正在进入一个新的经济转型时期,即高质量发展的时期。虽然推动高质量发展有许多有利条件,但也面临着前所未有的挑战。实现高质量发展的关键在于创新体制机制,建立适应高质量发展要求的体制环境。

第一节 高质量发展的内涵阐释

在党的二十大报告中,明确提出了高质量发展是全面建设社会主义现代化国家的首要任务。这也意味着,发展是党执政兴国的第一要务。在实现这一目标的过程中,必须依靠坚实的物质技术基础,才能全面建设成为一个现代化强国。为此,必须完整、准确、全面地贯彻新发展理念,坚持社会主义市场经济改革方向,并持续推进高水平对外开放。同时,还要加快构建以国内大循环为主体、国内国际双循环相互促进的新发展格局。

理解发展质量概念,需要从不同的视角理解剖析。从衡量经济学各项生产指数的角度解释发展质量的意义,既表达生产的各类产品和提供对应服务的水平,又包含社会各项生产,以及产业发展的状态和国家经济产业整体的运行状况。将发展质量的内涵同社会各行业的生产及资本投入状况联系可知,如果在社会范围内实现经济效益的高质量,需要在控制好前期投入要素数量的基础上，强化创新驱动，建立良好的发还环境，才能使生产效果达到最大化。

一、高质量发展是满足高质量需求的发展

随着新时代的到来，我国社会主要矛盾已经发生了转变，从过去的"人民对物质生活的渴望和物质生产之间的矛盾"转变为"人民日益增长的美好生活需要和不平衡不充分的发展之间的矛盾"。实现美好生活的关键在于提供高质量的商品和服务。我国的制造加工技术一直以来都被世界其他国家所认可，生产加工的产品在世界各国使用的产品中占据较大比例。同时，我国缺乏有明显标识性的独立设计品牌，国家经济行业的加工生产质量还停留在符合人们基础性生活需要的层次。因此，国家政策和相关部门的规划方案还需要向改善制造生产质量方向进行调整。

在社会范围内，大型生产加工企业应完善产品自生产阶段至供应阶段的销售体系，不能将企业的发展目标和制造方向限制于基础性物品加工，而是需要吸纳专业性的研究人才，提升自身产品的实际价值和实用功能，研制开发带有企业发展文化内涵的新型高质量品牌。

在大方向上，我国需要调整国内各行业的产品制造状况，提高生产要素的利用效率，加强自主创新能力。现今，西方国家取得经济增长的主要动力，是通过将新研发的各项理论技术应用于产品的制造过程中，从而全面提升产品质量，不断提高全要素生产率，为经济增长做出更大的贡献。

二、高质量发展能够促进人口素质的全面发展

提高加工产品的质量层次不仅要从加工效率方面着手，还要确保国内群众经过企业制造方式的改进，实现居民生活水平的提升，促进人的素质全面

发展。因此，我国经济的高质量发展是促进社会公平发展的基础条件，是实现全体人民共同富裕的本质要求。

在经济高质量发展的基础上，我国社会应当构建合理的收入体系。通过产业结构的转型、经济发展模式的变革，带动社会分配方式的调整和完善，不断提高劳动力的收入水平，为人口素质的全面发展提供保障。

建立并发展适应社会发展水平的社会保障体系，是实现增进民生福祉的根本目标。为了实现这一目标，必须在建设合理的收入分配体系的基础上，构建与发展水平相适应的社会保障体系，着力在幼儿教育、学生教育、医疗保健、老年人养护、弱势群体扶持等领域不断取得新的进展。

三、高质量发展开启我国新一轮经济转型

高质量发展的概念解释，要求我国经过改革开放的经济宽松政策后，需要加快企业内部生产和加工方式革新，让经济增长的总量获得大幅度提升，使社会不同层次的制造企业拥有符合实际现状的产品质量。加之我国对城市基本形态的改造计划实施，可以使我国产品加工和销售体系更加完善。国家相关产业部门制定实施政策时，需要将经济质量状况作为主要的改进方向和衡量企业结构创新的标准。

（1）从"数量追赶"转向"质量追赶"。我国于2010年经济总量超越日本，成为世界第二大经济体，并成为一个中等偏上收入国家。经济的迅猛发展，极大地提高了我国的社会生产力水平。在完善国内生产各类产品的手段和资源要素采集渠道后，社会范围内的制造业发展水平逐渐超越了原本领先的西方国家。目前，我国工业总产值已超越美国，连续多年位居世界首位。我国已经在数量层面上完成了对发达国家的超越。伴随着国内群众可支配收入的持续增长，居民生活状态和我国对外展现的消费情况有较大变化。在国

内外市场中，消费者更加追求多样化、个性化、高质量的产品和服务。因此，加工和制造数量方面的增加，并不能成为国家发展的唯一方向，随着世界经济形势的变化和各国理论性科技成果实用度的增加，追求加工数量的增加已不能满足国内群众的基本生活和精神方面的需要。

（2）从"规模扩张"转向"结构优化"。在制造数量成倍数增加的时期，国内经济收入增加的主要渠道，需要借助经济规模的持续增加完成，但数量增加伴随的是国内基础性生产制造原料的大量消耗，意味着依靠规模扩张为主的企业，其发展理念不再适用，以往将国内大面积的闲置土地用于改造加工厂的方式不能再继续实施。国家需要将持续增加的制造加工类企业数量，转变为将制造产品的质量层次向更远的方向延伸，完善企业制造产品的原料和产品销售渠道，实现产业结构优化。在国内，社会企业加工的产品质量可以满足居民群众对生活和享受的需求目标后；应进一步提高理论性的科技研究成果向实践应用领域的转化。

（3）从"要素驱动"转向"创新驱动"。近年来，我国适宜参与社会生产企业各项劳动和加工的劳动力资源逐渐减少，社会范围内固有的基础性土地和其他生产资源的供应数量无法同以往时期保持一致。国内各区域的生态环境和绿化覆盖率逐渐减少，借助社会企业加工数量不断增长的方式，无法获得更多实际性利益。因此，支撑我国经济收入增加的方式和推动力，已经转变为科技研发成果的投入数量，由提升加工产品制造数量的加数增长方式，转变为依靠各类创新要素带来的乘数增长方式。因此，提高社会各行业的质量发展符合我国基础性经济状况和国内人民群众的生活状态。不能将生产制造行业形成的体系作为衡量我国经济收入模式的主要指标，还需要考虑我国内部其他行业的结构变化和消耗的资源状况。要大幅度提升制造产品的质量层次，需要在国家相关政策持续支撑的前提下，拓展经济发展新渠道。

第二节 经济高质量发展的特征表现

为了确保经济持续稳定发展，推动我国经济高质量发展已成为遵循经济规律、保障经济持续健康发展以及全面实现社会主义现代化国家建设的必然要求。

我国经济高质量发展的主要特征有以下五种。

特征一：第三产业对经济增长的贡献显著增加。

根据介绍加工产业的各项理论性资料可以说明，社会范围内和制造产业的模式改造，也是产品数量和质量双向提升的过程。然而，从未来国家经济状况和实际发展需求来看，产品加工流程不断改造是新型信息传播方式持续开拓的必然要求。从理性知识研发成果的应用程度来看，可将服务业发展水平作为衡量国家经济增长状态的指标。

特征二：创新对经济增长的贡献显著增加。

自从国家采取持续增加部分城市产品销售和制造的对外开放度政策后，我国较长时期内经济的增长状态都保持较好的水平，是我国从有相关文字记录经济增长情况的历史以来最高增长状态的呈现。但过去经济收入增长的主要渠道是通过社会各行业产品制造数量的增加，同时，大量开采消耗国内各项基础性生产原料和资源，伴随加工进程的开展，还使环境与资源面临巨大压力，对自然生态环境造成较大破坏。在我国经济收入增长获得持续性增长期间，社会付出的其他代价和成本消耗也比较高，因此，在人们意识到加工数量增长的经济收入方式的各种弊端后，应将提升制造产品质量作为下一阶段的探索领域。在研究如何提升产品质量层次的过程中，需要将我国已有的理论性科学成果不断进行应用领域转化，同时将探索目光集中于生产流程的合理设置和创新理念的应用。

特征三：消费对经济增长的贡献显著增加。

从国家提出对社会范围内企业制造的过程开展政策性支持后，我国经济领域实际资本的增加，主要依靠向外销售各类加工商品和吸引国外大型机构的资金投入，在当时社会背景下，该现象是确保经济增长的必然措施。然而，伴随世界范围内其他国家经济形势的不断变化，我国制造出口的产品数量远超其他国家的实际需求数量。原本借助制造产品进行对外贸易和吸纳其他国家企业主体经济投入的方式，增加国内经济收入的效果不再明显。但是，我国人民群众的经济收入状况较先前一个时期有了一定的提升，我国可以将产品的销售目标转向针对国内中等收入群体的实际需要，进一步刺激经济内循环。因此，现阶段我国调整产业制造方向和支撑政策，都是将消费作为主要的考虑目标，在社会范围内创造有利于民众产生消费的氛围环境。

特征四：结构优化。

伴随我国将各行业的创新成果不断转化为实践应用，深度了解在社会环境下人民群众的生活现状和消费需求后，我国需要实现产业结构的进一步优化和升级，从而引领社会供给体系的变革。按照这一要求，我国社会各行业都有自身的目标指引和结构调整方向，既可以提升国家经济收入，也可以确保生态环境要素处于稳定情况。对此，我国在不同产品和社会行业的供应部分更符合人民群众的现实需要，并将产品从生产到销售的完整路径进行体系化设置，将我国固有的基础性生产资源的消耗量与制造的实际需要相互协调。

特征五：包容性、普惠式增长。

目前，我国社会所面临的基本矛盾已经由生产力和生产关系之间的矛盾转变为人民对美好生活需求与不平衡不充分的发展之间的矛盾。如果经济发展不能满足人民对高品质生活的需求,将会削弱人们投资和消费的动力,进而影响国家总体经济收入的增加,影响社会各行业创新转型动力的形成。为了实现经济普惠式增长,国家需要不断优化产业结构,调整资源分配政策,使各项资源向落后地区和低收入人口倾斜,进一步缩小城乡之间、地区之间的发展差距。一般来说,服务型行业发展模式改进过程中涉及较多影响因素,如果可以实现现代服务业的快速发展,可以使其成为刺激人民群众产生消费和国家经济收入增加的主要动力。只有国家支撑性政策从人民群众的实际需求角度入手,才可以使社会的基本性矛盾在更短时间和可控范围内得到有效解决。

第三节 经济高质量发展的理论依据

一、经济增长质量理论在古典经济增长理论中的探讨

西方经济学是最早对经济领域实际收入增长的影响因素进行研究的,在《国富论》中,经济学家亚当·斯密提出了一套系统的探索方案,旨在促进国家经济收入的增加。他提出不同国家实际经济收入增加的影响因素具有相同性,核心影响因素是在生产过程中不同人群的任务分工和产品在社会范围内的需求量。他还将社会新兴起的理论性科学概念研究与产品销售渠道的扩充作为重要经济因素。在理论性科学探索成果持续应用于实际的产品制造过程中,在各项生产活动投入资源性成本数量固定的基础上,也可以利用生产手段的创新,提升实际制造效率。

在将加工产品向世界其他国家开展对外销售的过程中,企业的制造过程在国际范围内有合理的体系设置和销售流程安排,可以让剩余产品实现价值

并扩大再生产能力。在各个国家制定的国内经济领域调整政策中,需要改变不良政治因素对经济的阻碍作用,从整体和各项重要影响要素角度,综合剖析了促进经济总量增加的动力。

18世纪,西方另一位经济领域的研究学者约翰·穆勒从其他角度剖析了经济增长核心要素的构成,提出在西方许多国家存在收入资本不平衡的现象,是干扰人们消费观念产生的主要因素。这些研究还指出,在国家经济收入总量处于更高层次后,国家的法律制定维护部门和在社会范围内从事慈善事业的人不会再关注各产品的产出状况;认为从国家制定扶持政策的视角,需要考虑社会企业本身的制造需求和人民群众的实际利益。如果伴随国家经济收入总数的持续增加而无法使人们分享到经济成果,会使人民群众在心理情绪层面对国家管理者的政策和国家未来产生质疑。只有当整个国家的经济发展成果能够被所有人共同分享时,才能称之为有意义、有质量的经济增长。

到20世纪,西方经济学家依据凯恩斯理论中的就业和收入理论,提出了以增加就业人口收入为基础的经济增长模型,其主要观点是将各行业的生产效率和资源成本之间的关系作为主要衡量指标,以此来推动经济增长,认为国家范围内人口数量的增加和新型科学理念的运用,都是提升国家整体经济增长的因素。伴随人口数量的增加,各国在制定扶持政策时,还需要预测控制未来人们的就业状态,确保社会各行业新型工作单位的缺口,可以满足人口增长的需要。但是,这类依靠人口数量增加和实际就业岗位满足为主要经济收入的增长手段并不具备长久性。这一理论的另一个弊端是没有将理论性科学研究成果的更新速度和实际利用率作为考虑因素,这些因素相较于传统的资源性生产要素更不可控。

二、新古典经济增长理论中的经济增长质量理论

美国新古典经济理论研究指出，从社会范围内各项干扰要素结合来看，劳动、投资与技术等要素对实现经济的质量增长能够起到关键作用。新古典理论将科学技术要素对企业制造和国内经济收入增加的影响关系进行了深入探究，认为国家如果可以有效控制和提升技术要素构成部分，可以实现经济总数的增加；还指出在研究科学技术要素应用度和开发现状的过程中，需要结合资本的实际投入研究。将生产加工创新带来的经济增长数据与资本投入增加带来的收入进行对比剖析可以明确知道，技术要素的创新改进对企业提高产品质量将发挥关键作用。经济学家对美国某些领域的产出状况进行了分析，并发现在这些领域的增长中，技术进步的作用远远超过了投资要素的作用。这些结论让更多的生产者意识到了科技创新的重要性。

这类以生产技术工具创新作为促进国家经济收入增加的理念有一定可取性，可以减少资金类投入成本对企业制造规模和产品质量层次的限制。但科学技术要素作为干扰经济收入总量的新因素，也具有动态性较强的特征，人们无法预测社会未来技术的发展方向和创新领域。然而，理性科学技术要素作为新的影响要素符合各国创新要求，具有积极的研究意义。

第四节　经济高质量发展的条件与环境

要使社会整体生产状况达到高质量的发展层次，需要对经济发展、社会文化、政策法律等环境要素加以研究和分析。国家内部实际经济收入方面，质量优质产品的增加，可以使社会范围内形成注重产品质量的文化氛围，并配合相关产业发展过程，进一步制定和完成法律规范与治理体系。

一、我国经济的发展阶段

在我国将制造产品销售渠道不断向世界其他国家开拓的过程中，我国经济实际收入增长的数字产生了大幅度跨越，为日后各行业生产产品的要求向高质量方面演化提供了基础性支撑。如今，我国经济领域的发展现状和企业制造模式较以往有更多特征，人民群众的实际经济收入较以前有大幅度增加，伴随社会企业制造主体雇佣劳动力成本的增加，各企业取得竞争优势的因素不能再依赖于成本的降低。从我国将社会各企业从事生产制造的劳动力人数持续增加，并获得一定经济收入后，伴随国际范围内制造形式和产品实际需求的改变，政府管理部门逐渐意识到应将增加制造环节的劳动力成本投入数量转为把控产品质量层次。

我国传统的企业生产方式和产品的实际供给，已经无法满足当今社会条件下人民群众生活的需要，产品的实际价值只能满足使用群体的基础性需要，不能在产品功能和其他附加价值方面进行深化和改造。目前，我国在经济发展及产品质量层次方面，仍与西方国家存在较大差距，在衡量产品质量等级的测算标准方面还不够健全，国家内部依靠自主力量研发和制造的各类产品品牌数量较少。因此，我国在调整自身社会行业制造产品质量产出层次时，需要将消费主体实际的使用需求作为目标性指引，确保各行业制造的产品有更多附加价值和属性，满足消费群体的使用需求。

二、经济高质量发展的社会文化环境

经济的高质量发展，离不开文化观念的指引。文化的具体含义，指经过历史时间积累，人民群众创造的精神层面文化理念的集合，而质量文化指我国社会生产方式变革而产生的各方面文化价值观念的集合。不只经济影响因素对社会未来前进方向的变革有重要的指引作用,文化要素也在社会改革过程中发挥出更加长效的影响作用。

自西方国家对自身制造生产的方式手段进行深层次改造后,部分西方国家在传统制造加工观念引导下,完成与现代加工生产观念的融合。此外,西方国家还将本国内部制造生产类的社会企业进行管理方式和生产模式的变革调整,这些社会生产方式革新行为背后都有相应的控制质量层次的观念文化指引。同时,质量文化自身又带有明显的被理解和传播的特征价值,通过对质量文化的传播和利用,可以帮助社会企业完善加工流程和企业生产层次定位。因此,质量是国家工业性制造能力和加工生产状况的明显体现,受参与制造加工人员的基础素养、社会企业内部参与制造的基础性装备和资源性材料影响。同时,国家生产物质产品的质量也是衡量国家文化发展的重要依据,体现国家内部社会各制造企业对管理理念和价值观念的理解。

我国历史悠久,形成了独具特色的农耕文化,将农业类作物的种植和出口作为国家总体经济增长的主要方式。此外,我国商业经济领域明显具有封闭性特征。伴随着各国将自身技术加工方式向更科学化和机械化的方向改造,许多国家在过度追求物质产品制造的过程中产生了投机取巧的思想,不断缩减产品加工过程中原料性物质的投入数量而无法把控产品最终的质量。我国也没有对社会企业制造加工流程的各个环节质量方面有明确要求,并未限定企业制造过程中的指引价值观念和社会范围内形成的质量文化。受急功近利思想的影响,经济脱实入虚现象日益严重,越来越多的资金流向房地产市场、商品市场、股票市场甚至债券市场,导致资产泡沫逐渐膨胀。这种恶性循环导致实体经济回报率下降,资本更倾向于投向虚拟经济,进一步提高了资产泡沫程度,也进一步增加了实体经济的运营成本。

伴随我国经济领域生产制造规模和产品销售渠道的持续扩充,只有拥有独立制造运行的核心产品品牌,才能使加工行业的未来发展空间更大。但是,我国经济领域加工形式的改变与我国历史发展积累的文化观念和制造技术有较大关联。只有我国社会进一步形成工业文化和质量文化,才能确保社会的制造技术向更现代化和符合人民群众需要的方向发展。因此,我国在吸收新的工业文化观念时,在注重传统加工观念和商业产品销售观念的前提下,应关注制造产品最终质量层次和实际价值需求方面的意义。

三、经济高质量发展的政策法律环境

我国要实现经济的高质量发展,需要建立与之配套的法律法规。借助提高实际的产品销售、制造流程限制和提供服务机构水平,确保国家在宏观范围内实现经济总体质量和发展状态的稳定。如果将产品质量作为我国经济领域未来转型发展的基本要素,需要国家层面的产品质量管理部门、实际的产品加工者与最终产品使用主体之间提升沟通度。此外,产品加工制造至销售使用的各流程,都需要有专业人员和部门履行监管职能,同时配合国家层面提出的政策法规和质量标准要求,完成加工方式现代化的革新。借鉴西方国家企业调整自身制造产品质量的有效方法,由国家层面从消费者使用的角度制定法律规范,是最有实际效力的推动手段。借助制造相关流程的不同政策法规的制约,可以使产品加工销售过程中各主体明确自身责任范围,确保产品制作销售过程中所有组成部分向共同的制造目标前进。

在世界范围内,为了实现高质量发展,西方发达国家已形成较多成功有效的法律规范,可以成为我国制定相关法律文件的参考依据。许多西方国家很早就意识到,法律规范文件在各项社会行为中的实际效用。因此在提出重视社会企业制造产品质量层次观念时,发达国家已经开始探讨如何将制造过程中的责任范围和质量观念贯穿整体过程。在各国逐步将传统制造手段向工

业化方向转变初期，有许多产品消费人群反馈产品实用价值和质量不符合需求的现象。

在经济发展过程中，许多以制造业为基础的国家通过立法等举措积极推进产品质量的提升，从而取得了显著成效。例如，德国在建立社会企业制造产品质量方面的规范条例时，建立了从法律法规到行业标准到质量认证的完整体系，严格控制各企业质量层次认证范围。日本确立控制产品质量观念作为国家层面的主要工作内容，对社会不同规模的制造企业分别进行不同要求的质量规范限定，对产品加工主体和经营销售主体应承担的质量任务进行明确说明。20世纪50—60年代是日本经济复苏的重要时期。为了应对国内加工产品类型的激烈竞争，日本政府将"质量救国"提升为国家战略，力求提高产品质量和技术水平。

美国为保障自身制造企业在国际范围内的实际经济利益，也开始在法律层面追求产品质量等级的上升。从加工环节实际行为的调整至服务部门提供的服务水平，都给予较高关注度。同时，将提升产品质量的最终目标划分为详细可行的短期改造计划。加之美国政府在国家范围内对产品质量较高的企业给予实际的资金奖励，使美国在短时间内让多个制造加工行业处于世界领先地位。

我国现阶段实行对各制造行业产品质量管理条例集中于从企业管理层面进行严格约束，主要依赖国家相关法律管理部门对加工环节进行规范，并没有重视产品实际使用主体对产品的改进意见和附加价值的追求。这种依靠单一主体作为产品质量管理政策制定部门的形式，不利于在更大范围内解决产品质量源头性问题，也会凸显单一管理主体设计理念和改革视角方面的局限性。如果在制定质量管理法规的过程中，有更多主体参与法规的制定，可以使社会范围内对质量标准的法规有更高的执行度和认可性，也可以均衡各类产品加工至销售使用过程中各主体的实际利益。因此，在国家相关产品质量管理部门不断出台管理法规的过程中，为了确保产品质量和安全，企业必须不断提升自身的生产技术和管理水平，需要在社会范围内形成重视各产品质量的思想观念，广泛参考其他国家制定产品质量管理规范条例的实践经验。

四、经济高质量发展的技术基础

提升各类产品最终质量层次需要的实际技术保障，与国家内部积累的加工手段和管理经验有较为密切的联系，产品加工质量操作技术方面的基础能力也是国家整体技术水平的有效体现，是社会范围内对传统加工方式进行升级改造的主要依据。为了确保技术基础的稳固，国家需要建立一套高水平的质量服务体系，该体系包括计量基础、标准体系、认证认可体系、检验检测体系等，以确保产品的质量和安全性能达到最高标准，只有在制造业领域形成限制各类产品质量的完整流程体系，才能在控制不同产品质量状况时具备可操作性。借助颁布产品质量程度限制规范条例，完成对国家内部各行业产品制造流程和销售链条的改造，从而与世界各国在更多方向达成合作和新型技术交流。

各类产品加工质量技术方面的能力与国家社会范围内的加工观念相联系，只有国家内部有较为标准的质量测算器具和衡量依据，才能使国家制定的产品质量规范条例有更高的执行度和公信度。产品质量方面的加工技术能力，可以借助质量检测单位的规定，以及质量检测流程的透明公正性，在更多方面确保提升不同种类产品的质量等级。

增加国家经济高质量发展的优势因素，可以使更多企业提升制造产品质量，还可以促进形成可持续性发展观念。从发挥国家相关部门产品质量管理职能的视角来看，对各类产品质量进行认证认可、检验检测，可以使对社会加工企业制造过程质量状况的认证行为更有指导性。从对各类产品加工流程进行质量检测消耗的资金成本来看，为了保证质量检测的公正性和公益性，国家需要在这些领域投入大量的财政资金。从全球化的角度来看，质量技术基础不仅可以为国内各产业的质量发展提供技术保障，还可以为国家参与国际竞争、提高国际话语权提供有力支持。因此，国家需要不断加强对质量技术基础的投入和建设，以推动经济和技术的发展。

第二章 新时代中国经济增长新变化

高质量发展是未来中国经济发展的目标,高质量发展的路径必须建立在对我国过去高速增长阶段形成机制的思考之上。改革开放以来中国经济的高速增长有其必然性,也有一些特殊的因素。进入中国特色社会主义新时代,虽然特殊的国情仍然存在,但过去推动中国经济高速增长的特殊因素、特殊增长道路、特殊机制都已经发生了巨大变化,经济向中高速增长转变,支撑经济增长的客观条件发生了变化,经济增长政策进行了主观调整。

第一节 经济增长速度的变化

新时代的变化,是国家社会的发展状态由以往快速增长模式向新的更高质量的层次转变。我国经济目前正处于中高速增长阶段,这一阶段的发展特点是高效率、低成本、可持续发展。在国家范围内,不同地区的经济发展速度存在差异,虽然经济增长的实际效率较以往任何一个时期都有下降,但总体增长率还处于正向持续增加的状态。

社会各行业制造产出的产品质量有更大幅度的提升,不再将企业改革的目光集中于产品制造数量的无效性增加。经济增长速度的变化从高速增长转向中高速增长,这一变化使经济增长的质量和内涵发生了质的变化。此外,我们还可以从经济结构和动力层面来看待这一变化，经济结构不断优化和升级，经济发展从要素驱动、投资驱动转向创新驱动。这些变化的出现，不仅反映了经济运行体系的发展规律，也标志着经济新时代的到来，也是各个国家社会企业制造形式不断变化的结果。尤其是针对制造形式和社会发展状况较复杂的国家，更需要加强对国内外不同的经济增长因素进行系统性探究。

如今，我国经济总量提升速度较以往有所降低，这是经济领域新时代发展状况具有的特征体现。虽然外部增长状况有所下降，但影响国家内部实际经济增长效率的潜在性因素会有更大的增长意义体现。同时，国家扶持性经济政策讨论应深层次地了解人民群众现阶段的生活状态和需求，确保人民群众消费观念对经济提升效率的带动作用。

第二节 经济增长客观条件的变化

处于新时代，国家经济增长的影响因素较为复杂，认识国家内部有效经济增长放缓的现象，需要以更理性的逻辑思维进行剖析。客观条件的变化，既有社会企业资源性制造要素供应量的变化影响，也有国家各项扶持性政策不断出台的影响，是转变自身企业产品加工质量和生产手段创新的必然现象。

变化一，全球经济复苏缓慢，国际需求疲软。以往我国实际经济增长率保持较高增速的主要原因是基于我国的固有资源特征，借助我国内部基数较大的劳动力数量和储存量较丰富的生产资源供给，可以确保各类产品制造数量有效增加。加之我国政府将部分沿海型城市开发为对外贸易的主要渠道，大力发展出口导向型经济，使我国社会各企业制造产品的销售渠道更加多样。国家内部实际经济收入的增加，更多地依靠其他国家的产品需求。在西方国家经济领域遭受大面积的危机情况后，国际贸易需求持续走低，全球经济恢复速度缓慢，致使我国出口型经济对增长的贡献逐步下降。

变化二，国内投资和消费需求增长放缓。自西方国家对我国制造的基础性产品的实际需求量降低后，我国各企业吸引外资的能力出现较大限制。经由市场性因素对社会各企业制造模式实际影响效果的提升，使促进经济增长率提升的投资主体变为有较大基数的民间力量。但社会民间投资主体的行为与国家性固定资金的投入不一样，会受到更多复杂性因素干扰。因此，在社会范围内更有开发潜力和创新应用度的企业无法得到及时的资金支撑，并且由于虚拟经济的持续出现，使投资主体对实体经济的关注度减少，致使经济领域各主体的实际经济收入差异进一步加大。

变化三，人口红利的消退。以往，我国依赖制造产品数量增加作为刺激国家实际经济收入增加的主要方式，是国家借助庞大的劳动力资源优势获得更多制造便利和消费需求的体现。我国人口数量较多的特征，使我国有更多可利用的劳动力从事社会各行业的发展，加之国土面积内资源型生产要素储备量的丰富性，也使我国加工领域进展较快。然而，随着人口结构的改变，我国依靠人口数量作为劳动力生产优势的手段无法继续适用。在我国内部人口生理年龄构成模式发生变化的情况下，人口增长率持续降低，而人口老龄化不断加速。在这种情况下，应改变依靠劳动人数增加带动制造产品数量大幅度提升的模式，使有限的劳动力数量得到更高质量的提升。因此，为了更好地满足社会企业的实际生产需求，国家教育部门应该重新调整人才的培养模式。

变化四，随着时间的推移，自然资源供给不足的问题日益加剧。过去40年间，中国的经济增长主要依赖于要素的驱动，这导致了自然资源的稀缺性对经济增长的制约越来越严重。在我国经济领域新时代特征显现后，我国社会范围内不同行业的实际制造模式有了较大调整，但保证产品制造数量的资源性生产物质的供应量始终有限。由于我国国土面积庞大，使我国持有的资源数量较为丰富，但世界范围内资源性物质销售价格和数量的持续变动，对我国生产资料市场产生极不平衡的干扰，加之我国国家政策持续推进城市化进程，致使土地面积更多用于被安置各类建筑和群众，导致耕地面积减少，促进了土地价格的上涨。土地问题是制约中国城市化和工业化发展进程的重要因素。

变化五，技术创新的约束。改革开放以后，由于技术创新环境的不完善，使得我国技术长期处于改进和模仿阶段。国内部分生产行业由于缺少产品研发和自主创新能力，开始模仿西方国家的部分产品制造手段和核心技术要素，使我国在较长时间内缺乏专业性的技术研究人员创新加工方式理念。因此，我国内部有自主性制造的产品品牌较少，对资源性物质的利用效率较低，无法完成已有产品更多附加性实用价值的开发。加之在我国内部不同区域科学技术要素的开发和应用程度不一致，使得部分城市的劳动力要素与技术手段的革新现象无法匹配。

第三节　经济转向高质量发展的可能性

随着新时代的到来，中国经济已经从高速增长转向中高速增长，并且正在向高质量发展的阶段迈进。虽然这个转变过程面临着一些挑战，但中国经济在向高质量阶段转变的过程中仍然具有一定的优势和潜力。

一、高质量发展阶段的经济转型具有哪些优势

根据社会经济领域实际收入的提升和减少的运算模式变化，可以明确国家内部实际经济收入提升率的增加，需要依靠国家对应政策的推动。在不同

城市建设模式向更现代化方向开拓的过程中,会使储存量固定的资源性生产物质的使用主体从制造效率较低的企业,转向加工体系较为完善的大型企业。这类资源性核心生产物质使用主体出现的转移现象,可以大幅度提升资源性要素的有效适应度,减少发生社会环境中资源不正当使用的浪费和环境问题的概率。此外,资源物质要素使用主体的持续变化,还可以使社会范围内各行业对制造产品的分工步骤和结构规划更加适宜。因此,我国政策的主要针对方向应是将城市转变为现代化的运行模式,将社会各行业产品制造销售的流程进行结构化改造,使我国现代化和工业化的发展潜力得到进一步开发。

转向高质量发展的阶段优势体现在以下方面。

第一,从我国现阶段工业化进程情况来看,我国正处于工业化的中后期阶段。这一时期,社会各行业产品的制造至销售过程,会有专业部门进行精细分析,使产品制造环节对完成产业体系的其他部分的引导带动性更强。同时,也不能忽视新型信息技术传播平台不断出现对生产制造行业的影响,要将两部分联合起来分析共同开发新型工业化的潜力。

第二,从我国国家政策对推进城市化发展进程的实际效用方面进行分析,我国城市内部运行方式的改造仍处于较快速的发展阶段。因此,提升城市已有发展模式向现代化方向转变,需要改造城市周边和农村地区的发展情况,在改造升级过程中合理运用我国固有的资源要素。

第三,从国家各行业制造状况向现代化方向持续推进的情况来看,我国的实际经济收入较以往有大幅度提升,但与西方部分国家人民群众的实际经济收入状况还有一定差距。因此,在提升国内各行业就业人群实际经济收入方面,还有较大的开发潜力,是国家未来制定前进目标和发展要求可以参考的重要领域。伴随我国社会各行业和城市改造状况不断深化,我国可以借助信息技术和科技创新成果的提升,实现经济高质量增长。

二、中国经济转型升级：向高质量发展的大国优势

高质量发展对大国转型具有三方面的显著优势：

第一，劳动力质量优势。在我国，有效的劳动力数量在生产制造行业投入量持续增加的情况下，伴随对加工产品质量层面要求的提升，对劳动力的基础素养有更高的技术应用要求。自我国开始实施经济领域的各项开放性政策以来，我国教育行业的发展状态开始逐渐稳定，各生理年龄阶段的儿童都有适宜的教育，使我国参与各行业产品制造活动的劳动人员的基本素养有了大幅度的质量提升。这一现象符合我国未来劳动人员从业技术素养的提升，使其成为确保国家内部经济增长效率的人才保障。

第二，空间优势。由于我国基础性土地面积资源的支撑作用，使我国提升经济领域收入增加的开发视角更加丰富，也使不同区域之间由于运输条件和固有资源种类限制而出现不同的发展现状。影响我国经济收入增加的潜在要素有较大的开发空间，如生产模式尚未改造至新型现代化的城市区域，是我国政策扶持集中的开发区域。

第三，内需优势。鉴于我国基础性生产资源储备量的丰富和可参与制造的劳动人员素养的提升，我国制造的各类新型产品在国内可以有较大的需求量。同时，城乡居民实际收入的提升，使其可以有更多消费资金，进而借助消费过程满足高质量的生活需求。在我国内部各领域的开发状态逐渐升级的情况下，国内各区域群众对不同层次产品的实际需求得到大幅度提升。

三、经济转向高质量发展的制度优势

在我国经济领域的发展状态进入新时代状况下，国家实际经济收入的增加与内部实行的各类制度政策有密切的关联性。在我国经济领域采取预先制

定计划作为日后生产制造的指引目标时，主要借助国家内部实际经济收入的增加，使群众明确指引政策和应用制度的正确性。但在国家经济形态和制造模式进入新时代后，社会发展的主要目标不再停留于证明应用政策的有益性，而是完善运行社会制度的不足。在经济领域运行新时代的要求下，需要调整国家对各行业制造方式和投入资金的方向与力度，将社会主义制度运行过程中显现出来的特征，与社会范围内市场因素的调节作用相结合，借助国家内部运行经济模式的调整，使市场手段对经济收入增长的刺激效用更加明显，使社会各行业、各企业制造主体可以对产品加工模式的创新有实践应用的动力。

由于社会不同种类制造产品数量的丰富和质量层次的持续提升，使各企业之间就某一产品的竞争范围逐渐加大，各行业若要使制造的产品吸引更多群体进行资金消费，需要深层次地挖掘产品的附加价值属性。在我国经济领域，产品对外销售开放程度不断提升的情况下，既需要开发自身能够独立制造特征显现的产品品牌，又需要关注其他国家政策投入和改进领域的不同。

我国作为将社会主义相关制度理念应用化较高的国家，在不同阶段扶持政策的带动和国家固有资源要素的支撑下，使经济领域向新时代方向前进得更有效率，且具有要素支持。如今，我国经济领域新的运转形态出现，为我国开展生产模式调整提供了更多的操作性，明确提升制造人员技术性素养培育和产品加工质量提升的重要地位。

第三章　我国经济高质量发展指标体系

高质量发展指标体系是对高质量发展的总体水平和各个维度情况进行评判。高质量发展的指标衡量体系与经济增长指标、可持续发展指标体系等，既有联系也有区别，其内涵更加丰富，对发展水平的要求也更高。

第一节　经济高质量发展的衡量维度

对各类制造产品进行更高的质量要求，在内容规范方面和实施主体部分都需要考虑多种因素，既有经济领域未来发展模式的预设、社会整体文化指引观念的塑造，又有对国家治理层面管理模式的思考。只有深入研究各主体在质量检测过程中的发展状况，并对其进行详细的分析和解剖，才能确立完整的向高质量方向发展的体系。

一、经济增长效率维度

经济增长效率的主要含义，是国家内部经济实际收入增加的有效部分。这一因素与经济收入部分投入的原始成本有密切联系。只有国家范围内各制造企业的加工效率有明显提升，才能确保对产品质量层次的要求有实施角度。平衡控制各类产品制造过程中，资源性物质的投入成本与产出的实际产品，可以使社会企业内部的经济收入增长更加明显。

导致社会制造企业内部实际经济收入提高效率低的原因：一是由于企业内部对资源性物质材料的投入量过大；二是由于企业各类产品生产的效率较低，不符合社会对产品使用数量和附加价值的需求。

一般来说，在不同时间阶段，社会各企业实际经济收入明显增加时的表现状态不同。针对依靠加工数量提升作为企业内部实际经济收入增长有效措施的企业，核心手段是借助传统资源性加工要素供给和使用数量的不同，调节产品加工数量。这一方式在短时间内可以达到对企业实际经济收入增加的刺激，但在长时间内，不是可持续性和有效性的经济增加手段。只有提升高端产品制造要素供给数量和层次，才能达到各类产品实际效率更高的数量产出情况。

二、创新能力维度

国家各生产行业创新理念的应用状况，不仅是调整企业内部产品制造模式的主要依据，也是确保国家对外在生产领域有更多核心竞争要素的体现。技术方面，创新加工手段的应用对产品质量等级向更高层次提升具有重要作用。目前，我国社会范围内经济领域新的生产方式不断变更，各种新的能源型物质不断取代传统原料物质，更需要在原本的社会企业加工模式中寻求创新理念的加入。伴随虚拟信息传播技术和平台的持续出现，以创新理念加工而成的新型行业不断增多，各国也开始在政策层面对新出现的产业制造类型进行各方面支持。

三、经济结构维度

国家内部实际经济收入的增加状况与制造过程中各构成要素的投入数量有较大联系，改造经济收入的结构模式，可以使制造过程中涉及各主体之间的工作范围更加明确。对各国内部实际经济收入的组成部分进行结构改造，是推动经济收入增长率向更高方向提升的有效措施，也是提升制造产品质量层次的主要手段。如果经济构成部分的结构设置不合理，会导致经济收入增长率持续下降。国家内部经济结构不只包括产品使用主体的需求状况，还有社会各企业的制造结构和资金成本投入状况。这些构成要素中，无论哪一部分发生不符合顺序的变化，都会使经济领域实际增长率的下降带动国家内部其他行业产生变化。

四、增长稳定性维度

增长稳定指在实际经济收入持续增加的过程中，没有出现幅度较大的增长率变化。如果国家内部经济的实际增长率可以保持稳定增加，会使社会企业制造过程中消耗的资源性物质得到更高的使用效率，大面积减少国家经济政策调整过程中不确定性影响的因素。

如今，我国经济领域正在进行生产模式调整，并逐步扩大与世界其他国家开展项目制造合作的深度。因此，在国家推进产业结构转型升级的过程中，各个行业的经济增长将不可避免地出现不同程度的波动，但波动状况稳定适度是国家生产模式调整行为有效性的体现。需要注意的是，测算实际经济增长率时，若发现变化幅度较大，则需要及时报告反思，减少大幅度变动对经济领域社会生产和群众消费行为的影响。

国家内部经济安全的含义，指经过国际范围内经济全球化氛围影响，仍可以在国内确保稳定生产过程中资源性物资供应数量合理，并稳步提升经济增长率。

五、收入分配与人民生活维度

发展各国的实际经济收入，主要是借助完成社会范围内优惠性政策实施对象的扩大，使群众基本性的生活状态和精神需求得到更高层次的满足。如果使经济领域的发展更加有效，人民群众对国家的信任感会更强，可以通过一些措施来弥补人民实际经济收入不平衡的现象。如果国家领导层面在制定生产规范政策时考虑更多的影响因素，会使国家实际经济收入的增加效率更高。

各国内部福利性政策的分配对象和群众基本性的生活状态，都可以借助参与生产环节劳动人数的变化带动经济领域发展模式质量层次的改变。当收入分配不平等时，低收入人群会选择不进行或者少进行人力资本投资，可能会面临人力资本投资的困难；而当收入分配相对平等时，这些人群可以更多地投入人力资本，促进传统部门向现代部门的转移。

六、生态环境质量维度

生态环境方面的质量状况，是衡量经济发展质量的另一项重要指标。我国在历史发展过程中，将目光集中于社会制造方式的改革，并没有关注经济增长对生态环境造成的影响。一方面，传统能源资源要素的供给趋紧，继续依靠高投入、高排放维持经济增长较难；另一方面，环境污染不仅造成巨大的经济损失，也带来严峻的社会问题。为了实现经济的高质量发展，我们不能以破坏生态环境为代价。国家应以建设环境友好型社会为标准，加强生态环境保护力度，提升能源和资源的利用效率。

七、基础建设维度

国家内部基础性建设既包括运输条件的保障，也有通信方式的畅通和水、电等满足人民群众基本性生活需求的供应，都是影响社会各类生产企业制造行为调整的限制因素。同时，基础性设备也是国家内部生产模式调整和创新理念融入的主要因素，对社会未来发展模式的改造具有重要的引领性效用。

一般来说，国家内部基础性设施的升级落实程度，需要提前于经济领域未来的发展规划，这样才能为经济的持续发展提供保障。

八、政府服务效率维度

政府管理部门不仅是国家内部调整社会企业制造模式的主体，也是弥补市场性手段功能发挥不足之处的主要机构，也是直接影响群众生活状态的主要部门。只有确保国家在经济领域实际收入增长率的提升处于适宜区间，才可以使政府这类经济领域制造模式调整手段发挥时效性。

政府调控社会范围内经济增长和消费状况，主要体现在借助投入资金数量的不同，另外，行政手段作为强制性理念更明显的调控措施，也有自身效用发挥空间，但政府在行使自身各项职能时，需控制实施限度，充分发挥市场在资源配置中的自主性。

第二节　经济高质量发展的测量指标

在筛选社会企业制造各类产品质量状况指标时，理论上，部分统计指标在现有统计系统下是无法获取的，因此需要创造新的质量检验指标。由于受到现阶段社会质量衡量指标数据收集方式的制约，只能在已有检验标准手段中选择合适的数据信息收集方式，建立国家范围内各类产品质量检测体系。因此，体系建立过程中涉及的各主体需要明确衡量指标，并不能代表产品质量的最终结果，还需要统计工作的精确匹配，才能有更准确的认识。

一、经济高质量发展指标的选取

根据不同经济发展指标的衡量维度，我们可以构建三级指标体系，其中包括一级指标、二级指标和具体指标，见表3-1至表3-8所示。

表3-1 经济增长效率的衡量指标

一级指标	二级指标	具体指标	计量单位	正指标	逆指标	适度指标
经济增长效率	宏观效率	绿色全要素生产率	—	√		
		技术效率	—	√		
		技术进步	—	√		
		资本生产率	—	√		
		劳动生产率	—	√		
		产能利用率	%	√		
	微观效率	规模以上工业企业主营业务收入利润率	%	√		
		资产负债率	%		√	
		成本费用利润率	%	%		

表3-2 创新能力的衡量指标

一级指标	二级指标	具体指标	计量单位	正指标	逆指标	适度指标
创新能力	创新投入	研发投入强度	%	√		
		人均教育经费	元	√		
		高等院校入学率	%	√		
		万人研究与试验发展（R&D）人员全时当量	人年/万人	√		
	创新产出	人均专利申请授权数	件/万人	√		
		人均技术市场成交额	元	√		
		高科技出口占制成品出口比重	%	√		
		人均科技论文数	篇/万人	√		

表 3-3 经济结构的衡量指标

一级指标	二级指标	具体指标	计量单位	正指标	逆指标	适度指标
经济结构	产业结构	制造业比重	%	√		
		产业结构高级化	—	√		
		非国有企业在总资产中的比重	%	√		
	二元经济结构	二元对比系数	—	√		
		二元反差系数	—		√	
	区域结构	区域发展差异	—		√	
	城镇化	城镇化率	%	√		
	投资消费结构	投资结构	%			√
		消费结构	%			√
	金融结构	金融服务业增加值占 GDP 比重	%	√		
		股票交易总额占 GDP 比重	%	√		
	外商直接投资	FDI/GDP	%	√		

表 3-4 增长稳定性的衡量指标

一级指标	二级指标	具体指标	计量单位	正指标	逆指标	适度指标
增长稳定性	价格波动	CPI	—		√	
		PPI	—		√	
		农产品价格波动	%		√	
	就业波动	失业率	%		√	
	产出波动	实际 GDP 增长波动	%		√	
	对外开放稳定性	对外贸易的波动	%		√	
	经济安全	政府债务率	%		√	
		政府对外债务率	%		√	
		对外贸易依存度	%			√
		石油对外依存度	%			√
		商业银行不良贷款率	%		√	

表 3-5　收入分配与人民生活的衡量指标

一级指标	二级指标	具体指标	计量单位	正指标	逆指标	适度指标
收入分配与人民生活	收入分配	城乡收入比	—		√	
		劳动者报酬占比	%	√		
		基尼系数	%		√	
	人民生活	人均可支配收入	元	√		
		万人拥有床位数	位/万人	√		
		人均图书总印刷数	册/万人	√		
		人均住房面积	平方米/人	√		
		城镇基本养老保险覆盖率	%	√		
		城镇居民恩格尔指数	—		√	
		农村居民恩格尔指数	—		√	

表 3-6　生态环境质量的衡量指标

一级指标	二级指标	具体指标	计量单位	正指标	逆指标	适度指标
生态环境质量	产出能耗	万元 GDP 能耗	吨标准煤/万元		√	
		二氧化碳排放强度	吨二氧化碳/万元		√	
	工业生产排放	万元 GDP 二氧化硫排放量	吨/万元		√	
		万元 GDP 工业固体废弃物产生量	吨/万元		√	
		万元 GDP 工业烟粉尘排放量	吨/万元		√	
		万元 GDP 废水排放量	吨/万元		√	
	生态环境	森林覆盖率	%	√		
		自然保护区占辖区面积	%	√		
		生活垃圾无害化处理率	%	√		
	环保治理投资	环境污染治理投资占 GDP 的比重	%	√		
		工业污染治理投资占环境污染治理投资的比重	%	√		

表 3-7 基础建设的衡量指标

一级指标	二级指标	具体指标	计量单位	正指标	逆指标	适度指标
基础建设	公路	人均公路里程	公里/万人	√		
	铁路	人均铁路里程	公里/万人	√		
	航空	人均航线航班里程	公里/万人	√		
	港口	人均内河航道里程	公里/万人	√		
	邮电	人均邮电业务量	元/人	√		
	道路	人均城市道路面积	平方米	√		
	能源	人均管道输油（气）里程	公里/万人	√		
		人均用电量	千瓦时/人	√		
		燃气普及率	%	√		
	城市基建	人均城市建设维护资金支出	元/人	√		
		人均拥有公共厕所数	座/万人	√		
		人均拥有公共交通车辆	辆/万人	√		
	信息化	人均长途光缆线路长度	公里/万人	√		
		互联网普及率（包括移动电话）	%	√		
		电话普及率（包括移动电话）	%	√		

表 3-8 政府服务效率的衡量指标

一级指标	二级指标	具体指标	计量单位	正指标	逆指标	适度指标
政府服务效率	政府规模	政府消费占最终消费之比	%			√
	制度建设	市场化程度	—	√		
	公共服务	每万人交通事故发生数	起/万人		√	
		矿难百万吨死亡率	人/百万吨煤		√	
		公共服务每万人森林火灾发生数	起/万人		√	
		成灾面积占受灾面积比重	%		√	
		税收占财政收入比重	%	√		

二、经济高质量发展指标的综合评价方法

在完善各类产品质量状况的检测体系后，需要确定对检验方向和指标进行评价的具体方法，主要流程如下。

在确定衡量指标体系中指标的标准值时，需要考虑发展的动态变化特性。为了实现指标归一化（无量纲），标准值应该作为分母的数值。在决定标准值时，可以采用以下方法：在进行纵向分析时，以阶段目标值为标准值；在进行横向比较时，以选取先进值为标准值。这样可以确保指标的标准值具有可比性和准确性。

在确定衡量指标体系中指标的权重时，可以采用多种方法：德尔菲法（专家法）、平均赋权法、循环法、确定衡量指标体系中指标的无量纲方法和确定指标合成方法。

针对多个产品质量衡量指标的评价，在确定探索比对方法时，需要对可选的方法进行筛选和评估，以选择最适合问题的方法。常见的探索比对方法包括综合指数法、成分分析（AHP）、变异系数法、Topsis法、多元统计分析法等。分析质量测算指标构成成分的评价方法，主要是借助于其他指标共性的包含内容部分开展评价，在拆解难度内容较复杂的衡量标准成分时，可以消除部分共性内容。这样，在质量衡量指标内部只剩余新的主干成分要素，通过解析这部分内容达到有效性的测算。虽然在质量衡量指标内部拆解构成成分时，可以消除相同的内容成分，但主要模式是将成分构成要素分为共性部分和特殊性部分进行评价测算，不能及时反映其他部分影响因素的变化情况，只能通过对共性内容的消除，了解完成变动的状况。综合来看，对质量衡量指标构成成分进行拆解分析的方式是从数据本身出发，没有人为主观感性因素参与评价测算。

针对各类产品自身的原有数据进行处理简化，可以根据目的不同，选择不一致的方案，但依据标准进行数据处理是应用度较高的方案。因此，对质量衡量指标内部构成成分进行拆解评价的方式，就是在标准化处理方式技术上改造而成。先确定产品质量测算过程中各类基础性指标要素的占比数量，再依据衡量指标的共性内容确定正确、有效的检验视角。

第三节　经济高质量发展的国际经验

一、德国的质量提升经验

德国制造已经成为现代工业的标杆，因为德国产品都具有高耐用性、精致的制造工艺以及安全可靠的品质，被誉为真正将世界工业制造推向高潮的制造业。

（一）德国产品"质"的跨越

德国内部社会企业制造方式向现代化方向调整的开始时间比西方其他国家要晚，同时，国家内部基础性的资源性物质的储备量也并不充足。但德国之所以成为世界制造业强国，主要是因为它实现了制造业质量的长足进步。

随着德国在1876年实现统一，国家面临着巨大的重建任务和经济发展的压力。在这种情况下，德国政府推动了工业化进程，通过大力发展制造业和加强科技创新来促进经济发展，凭借低廉的劳动力价格，开始向周边，包括英国这样的工业先进国家大量出口本国产品。当时，德国产品技术落后、工艺粗糙，充斥着大量假冒伪劣产品，因而饱受诟病。"德国制造"标识诞生于一项羞辱性的商标法条款，1887年8月23日，英国议会通过了一项商标法条款,要求所有从德国进口的产品都必须标注"德国制造"以便区分它们与英国产品之间的差异。

这个事件引发了德国各界对提高产品质量的高度重视,政府、企业、法律、认证机构、教育和文化界面面俱到,全社会逐渐建立了一个全面的质量管理体系,旨在改善"德国制造"的声誉,包括政府督导、企业执行、法律制定、质量认证、教育训导、文化宣传等。不到10年,德国已实现跨越式赶超;德国产品的质量已经超越了许多国家,许多世界知名的德国品牌,例如阿司匹林、4711香水、ODOL漱口水、FabeiCastell铅笔、Ibach钢琴和Beck啤酒,已经成了极具代表性的质量保证的代名词。这些品牌在国际市场上享有盛誉,德国的制造商们非常注重产品的质量和创新,他们不断地改进和提高产品的质量,始终保持着高水平的创新能力和竞争力。"德国制造"在人们心目中的固有印象逐渐改变,从便宜低劣慢慢蜕变成质优价廉。

在20世纪50年代,德国作为第二次世界大战的战败国,面临着许多困难和挑战。在政府的坚定支持下,德国开始进一步实施国家质量政策,这个政策的核心是"以质量推动品牌建设,以品牌助推产品出口"。这个政策的实施促进了德国制造业的快速崛起,最终确立了"德国品牌,质量一流"的国家形象。

(二)德国质量享誉全球的原因分析

1. 具备精益求精的质量文化基础

德国在工业化历程中,全社会形成了深厚的质量文化基础。德国群众对宗教的信奉感极强,认为人应该从出生至生命终结都抱有诚信等优质的品德精神。伴随其企业加工方式的改造,德国内部对理性科学知识实际效用有较高的关注度,对宗教的信奉转向对科学知识、新兴技术手段的追求。德国人将生命过程中需要坚守保留的精神品质融入从事的职业中,企业以更高的精神指引理念参与人员和加工流程的管理,并不只将追求国家内部经济收入增加作为唯一的核心制造目标。因此,通过对德国内部积累的历史文化底蕴因素的剖析,可以明确,德国加工产品质量状况的提升与其加工管理观念的指引有很大联系。

2. 拥有独具特色的双轨制教育制度

德国质量文化的形成,离不开高素质的产业人才,这些人才在职业方面的技术素养和生活层面的道德观念都处于较高层次,这是德国内部领导层面在较早时间内意识到教育行为重要性的有效体现。德国对全体民众接受的基础教育层次有明确规定,同时对职业培育类学校的教育流程向更实用性方向调整。德国是世界范围内最先开始强制民众接受义务教育的国家,也是在最短时间内做到将固定年限教育费用免除的国家。此外,还对学生接受免费教育阶段的学习状况有较高关注度,无论学生理论性知识掌握的情况如何,都不能有逃避上课的行为出现,学生在学校内的表现与家长接受国家教育批评的情况直接挂钩。同时,德国将培育人才的模式调整为双轨道式,不仅对传统的院校教育方式给予资金和前进模式指引,还将许多国家忽视的职业教育作为培育制造产业从业人员的主要渠道。这种双体系培育国家人才的方式,将学校与实际雇佣人员的企业单位密切联系在一起,学校为学生讲授各种理论性专业知识后,学生可以在企业有实践应用的机会和平台。同时,德国对学生在校内和企业单位内部的学习历练时间有明确的法律规定,还会为参与技能培训的学生和企业机构提供一定的扶持资金。

3. 具备生机勃勃的科技创新体系

德国内部对理论性科学知识的应用有明确的体系安排,德国保障自身制造产品质量状况的基础性手段,就是将创新理念不断应用于实际加工流程中。

虽然是多党派国家，不论哪个政党执政，德国政府都高度重视科技创新平台的建设。政府通过大力投入，鼓励企业和科研机构加强合作，推动科技创新的发展，协调个人、企业与政府之间的关系，针对理论性科学知识的研究应用过程给予更多设备和资金支持，同时，对两条不同培育人才的路径进行密切关注。德国社会领域各加工企业是创新理念应用度较高的机构，内部发展时间久远、资金积累雄厚的大型制造企业，是最先运用创新思想的带头人。在这类公司从事各项技术制造开发的员工，都具备研发创新的主动性，具有独立开发的思路和方法。

在德国内部，有参与理论性科学知识研究的主体机构，带动国家内部其他学术方面的团体共同围绕创新理念进行探索。科研人员基于自身学习基础专业科目的不同，在总体研究方向的规范下完成对应工作的分配，为社会范围内各类加工企业的制造技术进行跨层次的提升改造。在这一过程中，政府管理部门的主要责任是依靠各项手段，调动相关主体，将人员和探索精力投入到创新型项目开发中，同时，为讨论出的创新理念的应用提供新型设备和资金要素的支撑。在世界各国普遍遭受国际金融风暴打击后，德国对理论性科学知识与创新思想的融入和开发投入的资金数额并未减少，使其在这一时期拥有超越其他制造行业，领先国家技术要素的机会。

4. 拥有出色专注的精英型中小企业

德国内部的中小型加工企业是德国在制造领域得到更多国家认可的主要原因，也是促进其内部实现经济高质量发展的推动主体。虽然德国内部大型自主研发的制造品牌在世界有较高的名声评价和影响，但带领德国不断开创新加工品牌的，始终是中小型科技企业。这类制造加工企业只将发展目标集中于某一生产领域，在对新技术要素的追求和探索研发方面投入大部分的资金。无论世界范围内对该类产品的质量要求如何，德国都会对产品质量方面有严格的衡量检测标准，这类制造企业在技术创新方面的速度远远超过其他大型加工企业。

以德国克拉斯农机公司（CLAAS）为例，该公司是世界著名的农牧业机械和农用车辆制造商。他们生产的联合收割机集成了先进的精确导航系统，利用卫星和激光技术实现农作物的实时监测和测量。联合收割机还配备了高灵敏度的感应器，能够实时感知每平方米的农作物产量，并根据实时数据自动调整收割机的切割高度和切割速度，最大限度地提高收割效率和农作物的品质。这些企业在一些专业领域中占据了国际领先地位，进而占据绝对的市场份额。正是由于中小型发展规模的制造企业在使用资源性物质方面有较大的限制性，如果不能将自身制造技术要素进行更高层次的改造，企业会在不断变化的国内外加工形式中被市场淘汰。

相较于发展规模较大的德国制造企业，中小型规模的加工企业可以从更完整的视角剖析企业的未来发展方向，利用高效的管理方式，能够快速地在各个环节中有效地实现新理念。同时，德国内部小型企业一般都是家庭式的继承模式，对未来发展目标、改造领域有更集中和延续性的方案，可以为他们在某一加工方向开展技术要素的深入研究，提供良好的氛围。最终，在德国甚至世界范围内，这些中小型加工企业成为具体制造环节应用技术的领先者和引领者。

5. 具备严格的标准与质量认证体系

为了保障最终出口产品的安全，德国出口产品以"流程决定结果"作为安全管理的指导理念，建立起一整套独特的"法律—行业标准—质量认证"质量管理制度体系。德国具有完善的质量控制法律法规体系，自1879年制定《食品法》以来，该法案已经多次修订，并增加了数十万条条款。德国制造的行业标准涵盖所有领域，具体包括建筑、冶金、机械、化工、电信、环保、消防、交通、食品、医药，乃至家政服务等。统一完备的行业标准也为德国做出了经济贡献。

在完善的法律法规和数万条细分的行业标准基础上，大量的质量认证机构可以为企业提供审核流程，包括生产流程、产品规格、成品质量等方面的审核。企业往往非常希望获得认证机构的认证结果，以便向消费者证明其产品的安全性和高质量。这一流程不仅可以帮助企业获得客户信任，提高市场竞争力，也可以保证企业符合繁杂的法律法规，从而有效实施质量控制和安全管理。

法律——行业标准——质量认证构成了一个完整的质量管理体系，其中，质量认证机构扮演着至关重要的角色，对于"德国制造"声誉的建立功不可没。1985年，德国质量协会和德国标准化学会（DIN）在法兰克福成立了德国体系认证集团（DQS），成为第一家提供管理体系和过程审核认证服务的认证机构。1986年，DQS在德国率先颁布第一张ISO 9001认证证书，是目前世界上最大的体系认证机构之一。

GS认证是一种自愿性的认证，但通过该认证的产品在市场上具有更强的竞争力。该认证基于德国《产品安全法》，按照德国工业标准DIN及欧盟统一标准EN进行检测。所有德国设备制造商都十分重视GS认证，并积极参与其中。

二、美国的质量提升经验

（一）法治环境：以保护消费者权益为核心

美国一直强调保护消费者的权益，并通过建立规章制度来建立完备的产品质量检测与控制体系，这一体系经过数百年的不断建立和完善。1899年，美国成立了全球第一个全国性的消费者组织；在1914年，美国成立了第一个政府机构，旨在保护消费者的权益；1962年，时任总统肯尼迪发表了一篇特别国情咨文，题为《关于保护消费者权益》，这是美国历史上首次提出消费者享有的基本权利；在1972年，美国成立了消费品安全委员会，并通过了《消费品安全法》；在2011年，美国政府及时颁布了《美国食品安全现代化法案》，以加强对食品安全的监管和控制。除此之外，美国还设立了多个政府检验监督机构，这些机构由十几个部门主管，分别对各自主管的领域进行监管。例如，商务部主管的国家标准局负责制定和执行国家标准，确保商品和服务的质量和安全性；海洋大气管理局则负责监督和管理美国的海洋和大气环境，以保护海洋和大气的生态系统和生物多样性；农业农村部主管的食品安全检验局、农业销售局、环境保护署等机构，承担着保障食品安全、促进农产品质量和环境保护的任务。食品药品监督管理局则是卫生与公众服务部的主管机构，负责确保药品和食品的安全性和有效性。另外，交通运输部主管的联邦航空管理局、联邦铁路局、国家公路效能安全管理局等机构，负责监管和管理美国的航空、铁路和公路交通，保障公众出行的安全和便利。这些机构的设立和运作，为美国的食品、医药和交通等领域提供了更加全面和有效的监管保障。为了保护处于相对弱势地位的消费者群体，美国采取了一系列措施来加强执法力度。其中包括建立惩罚性赔偿和严格的责任制度，以司法判决来强化执法力度。这样的做法可以通过给予消费者赔偿来惩罚违法商家，从而起到威慑作用。根据美国的惩罚性赔偿制度，商家还需要支付一个额外的金额，通常是前两者赔偿金额的3倍以上。

（二）政策支持：注重提升企业研发能力

作为全球创新的领导者，美国政府从金融信贷、基础设施、国际竞争、公民教育等各个方面，为高技术产业的发展提供政策支持。美国联邦政府在1953年至2012年期间累计投入了42,790亿美元的研发经费，这些经费主要用于国防安全、航空航天、医疗卫生、资源环境、农业和交通运输等多个领域的研究和发展。这些研发项目涵盖了计算机、数学、物理学、工程、生命科学、心理学、社会科学等多个学科方向，既包括基础性的理论研究，也包括实践性的应用研究和设备研发。这些研发经费的投入为美国的经济发展提供了重要的技术引领和产业振兴作用。除了政府财政直接的高额研发经费投入，美国政府还建立了相关产业发展基金，通过信贷方式，充分支持先进制造业的创新研发活动。

以全球瞩目的特斯拉电动车项目为例，在2010年项目启动阶段，该项目已经获得了4.65亿美元的贷款支持，这些资金来自美国能源部。应该说，在20世纪第三次工业革命以及现在的第四次工业革命时期，美国政府非常注重科研创新，是互联网、半导体、高温超导、核能、HDTV等一系列重要科技产品研发的直接或间接主导者。美国政府于2011年6月24日启动了"先进制造伙伴计划"，旨在整合工业界、高校和联邦政府的资源，投资于新兴技术，以创造高品质制造业和提高美国的全球竞争力，并协助美国制造业降低成本、提高品质、加速产品研发速度。

（三）政策引导与制度激励：维护市场环境

为了保护企业的持续成长活力并提高产品质量，美国政府采取了一系列措施来鼓励和规范公平市场竞争行为。这些措施包括制定法规，如《联邦贸易促进法》《食品、药物和化妆品法》《联邦反对价格歧视法》和《禁止对外贿赂法》等，以防止企业采用不正当竞争手段取得市场垄断地位。这些法规旨在引导企业通过激烈的市场竞争，不断提高产品质量，以满足持续提高的顾客需求。在制度激励方面，最典型的是美国马尔科姆·鲍德里奇（Malcolm Baldreige）国家质量奖，这一奖项设立于1987年，虽然每年获奖企业数量屈指可数，但质量标准已经成为所有企业的标杆。据悉，评审质量奖已成为引导美国企业树立质量意识、学习先进经验的重要方法。这一评审机制有效地帮助各类企业持续改进产品和服务质量，提高经营管理水平，引导企业追求卓越的经营绩效。随着质量奖评审的推广，其所产生的巨大经济和社会效益也日益显现。

（四）质量理论和技术：持续创新运用

质量技术和管理方法的不断创新是美国制造业发展的重要动力。早在1875年，美国管理学家泰勒就提出了科学管理的概念，通过计划设计、生产操作、检验监督专人负责的方式，建立起一支专业检查队伍，实现产品检验功能的独立。这一创新使得生产过程更加科学化、精细化，提高了产品质量和生产效率。自此以后，美国制造业在质量技术和管理方法上不断创新，不断推动着制造业的发展和进步。第二次世界大战导致科学技术的快速发展，同时也推动了军工生产的大幅提高，这种客观需要促使统计质量管理开始兴起。美国国防部邀请了休哈特、道奇、罗米格等专家以及美国材料与试验协会、美国标准协会、美国机械工程师协会等相关人员，在1941—1942年制定并发布了三项战时标准：《质量管理指南》《用于数据分析的控制图方法》和《生产中的质量管理控制图方法》，在战争期间，为了保证生产的军需品质量，各个企业被迫实行统计质量控制。这种方法的应用取得了非常显著的成效，不仅保证了产品质量，同时也为企业带来了巨大的经济利润。战争结束后，这些企业开始转向民用产品领域，而统计质量控制方法也开始在民用工业中流行起来。其他公司看到这些企业的成功经验，纷纷效仿。统计质量控制方法的普及和应用，不仅帮助企业提高了产品质量和生产效率，而且也加强了企业之间的竞争力，成为现代工业中不可或缺的一部分。

1961年，美国人菲根堡（HFeigenbaum）提出了全面质量管理的概念，并在其出版的《全面质量管理》一书中详细阐述了这一理念。他强调，质量管理不仅是一个部门或一组人员的责任，而是应由全体员工共同承担。这种管理方式需要在产品生产的全过程中贯穿始终，包括从设计到销售等各个环节。全面的质量管理不仅仅包括产品质量，同时也包括服务质量和工作质量。这种管理方式不仅局限于生产过程，还包括市场调研、产品研发设计、生产技术准备、制造生产等各个环节。产品检验、产品销售以及售后服务等涉及质量的所有环节。之后，出现许多大师级人物和经典的质量管理方法，包括朱兰的"三部曲"、戴明的14项原则，克劳斯的比零缺陷，等等。

20世纪80年代，卓越绩效模式注重提高企业的顾客满意度和创新能力，以实现卓越的经营绩效。通过该模式的推行，企业能够更好地满足市场需求，创新产品和服务，不断提升客户的满意度和忠诚度。同时，六西格玛管理的应用也使得企业在质量管理上取得了重大的突破，大幅度降低了质量成本，并提高了财务收益和企业竞争力。1996年，美国质量学会（ASQ）组织了一项关于质量未来发展的研究，邀请了世界知名的质量专家进行预测。该研究识别出了影响未来质量发展的变革因素，总结出了一些启发性的结论。这项研究被后人称之为"质量未来研究"。

随着制造业的发展，美国在质量管理理论、方法和技术领域一直处于领先地位，从未停止创新和应用。这些创新和应用的成果，使得西屋、通用电气、福特、IBM、波音等一批实力强大、质量信誉卓著的大型企业脱颖而出，成为支撑美国工业强国地位的重要力量。这些企业以其高质量的产品和服务，赢得了市场的青睐，树立了良好的品牌形象和企业声誉。此外，这些企业还通过不断的创新和改进，提高了生产效率，降低了成本，增强了竞争力。因此，美国在质量管理方面的创新和应用为国家的经济发展和工业强国地位做出了重要的贡献。

（五）质量人才：接受良好教育培训

美国政府曾强调，质量教育是美国成就的关键。为了在国际上保持竞争力和提供高质量的生活，美国人必须接受良好的质量教育培训。在第二次世界大战期间，美国政府以控制图工具为核心，为军工企业提供了统计质量控制培训。战后，一些学校、咨询机构和组织，如美国管理协会（AMA）、美国质量控制协会（ASQC）等，继续推广这些课程，以确保质量教育的传承和发展。同时，美国高校也开始成立与质量相关的课程和专业，以培养更多的质量管理人才。

根据数据显示，1994年，美国206所大专院校中，已有23%的院校开设了与质量相关的学士学位课程，34%的院校开设了与质量相关的硕士学位课程，而13%的院校则开设了与质量相关的博士学位课程。在美国，有超过40所大学在制造专业下授予各种类型的质量工程学位，而20多所大学则授予质量管理专业学位。自1966年起，美国就率先在世界范围内实行质量工程师的考试注册制度。随着质量管理领域的不断发展和进步，美国的质量认证制度也在不断地健全和完善。在美国，设立的认证项目涵盖了多个领域，主要包括注册质量审核员（CQA）、注册校准技师（CCT）、注册机械检验员（CMI）、注册质量改进员（CQIA）、注册质量工程师（CQE）、注册质量经理（CQM）、注册质量技术员（CQT）、注册可靠性工程师（CRE）、注册软件质量工程师（CSQE）、注册质量过程分析员（CQPA）、注册六西格玛黑带（CSSBB）和注册六西格玛绿带（CSSGB）等12种。根据2011年美国质量协会的薪酬调查结果显示，包括首席质量官、质量工程师、六西格玛管理在内的23个质量职位的平均收入要高于其他企业管理和技术职位的一般水平。

三、韩国企业的质量提升经验

韩国内部各行业产品制造质量的提升，是涉及各方主体协调发挥效用的体现，围绕产品制造流程中各涉及主体，将自身与加工过程联系较密切的部分进行细致探索。其主体主要作用体现在以下方面：一是国家相关管理部门根据行业发展和国家内部实际状况，有条理地推动质量目标的完成，有效推动企业对产品制造实现技术创新；二是社会内部各制造企业科学设置产品加工的系统流程；三是国家内部对衡量不同种类产品质量层次的工具和技术手段进行持续创新。

在政府机构将行业未来发展的领域和制造目标进行明确规定后，韩国内部各社会企业逐渐将生产技术改进的视角集中于理论性科学成果。韩国与世界范围内大多数国家一样，提升产品质量层次需要从社会企业角度出发，只有产品的制造主体对质量情况有较多改进措施，才能使产品在使用效果方面的衡量要素更有优势性。

（一）现代汽车公司的质量提升经验

汽车产品制造是韩国已形成较大发展规模的产业门类，而韩国的汽车产业发展，起步时间远远落后于其他汽车制造业大国。但如今，韩国汽车产品制造规模在世界范围内有较高认可度的主要原因是社会领域各加工企业对传统技术有较强的取舍意识，可以在较短时间内完成新型制造技术的学习和融入改造。对于汽车相关产品的制造加工过程和实际销售情况，关注相关产品的质量层次是决定产品销售状况和市场认可度的主要指标。

在韩国内部，汽车相关产品制造环节和原料性物质供应量稳定后，开始逐渐借助对外销售渠道，使汽车产品可以在更大范围内被接受。但与西方其他国家制造的汽车产品相比，韩国汽车产品的使用主体对韩国加工汽车物品的质量评价较差。在世界范围内，其他国家对韩国制造汽车的质量状况普遍不持积极想法的形势下，韩国的汽车制造企业并没有停止加工创新的脚步，而是更加细致、科学地监控企业内部制造过程中的质量管理。

韩国汽车产品的生产企业在借鉴其他国家同类产品行业质量衡量标准的基础上，自行开发提升制造产品质量和加工流程完善的改造方式。在汽车产品加工过程结束后，都会设置专门的质量和安全检查人员检验产品，检验过程依照其他国家公认的质量衡量标准，确保韩国向外销售的全部汽车产品质量都符合各类检验方案的测试。另外，韩国汽车制造公司十分重视新型信息技术的应用，会在固定时间对企业内部实际参与加工操作的技术人员进行制造技能的专业教育。同时，韩国汽车制造企业内部对出现的质量问题，采取对应部门和生产机构问责机制，便于及时筛选有质量问题的原料物质和技术操作人员。

针对提高汽车相关产品生产质量方面影响因素的控制，韩国政府专门为汽车生产产品较为优质的企业设置奖项和资金奖励，在本国范围内开展各企业生产产品质量层次的筛选和经验交流类活动。通过这些技术交流活动，韩国政府向企业和社会推广了先进技术，增强了社会各行各业的质量意识，提升了国家整体对外呈现产品质量的层次等级。

（二）MS汽车技术公司的质量提升经验

MS汽车技术公司的发展规模并不庞大，主要制作方向是为优质汽车生产部门提供各类相关的汽车组件并完成配件类工序的制作。该汽车配件生产公司在内部技术人员和产品质量管理方面都有着自身标准和规范限制，在产品具体制作和生产流程中，不仅有技术操作员工的加工，还有销售流程团队和其他合作企业的意见参考。在各国汽车生产企业都开始对自身产品的质量层次进行标准要求时，MS汽车技术公司也从国际汽车行业中借鉴管理经验，来提升汽车质量层次。

在该公司提升生产产品质量等级的主要措施中，新型科学技术应用深度的增加是最有效的手段，衡量各项生产产品的质量层次最终要以消费者的审美判断和实际使用情况进行分析。因此，该公司在进行汽车组件产品制造过程中，从最初概念图的产生至实体物品的呈现，都会有专门人员进行意见采集，最终在正式开始汽车配件产品的制造环节前完成质量等级的预测。

MS汽车技术公司生产产品质量的检查部门和其他协作性的生产协调机构，会通过固定的系统完成订单数额的下达，在各项组件产品的制作过程中，也会利用固定的软件进行生产过程状况监督。对企业内部各项汽车配件超出订单的加工数量部分，在企业内部统一平台进行登记，如今，企业内部已经达到汽车组件产品从订单下达至产品制作完毕全部流程的公开化运行。企业从事配件研发的核心部门会有固定系统，储存日常研究进展和历史研究过程资料，减少配件开发人员记忆翻阅资料的无效研发时间。同时，该企业还能随时根据订单客户的实际需求变化，调整自身制造方向，如可以根据各国民众对汽车消耗环境成本低的实际需求，为汽车组件进行轻量型改造。

该汽车组件制造企业对新型信息传播技术在本企业内部有较高的应用度，

不仅借助其了解其他国家使用群众现实需求的改变，还可以监测企业内部产品制作流程的操作行为。MS 汽车技术公司针对内部人员的管理也较为先进，公司内部针对不同层次的员工，设定了不同的工作效率考核标准和资金奖励制度，还会把企业内部级别相同的人员设置成管理讨论小组。

（三）韩国环境资源公社的质量提升经验

韩国环境资源公社是以国家为主要资金管理和投入部门的企业机构，在全国范围内的不同区域设置权力架构和业务范围同等的分公司。该企业的主要工作范围是将制造企业对产品加工环节结束后剩余的无用垃圾进行合理处理，针对环境资源危害性较大的物质进行相应无害化处理。在韩国，以国家为投资主体管理的企业部门，在工作效率上距独立经营的企业有较大差距，但该企业脱离了工作效率低下，管理流程不完善的国有企业现状。

在与国际接轨的过程中，韩国环境资源公社为了满足国民对公共行政的期望，致力于推动质量革新活动，引进了多种质量管理方法来推动质量战略。该公社工作范围的有效执行和创新理念的融入，使消费者对该企业有较高的信任度和认可度。

如今的工作流程管理形态是该公社企业对自身管理流程和人员调控方面合理配置的体现，其工作内容中涉及的各主体，都在企业工作效率提高过程中完成了自身固有的责任范围，将创新理念融入该公社企业工作范围中时，该企业扩大主管的责任范围，并有效监控各类生产废弃物，有效预测环境的污染范围，为生产制造企业提供减少废弃物排放和环境污染状况的实用措施。

第四章　基于产业视角的我国经济高质量发展

第一节　我国农业的高质量发展

在质量强国战略背景下，我国未来经济领域发展目标的制定不只需要考虑如何消耗更短时间与西方国家持平，更需要在各领域的产品质量部分给予更多关注度和探索精力。各领域的产业是支撑我国经济领域实际经济收入率增加的有效部分，如何在赶超西方国家原有发展目标下，确保各类产品质量状况稳定提升，是现阶段实现我国总体质量状况提升和综合国力竞争优势增加需要思考的主要问题。本节内容以农业为对象，分析农业质量发展的关键影响因素、标准、现状及问题，并给出针对性建议。

一、我国农业及农产品质量提升的关键因素

农业的生产状况和产品的最终质量是影响我国农业领域持续健康发展的主要指标，包含的问题主要是生产过程中投入品的质量与安全，还与种植土地中所含物质的含量程度和种类有关，如果土地生产要素中金属类物质较多或种植人员使用的化肥农药物质超出限度，也会使农业产品在使用环节对人体健康产生危害。因此，需要监测农业投入品的质量状况和农业产品的种植过程，确保农业类加工产品的质量等级和安全度。

（一）农业生产投入要素的质量因素

与农业产品种植过程关系密切的要素物质，除了固有的土地和水源外，还有提高生产率的辅助类肥料要素和技术人员的操作过程。这些农产品加工环节中的必要流程和使用要素都是使农产品产生质量差异的影响因素。结合国外农业领域研究的专家、学者的观点可以明确，人们对农业生产模式是否属于现代化方式的判断，主要从投入要素的部分进行分析。另外，通过农业种植产品的质量状态，也可以剖析出种植方式类型。

传统的农产品种植过程较少应用化学类物质和新兴技术知识，因此，种植产品的质量和数量方面并不稳定。而现代种植知识和新兴技术的加入，可以随时预测调整农产品生长过程中的质量状态、产出情况和食品安全程度。不同的农产品种植方式对生产要素的投入数量都有衡量标准，如果固有的土地要素中含有不合格的金属成分或加工过程中农药辅助类要素使用量没有得到合理控制，都会使农业种植产品因为投入要素的差异状况而产生食品安全问题。目前在农产品市场，存在着大量因生产投入要素而造成的质量安全问题。例如，在种植环节，生产者为了防治病虫害，会在作物生长过程中大量使用农药，最终造成农产品的农残超标；有些农产品在自然成熟的状态下收割容易损耗，为了提高产量，种植人员会在其未成熟状态下直接采摘，以农药辅助催熟的方式售卖。这一过程中使用的化学药物，也会残留在农产品中，给食用者带来健康隐患。

（二）农产品加工运输的质量因素

农业种植产品自种植环节到食用流程，还需要有产品的运输流程。许多承担农产品运输工作的主体为确保在运送时间内产品的质量状态，会在产品表面喷洒保鲜类化学物质。在现实案例中，有毒蔬菜的产生大部分是由于在运输过程中毒性化学物质的使用，它也是影响农产品食品安全的一个关键因素。现在，许多加工企业对原料型农产品采用深加工处理的方式，提升其附加经济价值，加工过程中为使农产品的形态更佳或口感更优质，避免不了使用添加剂物质。除在农产品种植、运输和深加工过程中添加其他化学成分外，农产品深加工过程中，外部环境要素的变化或加工人员清洁程度不够，也会引起细菌类物质在农产品外部附着，使产品质量受到影响。

（三）终端农产品的质量因素

终端农产品，主要指在社会范围内销售的原料性农产品和经过深加工而成的新型农产品，对于这部分农产品的质量状态检验，需要按照国家对产品销售的质量指标进行。如今，监测销售的终端农产品类型质量状态的主要问题有：一是检验销售农产品质量的指标和流程并不完善，使许多质量状态较差的农产品被消费者购买食用后产生问题；二是已有的部分检测标准在实施过程中缺乏推动执行力，检测机构发现的农残含量超标的农产品仍在销售。

二、我国农业质量的提升途径

为了实现质量强国的战略目标，我国必须从要素、产品、企业、产业和国家层面同时实施质量提升策略。经过上文分析，可从以下四条途径提升农业质量：

第一，保障耕地、水资源等农业生产投入要素的质量，进行原产地控制。固有的种植土地要素和浇灌用水是确保农产品生长状态的主要指标，这些要素对人类正常的生活工作具有较大影响。因此，只有控制种植土地和浇灌用水的质量状况，才可以使农业种植类产品的质量状况有足够的基础要素支撑。

针对固有的种植土地要素，可以对主要成分进行检测了解后，进行有针对性的成分改良。如果土地要素内部金属物质的含量不利于作物生长，农业生产者不应为追求生产效率的增加而强行种植农作物。

对于灌溉用水，需要控制加工企业向水资源中排放废弃性污染物质次数，并且严格控制化肥类辅助要素的使用量。针对种植各类作物产品需要的种子要素，需要筛选市场中流通销售的各类种子质量。关于新研发的转基因类种植作物种子，需要科学论证转基因农产品的安全性，普及转基因产品的知识，减轻人们对转基因类农产品的恐慌心理。

第二，完善产品标准体系，深化产品品牌提升计划。在产品质量管理措施方面，严格按照《农产品质量安全法》规定，出台农、林、牧、渔产品质量安全管理细则，为保障农业产品质量安全提供法律保障；在农业发展中采取标准化战略，坚决推行质量导向，注重安全、优质、绿色等方面的要求，完善农药、兽药、饲料添加剂在内的农产品质量和食品安全标准体系，建立和完善农产品全产业链质量追踪体系，进一步实现国内标准与国际标准的对接；加强农、林、牧、渔产品的标准制定与管理机制完善工作，实现产品市场准入与管理的主体有机统一；深化产品产地管理和质量安全县（市）管理。在产品品牌方面，加速推进农产品商标注册的便利化措施，积极支持新型农业经营主体进行"三品一标"认证，致力于打造知名的公共品牌、合作社品牌、企业品牌和农户品牌，同时加强品牌保护工作；加强国内绿色、有机农产品认证的权威性和影响力，引导企业积极争取国际有机农产品认证，进一步提升农业产品品牌的国际影响力。

第三，大力发展有机农业和生态农业，完善原产地标识制度建设。可借鉴西方国家种植农业作物的改进经验，对农产品种植过程中可能涉及危害人体健康的因素给予明确的法律界限规定，从法律规范层面提升国内种植行业向绿色有机农业方向发展。借助法律要素的强制性和限制性，对绿色生态农业种植模式进行细致的制度保障，结合相关标准制定引导绿色农业发展的产业政策。对于有种植绿色农产品意向和初步方案的企业主体，国家可以适度给予种植设备和资金要素方面的支持，还可以将各类质量状态较好的农产品种植区域打造成地理标志性品牌，增加在国内和国际范围取得相关资格认证的可能性。

第四，完善农产品质量安全追溯体系建设，建立农产品质量负面清单。筛选部分种类的农业种植品种和加工企业，作为质量追溯体系的示范区，根据测试结果，不断完善对种植农产品质量层次的检验指标。我国可以学习西方农业强国的发展经验，通过立法方式，制定食品安全追溯的法律法规，对农产品生产、加工、运输和销售的过程进行监管和跟踪。此外，针对加工农产品企业内部不按质量体系完成工作的主体和种植人员，应根据国家农产品安全类法规进行处罚。

三、"数字乡村"助推农业高质量发展的思路与路径

（一）"数字乡村"助推农业高质量发展的思路

1. 围绕五大发展理念创新"数字乡村"建设内涵

农业经济的高质量增长主要体现在农产品相关产业链条的延长和各类原料性要素投入基数的增加。提升农产品的质量层次，不只是向绿色种植角度改造，也是以农业各类生产要素物质更有可持续性特征为目标。根据中国各个历史阶段对农业种植状况的总结来看，传统的种植模式虽然可以增加实际种植效率，却无法使各类农产品的质量状态保持在较高水平，使得我国农业种植领域在质量方面的前进速度始终较为缓慢。若使种植问题得到有效解决，

需要以创新理念作为农业发展的新动能，利用数字技术，发展数字农业和数字乡村，实现我国农业产业在质量上的转型升级。

2.找准"数字乡村"建设的着力点，以满足农业供给侧结构性改革的要求

我国"三农"问题突出，严重影响农业的高质量发展。农业发展的突出问题主要包括产能与需求的不均衡，从深层次理解，是农业的供给侧改革落后于市场发展需求。因此，数字乡村建设的核心目的在于利用信息技术来优化农业产业结构，引领农业发展方向，进而为农业供给侧结构性改革提供新的发展动力。具体而言，数字乡村建设的解决方案应当集中在以下几个方面：首先，强化"数字乡村"信息匹配机制建设，实现产销信息有效匹配和农业产品结构优化，降低农产品无效供给损失。

其次，强化数字平台的资源集聚和优化机制建设，整合农村闲置资源，推动农村产业深度融合发展，主要的措施之一是创新出新的产业和业态，以满足不断变化的市场需求。这种措施将有助于引领农村经济的转型升级，提高农业综合生产能力和效益。

再次，利用数字技术打造和传播区域优质品牌，促成消费者的品牌消费惯性，利用数字技术增强产销互动，实现食品安全、可追溯，提高消费者对国内农产品的信任程度，使生产者提高产品质量。

最后，利用数字技术为农业经营人才赋能，为农业产业发展营造良好的经营环境，实现知识经济与数字技术相互交融，以决策科学化引导农业高质量发展。

3.围绕农业产业兴旺强化数字支持系统建设

现阶段，我国农业种植领域不仅包括种植发展状态、种植类活动和养殖类行为，还包括部分手工加工类农业发展模式。因此，农业要实现兴旺发展，

必须延伸农业产品的深加工产业链，将相关的制造加工产业与其相结合，形成完整的流程体系。具体的实施过程依据以下环节开展：

首先，针对传统产业链延伸脱节较为严重、产业发展无序扩张等问题，强化益农数字平台建设，实现以需定产，节省农业发展的交易成本和生产成本，盘活产业链条上各利益主体，激发产业链延伸动力。

其次，针对农业高质量发展背景下，农业产业衍生新业态和新模式、实现产业发展动能转换的现实需求，强化信息技术本身的功能开发，提升对整合乡村各类资源的支撑能力，促进产业融合发展方式的多样化。

最后，针对农业领域的食品安全问题，强化以信息技术为主的农业物联网工程建设，以精确数字技术指导生产、流通、消费过程，做到全过程可追溯。

（二）"数字乡村"助推农业高质量发展的实现路径

1. 激发农业发展潜力：数字乡村战略的应用

新型信息数字加工技术可以在较短时间内，确保传统型的农业种植加工方式完成向现代模式转变，进而提升农业种植行业及相关行业的质量层次。这一方案的实施可从以下方面入手：一是提高数字信息技术与农产品种植环节的融合度，从传统的农产品种植和加工过程中挖掘新的技术要素创新；二是可以利用数字信息技术统计数据的便捷性，调动农产品种植过程中其他行业的主动性，丰富和扩充传统的农产品种植加工和销售流程；三是借助数字技术平台储存的各行业信息，扩展农产品种植的销售渠道。

2. 利用"数字乡村"战略强化农业科技创新

借助物流平台数据信息展示方式的创新、运送效率的提升与数据收集方式的便捷性，使农业种植领域相关技术要素的创新探索方向更多，使农业种植效率的增加从原本的生产要素推动转变为以创新理念为加成。为此，主要的实施方式可从以下方面入手：

一是，借助国家对农业种植领域的支援性政策，完成技术要素的探索过程，将理论性的农业相关知识向更实际的方向转化和研究。对即将应用于种植领域的科学成果进行适宜性和实用性判断，提升原料型农产品的加工流程和产业链条的层次等级。

二是，将虚拟信息传播手段的升级作为农业种植领域增加自身科学性成果的手段，提供农业知识理论研究需要的各项基础性要素。增强探索出的理论科技成果与实际种植行为的技术融合度，最终使农业种植的发展模式既可以保证产品质量，又可以实现绿色种植理念。

三是，借助消费群众感兴趣的新型消费热点领域，如开发乡村地区的历史文化景观和自然风貌资源，作为带动种植农产品销售状态更好的外部因素。

四是，根据信息承载平台的不断丰富，提升乡村地区的网络覆盖率，这样做可以对农产品的种植过程实现管理方式的创新。同时，保障产品种植和加工过程中各环节可以按次序进行。

3. 利用"数字乡村"战略赋能农业要素市场

将新型信息数据技术融入种植环节所需的各项要素中，可以使以往作为生产效率增加的主要带动要素呈现出新的实际意义，还可以使整个农产品加工流程体系的质量得到更好的控制。以下是实施这一创新的主要途径：

一是，借助信息承载平台将固定的种植土地要素向需要主体展示，将所有需要流转使用的土地进行土壤类型等相关信息的记录。伴随信息传播速度的加快，可以使人们更快速地浏览到所需的土地，使原本闲置的部分土地可以发挥实用价值。

二是，利用国家对信息数据技术开发的重视程度，使农村地区已有的资本要素有更适合的使用方向。促进农业发展的方法之一是鼓励和引导社会资本向农业投资，以拓宽农业农村发展的资金来源，解决经营主体在融资方面遇到的困难，从而为农业产业链和价值链向中高端迈进提供资金保障。

三是，利用"数字乡村"战略，大力培育掌握信息技术的高素质农业人才，数字技术可以改造传统乡村产业，吸引城市优秀人才回归乡村创业就业。这种方式可以为农业生产注入新的理念、新的思考方式和新的战略，确保科学性的农业经营决策，从而促进农业的高质量发展。

4. 利用"数字乡村"战略优化政策评估机制

利用数字技术建立健全农业政策评估机制，动态优化调整现行农业政策，为农业高质量发展"保驾护航"。该策略的实施路径主要包括两个方面：一是通过"数字乡村"平台，评估现有的农业政策，找出地区农业政策实施的不足之处和改进方向，以提高政策组合的协同效应；二是利用数字技术对农业项目资金进行强化监管，以提高财政支持农业的资金使用的准确性、时效性和安全性。

第二节 我国服务业的高质量发展

我国服务业产品建立在两个人或者两个组织之间，这种关系一旦建立，将不会因为未达到预先设定的标准而废弃。因此，提升服务业质量需要根据服务业的发展现状和特征，制定具体的目标和措施。

一、服务业高质量发展的相关概念

对于研究服务业高质量发展问题，首要的是理解服务业高质量发展与提升服务质量之间的关系。

（一）服务特性与服务质量

服务是一种经济活动，它通过满足顾客的需求，在特定的时间和地点创造价值并提供利益。这种活动是无形的，但是可以被识别，能够产生价值并能为顾客提供利益的经济活动。

服务的异质性、不可分割性、不可储存性和顾客参与性，会加剧对服务质量进行准确定义和衡量的困难，使提高服务质量成为服务业发展的严峻挑战之一。如对服务质量的评判，取决于服务供给者提供服务的能力、专业素质和行为，取决于服务供求双方的互动，甚至取决于诸多服务供给者难以完全控制的因素；如服务购买者对服务需求的精准表达，服务供给过程中供求双方交流的协调程度，甚至情感交流方式；周边环境因素、供求双方的情绪累积，也会影响对服务质量的评判。服务供给者与需求者接触频度越高的服务，对服务质量的评价越容易受到供求双方的交流、互动，甚至情感因素的影响。

由于服务的无形性和异质性，服务往往难以标准化，增加了控制服务质量的难度。在部分服务行业（如养老服务业），有服务的供给方、需求方，且作为服务需求方的购买者和直接消费者还有所不同，进一步增加了评价服务质量的难度。如养老服务的购买者可能是家庭中的就业收入者，而直接消费者可能是年老体弱的父母。这种购买者和直接消费者的不一致性，增加了对养老服务质量进行准确评价的难度，甚至出现服务购买者和直接消费者对服务质量的评价存在巨大反差。在养老、家政等服务业中，服务供求双方或利益相关者还因社会地位、文化程度、身心健康程度等差异，沟通协调难度加大，并对评价服务供给质量造成较大影响。服务业的发展倡导以用户为中心的发展理念，这是因为服务的异质性和不可储存性对服务提供商提出了更高的要求。服务的异质性意味着每个顾客都有独特的需求和期望，需要个性化的服务；而服务的不可储存性则需要服务提供商即时提供服务，不能像物品一样进行储存和保存。

产品或服务的质量通常指其能够满足用户实际需求的使用价值特性，同时在竞争激烈的市场中，还要具备更高的性价比，以提高其质量合意性和竞争力。因此，产品或服务的质量不仅仅是满足用户需求的能力，还包括价格和竞争力等因素的综合评估。所以，对同一供给者提供的同一服务，不同的需求者或消费者可能有不同的质量评价，这与不同消费者之间需求的差异性密切相关。正如餐饮消费者有的更看重餐饮"可口"，有的更看重"实惠"，有的更看重消费环境"高雅"。服务质量的提高，只有契合顾客或消费者的需求时，才有实际价值。值得注意的是，为提高服务质量往往需要支出较高的服务成本。因此，对于服务需求方或服务消费者而言，服务质量并不一定是越高越好，而应该更多地关注服务的性价比。评价服务质量应该关注其性价比。对于服务消费者而言，消费者花费了一定资金后，就应该享受到同等价值的服务。如果服务与价格无法匹配，就会影响消费者的满意度，最终使服务业从业者失去消费者的认可。要始终把客户价值放在第一位。客户价值主要关注客户所得到的收益与所付出的代价之间的比例关系。对客户价值的理解不能简单地认为是"高质量"，高价格并不是高质量的必然标志，高价格下的产品或服务并不能保证其质量一定高。只有当产品或服务的质量符合客户的预期，并且价格在可接受范围内，良好的客户价值才能得以体现。事实上，这是一个"边际收益"与"边际成本"的权衡问题。有些服务质量的"提高"，对于部分消费者缺乏使用价值，反而"性价比"较低。

（二）客户价值、服务质量和客户满意度

客户价值和客户满意度之间存在着紧密的联系。一件产品或一项服务若达到或超过客户的预期，可以说提高了客户满意度。但提高客户满意度的方法是多种多样的，改善消费体验是一个重要路径。比如为刚下飞机的客户提供到达宾馆的接送服务，在事前承诺一个小时送达的前提下，结果两个小时才送达，由此带来的客户满意度可能较低；若半小时送达，客户满意度较高。在出租车提供接送服务的过程中，道路颠簸难行或出租车司机态度不好，会导致客户对出租车服务的满意度急剧下降。因此，评估服务质量时，不仅要关注服务的技术质量，还要考虑服务的功能和体验质量。

随着城乡居民收入和消费水平的提高，以及服务消费个性化、多样化的推进，改善消费体验在提高服务质量中的重要性日益凸显。许多服务业企业较为重视员工的知识和服务礼仪、服务态度，重视培训员工与顾客沟通、获得顾客信任的能力和技巧。但是，服务的客户价值、服务质量和服务的客户满意度之间，并非简单的同向或等同关系。

（三）服务业高质量发展和提高服务质量

服务业最重要的功能和目的是为人们提供高质量的服务，在提供基础服务的前提下，我们需要为不同客户提供个性化的高质量服务。不同的客户对服务质量有不同的评判标准，因此我们需要制定适合不同行业的服务质量评判标准，需要针对具体问题进行具体分析。因为优质的服务可以为人们带来较好的使用感受，并符合时代发展要求。伴随我国经济的快速发展，社会各个行业得到进步，越来越多的行业开始围绕服务质量展开良性竞争，我国产业结构的优化和升级对满足人们不断增长的生活需求至关重要。随着人民生

活水平的提高，人们对生活的需求变得更加多样化和个性化，同时也提出了更高的服务标准，期望企业能够提供个性化和智能化的服务。服务质量的提高受到许多因素的影响，如人员素质、技术水平、设备设施、管理体制等。所以，评判服务业质量是一个较复杂的过程。

服务业的发展与提升服务质量是两个不同的概念。提升服务质量是发展服务业的有效方式之一，但不是唯一的方式。提升服务人员的服务素质、提升自身产品的核心竞争力、促进经济效益和生态效益相统一的良性发展，都是促进服务业发展的重要手段。在保证自身服务质量的同时，服务业主体只有顺应时代发展要求和人们的消费需求，才可以很好地提升服务行业的竞争力，在市场中站稳脚跟。通过优化企业服务，可以使产业结构得到更加合理的发展。要使服务业得到长远发展，不能只关注服务质量，还需要对产品本身的质量、社会发展要求和人们心理需求展开调查，最后得到综合的影响因素，对服务业发展进行客观、理性的评价。

服务业的发展前景与服务质量有直接关系。良好的发展需要符合时代发展要求和人们真实的心理诉求，通过对社会、市场、消费者三者提供满意的服务，才可以帮助服务业发展，从而使我国产业结构趋于合理，并在追求服务质量的同时，谋求经济效益。服务业的发展需要以整个国家经济发展的目标和方向为导向，从全局的角度出发，科学规划和推进服务业的发展。在服务业的发展中，我们需要关注各个区域的不同需求和特点，根据当地的实际情况提供适合当地的定制化服务。除此之外，国际服务业的发展具体情况会通过国际的商贸活动表现出来。因此，市场主体要从小区域开始做好服务，从而提升整体服务水平。

要想使服务得到良好的发展态势，就要注重每个区域的发展情况，加强区域的服务质量。针对区域间兴起的新兴产业给予重视，并针对服务制定标准、规范行为。注重培养新兴产业服务质量，为人们提供个性化服务，使人们在接受服务的同时，获得良好的服务体验。

当今时代，互联网发展较快，一般的新兴产业都以互联网为主要平台，对此要求产业发展需要有良好的信息技术作为发展的基础条件。因此，区域间进行良性的服务质量竞争，在服务业发展的过程中，我们可以通过提高各个区域的服务质量来作为自身发展的优势条件，同时也可以为其他区域提供引导作用，从而带动整体服务质量。

在当今信息化发展的大背景下，不论是传统产业还是新兴产业，都将互联网融入自身发展中，运用互联网时代的大数据计算技术与信息处理技术，帮助产业得到更好的发展，也可以更好地实现自身高质量服务。互联网技术可以为产业发展提供较为便捷的自助办理功能，这不仅有助于缓解企业员工的工作压力，还能促进人们更快更有效地解决基本问题。在新兴企业发展初期，政府会对其提供较多的政策扶持，帮助新兴企业获得较好的发展基础，但也会导致企业自行运营能力下降，不利于长远发展。此外，新兴产业的发展不应当以政府政策扶持作为主要方式，而是应运用自身发展优势，与成熟产业之间建立关联。因此，在新兴的产业发展过程中，要注重与其他产业之间迅速建立良性关系，增强自身发展优势，从而获得更大的发展空间，规避和解决自身劣势，以免短板产业阻碍新兴产业的发展步伐。

二、发挥服务业高质量发展的作用

服务业的高质量发展需要各个企业和政府制定长期、稳定的计划，通过不断探索和研究方式发展服务业。政府和市场应当运用整体观点，看待服务业的发展。对市场发展方向进行确认，找到符合时代要求和人们真实诉求的服务发展模式，构建高质量的发展体系，为人们和社会创造价值。

（一）服务业高质量发展：满足人民日益增长的美好生活需要

提升服务质量可以增强人们的生活幸福感。为了提供高质量的服务，必须符合时代发展要求和人们真实的需求，以提供良好的服务体验。随着生活水平的提高，人们日益追求精神层面上的满足，对此需要企业在为人们提供高质量产品的同时，也需要将高质量服务带给不同需求的用户。当今，服务发展问题还存在很多阻碍因素，企业需要排除万难，找到适合时代发展的途径。为此，应以提升人们生活幸福感作为自身发展服务的宗旨，有效保障人们的切身利益。企业应将自身供给和人们需求进行有效配置，通过平衡市场方式，提升自身的服务质量。针对人们的不同需求进行针对性服务，使人们感受到个性化服务，感受到企业在服务上的提升，消费者对企业的服务进行意见反馈，促进提升企业自身服务。

面向市场发展趋势，消费者越来越需要企业为其提供多样化、智能化、个性化的服务。企业在制定服务发展的过程中，需要重视用户的使用体验和意见反馈，在保障产品质量的前提下，对其进行加工，体现产品的附加价值。针对当今时代的发展要求和人们对美好生活的向往，制定精良的产品，并提供个性化服务，使消费者感受到高质量服务。针对消费者的喜好，制定符合消费者心理预期的服务，有利于企业获得用户的信任，并带来长远的经济效益。

以服务业与农业的融合发展为例，我国的基础产业为农业，要使其得到发展，应当发展符合时代要求的产业结构，通过加强农业服务能力，提高农产品的附加价值，并运用先进的技术帮助农业取得发展机会。针对不同种类的农作物，可以深入挖掘其历史文化，通过文化建设方式，使农业得到发展。近年来，国家十分关注农业的发展前景，并将大量资金投入农业技术的研发中，大幅度提升农业的生产效率和生产质量，而与互联网的有效融合，可以使农业得到更好的发展；互联网的信息技术和处理技术，可以针对网上用户的需求进行统计，从而提升农业发展途径的多样性。

随着人们生活水平的提高，他们对服务的要求也越来越高。为了提升消费者的体验，企业必须制定个性化和差异化的服务。因此，人们对服务业提出了新的要求，这反映出我国当今时代经济的发展较好。只有当人们的生活水平提高，才会对精神层面产生更多的追求，这也是服务业发展的动力所在。

当今时代出现新的主流消费，传统的产业发展结构已经不适用于当前的发展形势，需要针对产业的结构构成，发展符合时代要求和人们心理诉求的产业。伴随我国人口结构发生变化，养老人群激增，新的服务业消费需求随之出现，养老、就医等服务迅速占据服务市场，为服务产业提供更多的发展方向。对此，服务业企业需要不断找寻新的消费点，为了提供高质量的服务，企业必须对现有的消费点进行改进，并提供良好的服务，以使消费者感受到服务的高质量。因此，可以针对高消费的产业进行高质量服务研究。

提升服务业质量需要明确人们的真实诉求，只有清楚人们的真实诉求及消费心理，才可以有效提升服务质量和人们的消费体验。经过对当今时代服务业的调查研究发现，服务行业在发展初期，都对自身未来的发展前景充满自信，但通过一段时间的试验会发现，服务市场无法很好地得到发展，存在许多阻碍发展因素，究其原因，主要从以下方面进行分析：

首先，企业没有清楚了解市场发展方向和人们的真实心理诉求，很难按照计划方案进行发展。其次，由于当今服务行业发展千篇一律，毫无新意，没有创新竞争力，很难开拓新的发展市场。为此，企业应调查市场和人们的需求，保障所制定的发展方向和发展内容的正确性。通过针对性服务，为消费者带来良好体验。此外，企业只有做好自身宣传，使人们愿意消费，才有了解服务的机会,加强自身服务机制,为消费者带来更好的消费体验。

随着人们生活水平的不断提升,各个行业得到较好的发展机遇,区域之间的界限也被打破,加强了各个区域之间的经济往来,服务行业的竞争市场不再是自己的区域,而是自身和周边相关联产业。要在激烈的市场竞争中占据有利地位,企业需要有特色产品和个性化服务,创造独特的发展优势。服务业的发展往往强调本土化,原因不仅在于服务的特性包括无形性、不可分割性、不可储存性和顾客参与性,需要服务供应商更接近消费者,更了解本地市场需求,同时也能够将劳动力和资金引入地方经济,促进当地经济发展。当然,准确研判服务业发展是否真正顺应社会消费需求变化和消费结构升级趋势,是否有效形成适应需求、创造需求、引导需求的能力,还需要注意服务业本身是容易出现过剩供给和过剩需求并存的行业,甚至由于服务业在需求高峰期和低谷期之间容易形成巨大的需求反差,而产能利用率低往往是服务业相对于工业的重要特征之一,提高产能利用率也是多数服务业发展面临的难题。为了应对当今市场出现的问题,各企业应积极采取相应政策,提升自身服务质量。通过对区域的自然资源、文化资源进行开发和利用,可以提高自身竞争力;各地区可针对区域风貌特征和自然景观进行人文加工,提升附加价值;通过宣传,吸引更多的游客进行消费,增强当地旅游业的经济贡献。

(二)有效体现新发展理念的服务业高质量发展

服务业发展符合当今时代发展要求,运用新的发展理念对服务业制定具体的发展计划,通过发展高质量服务业,体现当今时代的发展理念,并为人们提供更好的消费体验,提升人们生活幸福感。

1. 创新理念

当代产业升级主要是以提升核心产品的创新力作为自身竞争的新动力。利用与优势产业相融合的方式，带动新兴产业的发展。由于当今市场存在较多的同质产品，会导致市场缺少创新，大部分的市场中占主要部分的还是传统产业，只有一部分的新兴产业能够取得较好发展。当前的服务市场存在产业关联性低、缺少创新性、没有明显的竞争优势、缺少文化底蕴等问题，使得新发展的服务产业很难在成熟的市场中寻求一席之地，无法形成具有特色的文化品牌，不利于企业长远发展。

服务业未来的发展要依托创新意识，坚持创新是原动力的发展方向，才可以帮助服务业获得更好的发展空间。当前，许多企业都具备基础的创新意识，但无法制定具体的执行方案，难以存活于市场中。真正实现创新，不能只喊口号，要将具体的创新意识落实到实际发展中，为企业发展注入创新力量。做好基础工作，在稳健的基础上开展创新意识的实施。市场的生存法则是优胜劣汰，只有符合时代发展要求的企业才能长久存活于激烈的市场竞争中。创新意识可以帮助企业决策者选择正确的发展方向，并制定符合时代要求和人们诉求的发展计划，使企业在风雨飘摇的市场中占据有利地位。创新是企业发展的重要因素，但最具挑战的是找到企业生存的创新点，通过新的创新方式为企业发展注入新的活力和动力。一旦企业失去市场竞争力，呈现出区域性的无生机产业群，会导致区域经济受到严重冲击，使各企业之间产生懈怠心理，导致服务质量下降，不利于长期发展，并会对当地的资源产生浪费，导致人们的生活质量直线下降。为了避免这种恶性市场的产生，需要服务行业之间开展各种创新尝试，为市场注入新的活力。行业中的头部企业应当为其他小微企业树立榜样，带动整个区域，甚至是周边区域的经济发展及服务质量。发展创新服务需要具备坚定的毅力和长远的眼光，不能只顾眼前的收益，需要用长远的眼光看待行业发展。

培育服务业可持续发展能力，要注意防止两种倾向：一是通过地方政府和相关部门对特定服务行业、特定服务企业给予特惠式支持，甚至是"风险兜底"等方式，营造特殊有利的政策环境，人为降低企业"死亡"或陷入困境的概率，刻意营造服务业形势"一片大好"，甚至"越来越好"的表象。二是部分地方政府对当前服务业发展的成绩过度乐观，想当然地以为服务业发展的良好形势可以长期延续，看不到妨碍可持续发展的风险隐患也在悄然成长，防范化解重大风险的忧患意识和未雨绸缪积极应对的超前准备有所欠缺，甚至不惜"揠苗助长"。

以上两种倾向都不利于服务业企业创新能力、竞争能力的可持续成长，容易加剧服务业发展的波动。短期对部分服务行业的强力助推或刻意优惠，可能导致在不同的服务业行业或企业之间难以形成公平竞争、优胜劣汰的营商环境，影响市场对服务业资源配置决定性作用的发挥，妨碍服务业结构的合理化。在推动服务业创新发展时，必须把优化服务业产业生态放在首位，为服务业高质量发展创造更加有利的环境和条件。因此，要摒弃急功近利、急于求成的传统思维。近年来，国内一些地方把硅谷作为全球培育创新能力的样板，但硅谷的创新能力之所以全球领先，主要得益于它的独特特点，包括勇于创新、鼓励反叛、支持冒险、容忍失败、崇尚竞争、平等开放、以人为本、协调合作以及移民文化的多样性。从不同时代的成功创新型经济体中可以看出，尊重创新规律和服务劳动价值的创新创业生态是取得成功的重要因素，也是推动经济体高质量发展的重要"密码"。运用创新意识调整服务业的内部构成机制，明确划分政府的宏观调控和市场自动调节机制，政府需要将一部分权力归还给市场和企业，使两者富有活力，促进其更好地发展。但在我国当今的市场发展中，一些产业融合性强的服务业项目，受制于条块分割、部门分割的管理体制，运营、协调成本较大。一些地方服务业企业或项目之间同质化竞争严重，资源整合、市场集成和统筹规划亟待提升，甚至服务业基础设施投入较大，投入分散，呈现多点并进状态，难以形成有投资回报的适度规模。在不同行政区之间、不同服务业企业之间，服务业发展盲目投资、重复建设、低水平过度竞争问题严重，制约服务业资源利用效率和发展质量的提升，导致区域之间服务业差异化、互补化、网络化、特色化发展不足。

区域中心城市与所在地区梯级节点城市（镇）、乡村地区之间，服务业发展缺少有效关联、功能分工和发展特色，导致模仿较多、竞争有余、合作不足、劣势凸显，难以实现错位分工、优势互补，更难以通过借势发展有效带动造势发展。这些问题反映出推进服务业体制机制创新的紧迫性，同时也指出了有利于服务业高质量发展的产业生态方向。

2. 协调理念

协调产业之间的合理性是发展高质量服务业的基础条件。通过协调产业发展比重和各产业之间的关系，可以使产业更加健康、长远发展。协调服务业内部的发展模式和发展形态，可以提升服务业整体质量。实现各产业之间的协调，有助于促进不同产业之间的健康发展，使各个产业获得新的发展动力，进而提升城市的竞争力，对提升国家软实力具有很好的促进作用。让城市各行业实现协调发展，可使城市中的商业发展结构趋于合理。围绕城市中的核心产业进行开发，可加快城市创新式发展；增强城市中各个产业的服务性功能，可使城市商业中心带动周边产业发展。但是，这种模式存在弊端，会导致城市经济发展呈现出两极分化的现象：中心商业圈具有较强的创新力，其他地区的商业发展滞后，阻碍城市整体发展。

促进城市产业协调发展，需要优化城市中的基础设施建设和人才队伍建设，使其可以为城市创新发展起到积极作用。经过相关调研发现，一些旅游城市内部由于具备自然资源的丰富性及历史文化的多样性，使旅游服务业得到较好发展，由于宣传力度不足、交通通信条件较差，导致旅游业发展情况较差。当今服务业存在服务人员营销能力差、基础设施构建不完善、缺少独特的品牌产业，都是影响服务行业发展的重要因素。对以上问题展开针对性解决，需要提升服务人员的专业素养和技能，加强对基础设施的建设工程，从而为消费者带来更好的消费体验。

3. 绿色理念

在探索服务业发展的过程中，要综合考虑经济效益和环境效益，并采用可持续发展的观点来看待问题。建立绿色、环保、健康的产业发展结构，协调好人与自然之间的关系，保障发展经济的同时，不会对环境造成不可挽回的伤害。对此，需要对服务业发展提出新的要求，促进服务业绿色发展。在开展商业活动时，将保护环境作为首要目标，保障产品生产环节的绿色环保，针对产生污染的部分进行严格管理和监督。此外，政府应当发挥自身职能作用，引导企业和个人发展绿色产业；宣传追求利益时，更需要关注环保的重要思想。如今各国都开始强调保护环境的重要性，积极推进和谐发展和环境保护已经成为时代发展的主题，针对出行、工业等方面制定了绿色环保政策，加强人们的绿色环保意识。

4. 开放理念

经过我国政府政策的不断发展，开放是社会发展的必要前提。只有区域之间的联系得到加强，产业之间的关联关系得到紧密结合，才可以发展高质量的服务业。通过开放式的政策，可以为服务业发展注入新的活力，并时刻调整自身发展方式。开放式的政策调整可以为服务业发展带来较好的经济价值，但是运行过程中还需注意以下问题：

第一，需要将服务业发展拓展到区域外，运用开放式理念将各国之间的商贸紧密结合。在对外开放的过程中，需要将国家安全放在首位，加大开放力度，从而提升高质量服务业的构建。

第二，要统筹考虑扩大对内开放和对外开放的目标，有机结合，全面提升服务业的对内和对外开放水平和质量。部分地区服务业对内开放明显滞后于对外开放，既有高铁、航线等区域交通通信基础设施对外通道不畅、放宽市场准入不够的原因，又与地方保护主义倾向有关。

第三，要将扩大和深化服务业开放与培育服务业国际竞争力、创新服务业监管方式有机结合，以实现服务业的可持续发展和全球竞争力的提升。国际经验表明，这样做有利于服务业开放更好地做到扬长避短、趋利避害。

5. 共享理念

共享是推进服务业高质量发展的必要要求，也是坚持以人民为中心的发展思想的体现。虽然一两个企业的经营活动并不一定需要，或者并不能做到全社会"共享"发展成果。推进服务业整体的高质量发展，应该坚持"让改革发展成果惠及全体人民，尤其是让更多的人分享发展成果"，并努力"在发展中保障和改善民生"，同时须保持必要的底线，以"确保人民获得更充实、更有保障、更可持续的幸福感、安全感和获得感"。在创新服务业监管过程中，注意包容创新、底线思维和红线意识的重要原因之一是确保服务业发展能够真正体现共享发展理念。没有必要的网络安全和信息安全红线可能导致一些企业的发展对其他企业的基本生存和发展权益造成侵害。

近年来，服务业尤其是现代服务业的发展在总体上有效提升了全社会的共享发展水平，但是要将"共享作为发展的根本目的"，将其真正落到服务业发展实处，还需要做很多努力。一些现代服务企业发展显示出良好的创新绩效和发展潜质，有效增加了企业和居民的便捷和好处，提高了经济社会运行效率和发展质量，也导致社会分配和就业机会更加不均。一些地方部分服务业新产业、新业态、新模式在经历短期的超常规增长后，发展动力迅速衰减，蓄积了较严重的金融风险和经济社会运行风险，导致"少数人迅速获得收益，多数人被迫支付成本"现象。

一些新兴服务业的发展往往让人感到超预期和革命性创新，但很少有人注意到，有些企业的成功背后伴随着更多企业的失败，甚至会给人带来"一蹶不振"的教训。其中，接近成功但最终失败的部分企业也曾有过一段良好的业绩，由于持续创新的"韧劲"不足，或因为局部事件或偶然性、突发性因素影响，最终归于失败。类似现象说明，在现代服务业发展中，如何科学处理创新与共享之间的矛盾，培育持续创新发展能力，真正让更多的人在参与发展过程中有获得感、幸福感、安全感，在政策上仍值得认真研究和重视。

近年来，基于新一代信息技术的新兴服务业迅速发展，与此相关的垄断问题日益引起关注，新情况、新问题层出不穷，有的依托资本强势和融资便利，不惜长期亏损、大量"烧钱"企图"耗死"对方，借此形成垄断地位，为未来取得垄断利润创造条件；有的待形成垄断地位或构建起循环、造血机制后，盈利能力可能出现指数型或超常规增长，导致社会财富加快向其大量集中，不仅对传统的反垄断措施提出了新的挑战，也对创新服务业政策和宏观治理提出了新的要求。因此，回应新的挑战，需要科学处理创新发展与共享发展之间的矛盾。

在推进服务业高质量发展的过程中，"更高质量、更有效率"的发展容易受到关注，但如何同时实现"更加公平、更可持续"发展，容易受到轻视，需要花费更大功夫，而这恰恰是推进服务业共享发展必须高度重视的问题。

三、服务业高质量发展的推进路径

要推进服务业高质量发展，需要从以下四个方面入手。

其一，要培育一批适应服务业高质量发展要求的企业和企业家。这些企业和企业家应富有开拓创新精神和市场驾驭能力，能够敏锐地感知服务业市场需求变化，并具有创造市场需求、凝聚市场需求、引导市场需求的能力。企业和企业家是推进服务业创新发展、增强服务业竞争力的中坚力量和基本依托。企业家良好的社会责任意识，也是实现服务业绿色发展、共享发展的有效保障。顺应高质量发展要求的企业和企业家，也善于从当前发展的不协调中找到新的服务业增长点和盈利机会。

其二，营造有利于服务业高质量发展的营商环境。这种有利于高质量发展的营商环境，应顺应服务业产业特性和发展规律，有利于激励和吸引企业家创新创业，要让企业家在服务业发展过程中真正实现安心、省心、舒心，从而对未来的发展充满信心。良好的营商环境还包括对民营经济和外部资本开放、包容的环境，有利于减少对内、对外开放中的"玻璃门"和"弹簧门"，降低企业经营活动的成本和风险。有的地区，成长性强、发展有潜力的民营企业较少，现有的民营企业多由本地国有企业转制而来，真正来自区域之外的国内资本和国际资本较为稀少，实际上表明当地的营商环境建设存在一定问题。为此，提升社会诚信和政府服务标准化水平，是营造有利于服务业高质量发展的营商环境的基本要求。有的地方社会诚信意识薄弱，坑蒙拐骗现象较多，"欺客""宰客""毁约"问题频出，甚至地方政府"新官不理旧账"；一些地方政府服务普遍存在"差不多""马马虎虎"等思维定式，缺乏精细化、品质化服务意识和行为规范，加大企业经营风险和运行成本；还有一些地方，政府推进营商环境建设"轰轰烈烈"，企业对政府推进营商环境建设的举措却"漠不关心",究其原因是政府推进营商环境建设的举措与企业或企业家对营商环境的实际需求不一致。因此,营造有利于服务业高质量发展的营商环境,应该着力解决这些问题。

其三,培育契合服务业高质量发展要求的产业生态。这种产业生态应该瞄准增强服务业竞争力和创新力的方向,能够有效顺应现代服务业的产业特性和发展要求,这有助于保持服务业创新、协调、绿色、开放、共享发展的整体性、系统性和协调性,有利于将增强服务业发展活力、培育服务业发展的品质品位同普遍增进居民或企业的获得感、幸福感、安全感有效结合起来。

其四,需要创新和完善具有包容性和审慎性的服务业监管框架和政策体系。在创新服务业监管方面,应推动从行业属性监管向功能性监管的转变,并从具体事项的细则式监管向事前设置负面清单的触发式监管的转变,强化服务业发展中的包容创新、底线思维和红线意识。遵循审慎监管理念,推动形成统一高效、普惠公平、开放包容、多元共治的监管体系,形成"企业自律+行业组织自律+强化平台型企业社会责任+优化政府监管+营造鼓励社会参与监管"的复合型、网络化监管体系。

构建包容审慎的服务业监管框架,有助于有效结合鼓励服务业创新、降低服务业发展风险、提高服务业质量效益和增强服务业可持续发展能力等方面的措施。优化政府监管不仅要顺应新产业、新业态新模式的产业属性和发展要求,创新政府监管方式,而且要注意顺应服务业产业融合趋势,应鼓励多个部门协同监管,推动信息交换、监管互认和执法互助。在新产业、新业态和新模式的发展初期,需要深入了解新产业、新业态和新模式的产业属性和发展规律,政府切忌对其盲目"站台"。否则,容易对新兴行业的发展推波助澜,加剧行业发展的波动和"浮躁"情绪,从长远来看,也容易加剧服务业发展的资源浪费和发展风险。在基本认清行业属性和发展规律前,政府不宜仓促出台监管措施，如果不适应新产业、新业态和新模式的产业属性和发展规律，就会错误地对创新进行打压。

总而言之，有利于服务业高质量发展的政策体系，不仅应该有利于激发全社会发展服务业的积极性、主动性和创造性，注意加强对服务业战略性新兴行业、关键领域的支持，而且要在鼓励创新的同时，注重培育激励机制，以促进协调发展、绿色发展、开放发展和共享发展。同时，应将坚持功能导向、鼓励创新和促进不同类型服务业平等竞争有效结合。一些地方鉴于新兴服务业的发展打破了服务业原有的生态平衡，形成对现行监管格局的严峻挑战，往往以破坏市场秩序为由，自觉或不自觉地希望通过强化现行监管措施，将其"扼杀在摇篮之中"，不利于服务业创新发展。但若以鼓励创新为由，对新兴服务业的发展"揠苗助长"，也会形成新兴服务业与传统服务业的不公平竞争，加剧服务业创新发展与满足人民日益增长的美好生活需要的矛盾，影响服务业高质量发展。因此，理性的态度应该是将放宽准入与创新监管有效结合起来，因势利导，顺势而为；普惠公平，功能导向；冷静观察，谋定后动；创新监管，多元共治。

第三节 我国建筑业的高质量发展

随着改革开放 40 多年来国民经济和社会的巨大进步，我国建筑业和房地产业得到了蓬勃发展。随着建设规模的不断扩大，建筑总量不断增加，对建设工程质量的要求也越来越高。建设工程的质量关系到人民群众的切身利益、国民经济的投资效益以及建筑业的可持续发展。为了提高建设工程的质量，需要构建包括政府监管、社会监督和企业自律在内的监管体系。此外，还需要完善建设工程质量管理法规体系，建立统一有序的建筑市场，以及完善建设工程质量保险制度和提高建筑技术水平，进一步提高建设工程质量，实现建筑行业高质量发展，具有重要而深远的意义。

一、建筑业发展质量的界定

虽然学术界对经济发展质量的内涵已经进行了充分的研究，但至今在经济学理论中仍未形成一个统一的定义。与此同时，涉及建筑业发展质量内涵的研究仍然非常少见。就像经济发展质量的概念包含"经济增长"和"质量"两个方面一样，对于建筑业发展质量，也可以从"建筑业增长"和"质量"两个方面进行理解。

首先，从经济增长的一般理论来看，经济增长的目标主要关注经济中产品和服务的增长。新古典增长理论的主要代表，即索洛模型，主要研究一国的产出增长问题。刘易斯是一位著名的发展经济学家，在他的著作《经济增长理论》中，他提出经济增长的核心是人均产出的增长，并认为产出的定义必须与具体的产品和服务相联系。在现代宏观经济学中，衡量一国经济增长的核心指标是国内生产总值（GDP）的增长，即"一国在一定时期内所生产的最终产品和服务的市场价值的总和"。经济增长理论中的核心指标是一国所生产的具体产品和服务的市场价值的总数量，建筑业发展质量也不应脱离经济学对经济增长的一般规定性。[①]

其次，"质量"的定义是指"一组固有特性满足需求的程度"。对于任何一个具体领域的质量定义，都应基于这个定义进行延伸。因此，根据这个定义，"建筑业发展质量"指的是建筑业发展所具有的"固有特性"满足需求的程度。建筑业发展的"固有特性"，也就是构成建筑业的具体产品和服务，包

---

① 孙继德，郑冕，傅家雯. 新时代建筑业高质量发展的内涵与政策建议 [J]. 建筑经济，2019，40（05）：5-9.

括其生产过程,所具有的固有属性及其总和。"满足需要"则是一个多维的概念,指建筑业发展的过程和结果不仅能满足使用者的需要,也要能满足经济、社会持续发展及环境可持续发展的需要。满足使用者的需要,指建筑业的产品和服务的特性,在建筑业中,质量、性能、美观、经济性等方面的要求应该同时满足明确规定的、通常隐含的(如组织惯例、一般习惯)和必须遵守的(如法律法规、行业规则)的需求和期望。鉴于建筑业是国民经济的支柱产业,其发展水平会对其他各经济部门的发展产生影响,因此,建筑业的发展应该符合国民经济持续发展的需求,具体包括建筑业规模总量的可持续增长、产业结构的优化和经济效益的提高等方面。

由于建筑生产活动具有双重的外部性,社会(无论是否是建筑业产品的直接使用者)和环境发展都受到其重要影响,既可能使社会或环境受益,也可能使社会或环境受损。因此,建筑业的发展必须符合社会和环境的可持续发展的需要。具体来说,建筑业的发展应该既满足当代人的需求,又不影响后代人满足自身需求的能力。这包括建筑业发展带来的社会福利水平的提高,以及建筑业发展过程中资源节约和环境保护水平的提高等方面。将以上多维的需要相结合,在新的发展理念的指引下,建筑业的发展需要同时考虑满足使用者的需求以及经济、社会的持续发展和环境的可持续发展的需要。这符合人民日益增长的美好生活需求,也与"高质量发展"的内涵相一致,既是一个长远的发展目标,又是一个长期的发展过程。因此,建筑业发展质量的内涵必须包括发展过程和发展结果两个方面。

由于满足需要的"程度"指质量的结果性表现形式,反映建筑业发展的产出要素,而根据投入与产出辩证统一的内涵,建筑业发展质量应既能体现内部的投入要素,又能体现外部的产出要素。因此,满足需要的"能力"可作为"程度"的补充,反映建筑业发展质量的投入要素。

总之，建筑业的发展质量可被定义为：建筑业在满足使用者需求的同时，能够满足经济、社会持续发展以及环境可持续发展的需求的能力或程度。

二、建设工程质量的提升对策

（一）完善建设工程质量监管，积极履行政府监管职责

政府对建设工程质量的监管是政府公共管理的组成部分，监管机构在建设工程运行的各个阶段对相关主体的责任、义务和利益进行调控和协调，从而实现对建设工程质量的监管。对于我国工程质量监管存在的问题，应该从健全政府监管组织体系、明确监管机构的定位和职责，以及完善政府监管的制度体系等方面入手，以寻求更加合理和优化的监管模式和运行方式。

1. 建设工程质量监管组织体系的理顺与完善

建设工程质量监督管理的主要因素是其组织机构及体系。为改变现状中的多头管理和条块分割，建设工程质量监督管理的组织体系需要进行调整，采用统一管理、资质管理、社会化、专业化和形式多样化等方式。在建立统一管理体系的基础上，住建部门应负责统一行使政府监管职能，建立建设工程质量监督机构，并以《建设工程质量管理条例》和《房屋建筑和市政基础设施工程质量监督管理规定》等相关规定为依据。同时，监督人员必须通过专业考核方可从事工程质量监督工作。工程质量监督机构应当秉持社会化和专业化相结合的原则，建立综合团队，整合技术、经济和管理等多个领域的知识和经验，以提高监督管理水平。在组织体系建设方面，应保证工程质量检测机构与工程质量监督部门分离，以确保监督管理的独立性和公正性。

2. 明确政府监督管理机构的职责定位

政府工程质量监督管理部门应明确职责定位，通过授权执法和监督执法，

建设工程应当由符合资质条件的第三方监管机构进行强制监督；同时，通过施工许可制度和竣工验收备案制度，对工程的地基基础、主体结构、环境质量等方面进行监督，同时监督工程建设各方主体的行为，以确保工程质量的稳定提升。在监管职责上，政府监督管理机构的质量监管，目前主要以建筑物为标的，对建设工程参与各方主体的资质、行为、责任及其落实的监管不充分。为此，建设工程质量政府监管的主要工作内容和职责需要进行调整和转换。首先，将工程质量监督的重心调整为对工程建设参与各方主体行为和质量责任落实状况的评价、监督，而不是只注重工程实物质量检测。其次，将建设工程质量监督从施工环节延伸至建设全过程，包括规划设计、原材料、施工、成本、人员、分段验收、竣工验收等工程建设全过程。再次，强化对建设工程竣工验收的监督，完善竣工验收备案制度，同时对已完工工程质量等级评估进行核验。最后，发挥基层工程质检部门的专业技术能力，加强对重点工程、关键环节和部位的随机性检查。

3. 建设工程质量监管内容的完善

建设工程质量政府监管制度是确保监督管理规范化、提升监督管理能力、提高质监机构水平和监督人员素质、保障监督工作高效顺利进行的重要手段。监管内容应包括市场准入制度、工程项目监督委托制度、资质考核制度、绩效评估制度、验收核准制度、全过程控制制度以及业主监督验收制度等方面。

在市场准入上，遵循《建筑业企业资质管理规定》《房地产开发企业资质管理规定》的市场准入资质条件，针对建筑行业中资质挂靠、非法分包转包、超范围超资质承接工程、监理——施工同体等行为，对工程各参与主体进行严格的资质审查。同时，严格管理建筑行业从业人员的资质问题，通过注册类资质证书、现场管理岗位证书、特种操作工类证书等，对专业从业人员进行资质管理；通过建筑劳务实名制等措施，对建筑劳务用工进行管理，以提高建设工程从业人员的队伍素质。

（二）大力发挥建设工程监理的质量监管职能

我国工程监理制度的主要目标是控制工程项目的投资、进度和质量，也被称为监理工作的"三大控制"。该制度要求监理机构作为独立的第三方，遵循客观、公正的原则，对工程项目进行全过程监督，确保工程目标的实现。此外，根据《建筑法》的规定，工程监理机构应当独立、客观，为业主代表行使监督职责，确保工程建设的合法、安全和质量。目前建设工程监理存在的主要问题是监理方的独立性不足，这影响了监理在工程建设过程中的作用发挥。因此，未来应当着重培育工程监理方的独立性，充分发挥建设工程监理的质量监管职能。

工程监理独立性缺失的主要原因是监理方与业主之间权利和责任的分配不平衡。现实情况中，一些业主往往缺乏对工程监理的充分授权，或者过度干涉监理活动，导致监理方面无法独立行使职责，影响监理工作的质量和效果。为了解决这一问题，应当加强对业主不充分授权和过度干涉监理活动行为的规范和限制，以促进工程监理与业主之间权利、义务、责任的平衡分配。为了确保工程监理服务的有效开展和工程质量的保障，可以设立工程监理合同备案制度。该制度要求业主和监理单位签订的工程监理合同必须提交给行政主管部门备案，以便对监理合同的授权是否充分进行监管。如果发现授权不充分的工程监理合同，行政主管部门应履行告知提示义务或执行行政处罚，确保工程监理服务能够得到有效开展，从而保障工程质量。除了设立工程监理合同备案制度外，还可以在相关法规中赋予行政管理部门对业主滥加干涉监理行为的处罚权，并将其操作过程细化。这样，一旦发现业主存在滥加干涉监理行为，行政管理部门就可以对其进行相应的处罚，使其在承担违约责任的同时，也受到相应的制裁。通过这种方式，可以努力使工程监理与业主之间的权责配置达到平衡，从而保障监理工作的质量和效果。

为了强化监理单位的独立性，可以通过专家责任来实现。专家责任是广义侵权责任中的一种，主要适用于拥有特定领域专业知识或技能的人。专家责任的实质是在侵权行为发生时，保护受害人的合法权益，避免其处于无法得到保护的困境。因此，对于工程监理单位来说，如果能够拥有一支具有专业知识和技能的监理团队，并将其纳入专家责任的范畴中，就能够强化监理单位的独立性，从而更好地履行监理职责，保障工程质量和效果。在业主与监理单位签订的建设工程监理合同中，由于双方在工程建设领域中对信息和知识的掌握存在不对称性，因此业主难以或不可能穷尽列举监理方应承担的各项义务。相反，监理工程师是为公众提供专业服务的专家，具有专业知识和技能，其职业活动应符合自身资质要求的专业服务标准。建立工程监理专家责任，并规定监理人员的法定义务，有利于增强监理人员的责任感，强化其地位和行为的独立性，从而确保业主的工程质量达到标准。

（三）落实建设工程参建各方的质量责任

根据我国相关法规，如《建筑法》《合同法》和《建设工程质量管理条例》的规定，参与建设工程的主体在违反工程质量义务时，通常应承担民事责任和行政责任。只有在造成重大安全事故时，才会承担刑事责任。建设单位、施工单位以及其他参建主体违反工程质量义务的现象比比皆是，这是因为违规行为所带来的成本远低于违规所带来的收益。同时，政府监管失灵和社会监督不到位，进一步加剧了违法现象的蔓延。针对这种情况，可以从以下两个方面加强参建主体的法律责任：一方面，应增强建设工程质量责任立法的力度，明确参与方的违法责任。针对参与建设的主体违反工程质量法规，不仅要承担行政责任，还应坚决采取民事责任和刑事责任措施，包括提高罚款数额、降低或吊销开发资质证书、扩大刑事责任适用范围等。对于承担民事责任的情况，不应仅限于补偿损失，对于故意或存在重大过失造成的严重工程质量问题，应考虑引入惩罚性赔偿制度。另一方面，应加大执法力度，对工程质量违法行为严格惩罚。为确保建设工程质量监管法律机制有效运行，应加强施工单位的法律义务，加强其违法行为的责任。

（四）构建和完善建筑市场信用制度

建立和健全我国建筑市场信用制度的基本结构，包括信用信息管理制度、信用评估制度、奖惩措施制度等方面。

第一，建筑市场信用制度的核心是信用信息管理，信用信息是信用制度的基石。建筑市场信用信息主要包括建筑企业和建筑从业人员的基本信息和市场行为记录两个方面。建筑市场信用信息管理的目标是提高信息的完善度和准确度，并完善信用信息披露制度。为了实现这个目标，需要建立多层次的信息管理体系，从而确保信息的全面性和准确性，增强信息平台之间的互联互通，提高信息的时效性。多层次信息管理体系包括政府、行业协会、企业、中介服务机构等平台，即各级政府的政务信息公开披露系统、建筑市场信用信息系统是由行业协会的同业信用信息系统和企业的内部信用信息系统两个方面构成的，通过互联互通和信息共享形成了不同层面的信用信息系统。

第二，建筑市场信用评价制度是通过建筑市场信用评级来实现的，信用评级是该制度的核心内容。信用评级是通过对企业和个人的信用记录进行评估，从而确定其信用等级，进而为信用管理提供科学依据的一种方式。建筑市场信用评级制度包括企业信用、项目信用、融资信用等不同角度的评级内容，业主、承包商、专业人士以及金融机构等信用主体围绕企业或项目形成一个"信用链"。我国建筑行业失信、违约等问题，主要集中在工程参与主体之间的主观性失信。这就要求未来一段时间，建筑行业信用评价应当重点对建设工程参与主体的信用行为和信用记录进行综合评价。

第三，在建筑市场中，诚信激励与失信惩戒制度是建立在诚信体系之上的重要机制。它可以通过激励守信者和惩罚失信者来保障市场诚信环境的形成和维护。这个制度不仅能够发挥社会监督和约束的作用，还能够促进企业和个人的自我管理和自我约束，从而提高市场诚信度和信任度。建设行政主管部门应当遵守国家相关法律法规，制定建筑市场诚信信息的管理和使用规定，并逐步建立诚信奖惩机制。同时，该部门应与其他行政主管部门联合起来，采取社会、行政、经济、法律等综合惩治措施，对那些有失信行为的企业和个人实行惩罚措施。这些惩罚措施可以包括公开曝光、行政处罚、经济制裁，甚至追究失信者的法律责任。这些措施可以增加失信的成本，从而使那些有失信行为的人和企业付出更高的代价，进而提高建筑市场的诚信度和规范性。

（五）大力推行建设工程质量保险制度

在建筑领域，引入工程质量保险制度，以及引入社会力量和市场机制参与行业管理，是非常必要的。这样做可以规范市场秩序，建立市场主体的质量内控机制，同时也可以创新质量管理体制机制，为建筑行业的发展提供更好的保障。许多国家，如法国、英国、日本、新加坡和加拿大等，都已经推行了工程质量保险制度。这种制度在确保工程质量方面发挥了重要作用，同时也为工程质量缺陷引起的损害赔偿提供了保障。我国从2005年开始推行工程质量保险制度，由于政策法规、市场环境、监理制度等方面进展较为缓慢，未来应在完善法规体系、培育规范市场、引入独立质检机构等方面推进工程质量保险制度。

在建筑领域的法规支撑体系方面，应该加强对建筑工程质量保险等相关内容的规定。随着《建筑法》《建设工程质量管理条例》等法律法规的修订过程，应当强制规定建筑工程质量保险的购买，并加强对该制度的执行力度。地方政府也应该在地方性法规、规章层面加强对工程质量保险强制执行的政策措施的探讨和制定，为推进工程质量保险工作创造良好的政策环境。

在规范市场环境方面，为了推广建筑工程质量保险制度，可以通过房屋销售环节采取多种措施。例如，可以要求开发商在房屋销售前公示质量保证方案，以提高公众对房屋质量的关注度和自我保护意识；同时，对于没有购买质量保险的住房，应该严格核查相关手续并进行必要的补救措施。从协会角度建议购房者不购买无质量保险住房等，形成推进工程质量保险的闭合链条和良好的市场氛围。同时，严格控制工程质量保险市场准入门槛，各级建设行政管理部门要联合本地区金融管理部门严格控制保险公司准入。对拟开展建筑工程质量保险业务的保险公司要设置准入标准，如承保能力、偿付能力、技术水平、管理手段等，确保质量保险工作稳健推进。

推行建筑工程质量保险制度，可以选择政府投资工程、建设示范工程，建议选择保障性住房项目作为工程质量保险试点工程，积累数据和经验，完善操作流程，为全面推行工程质量保险制度奠定基础。

第四节　我国制造业的高质量发展

一、机遇与挑战：制造业高质量发展

（一）制造业高质量发展的机遇

1.现代化经济体系构建为制造业高质量发展开辟广阔空间

根据各国发展制造行业的积累经验来看，将传统的企业加工手段向新型现代化方向转变的主要方案，应先建立实施目标。各国制造领域包含的部门都是需要较多劳动力要素投入的加工类型，将其加工模式改造的主要方向应是降低对技术人员要素的依赖性，转而向依靠投入资本和新型信息技术融入的角度开展探索。工业化国家内部各企业的制造方式向现代化模式改造需要，在经济总体收入部分较以往保持同样的增长效率，还需要对加工产品质量状况进行更高层次的要求。在经济结构中增加新型制造模式产业数量，需要各个主体将创新理念和虚拟信息应用技术融于加工技术要素中。

伴随我国城市改造的周期逐步缩短和群众实际经济收入数量的增加，我国社会中群众的现实需求不再停留于对基本生存要素的追求，也使其他种类制造行业有更多发展空间。根据我国不同地理位置的群众消费状况来看，我国东部沿海地区的居民除了对享受类的旅游消费有较高的热情度外，还会关注新兴电子产品的革新状况，为社会制造行业未来发展方向和模式的调整，提供了较多的开发空间。

2. 抢占新兴产业技术制高点，加速产业创新发展

如今，伴随新的生产制造方式和加工要素持续出现，我国生产制造行业处于发展模式调整和加工手段转变的时间范围。综合来看，一些新兴国家在科技方面取得了跨越式进展，尤其是中国借助庞大的市场潜力，在产业技术应用的深度和广度上具备了一定的先发优势。

我国借助自身国内需求市场较大的情况，在社会各产业转变自身加工模式和融入创新要素时，有较强的基础性优势。我国改造加工制造行业发展模式，正是新型信息传播平台不断出现，和新的原料性物质代替功能逐渐发挥的时间。加之我国自身具有的消费市场优势，使我国技术要素的革新有较大的实施和检验空间。因此，在世界各国就某一行业创新性问题开展广泛探索时，我国应仔细分析其他国家的意见，利用我国具有的资源性物质优势和消费市场空间，将我国社会各行业的技术加工方式向更高层次提升。

3. 信息化深入发展有助于高起点推进制造业转型升级

如今，信息要素的传播方式和利用形式持续创新，使各国都有新型的产品制造技术问世和创新发展模式出现。信息应用技术最终成为改造各国加工行业发展模式的主要手段，对原本各国加工各类产品的手段和对产品的销售模式发生根本性调整。在确保实际经济收入增长率稳定前进的情况下，持续提升加工行业的产出效率和应用技术层次。德国等制造方面认可度较高的国家由于信息技术手段的革新，使工业发展实现转型升级。因此可以明确，只有利用好的新型信息技术持续改进，才能使工业发展具有向先进制造业发展的基础。

经过我国多年对信息传播方式的研究探索，对新出现的信息技术应用手段形式创新有较丰富的探索基础要素。相对于其他领域，我国在理论性研究方面与西方国家的差距较小。尤其是我国将国内有较大基数的加工行业向现

代化方向转变的需求，使制造业领域对信息技术的开发有较高的实际需要和消费市场。因此，借助各国对信息类技术要素的开发深度逐渐增加，我国可以使传统的加工手段在新理念的融入下，呈现出更高效率。

4.绿色低碳转型将推动制造业实现全面革新

党的二十大报告指出："推动经济社会发展绿色化、低碳化是实现高质量发展的关键环节。"如今，绿色低碳不只是各国加工类企业对自身制造流程的要求，也是伴随信息技术应用方式的持续扩充而产生的新型社会行业。在将以往有较高实际经济效益的加工行业向更环保绿色方向改造的过程中，各领域的新应用技术伴随创新理念的开发而不断出现。这些技术目前还处于应用测试和潜在功能开发的范围，在技术内涵解释和应用范围内更加清晰后，将会在各国的加工行业中有更深层次的技术融入和发展模式的呈现。在加工制造行业实际效率和经济收入不断提升的情况下，自然可以将绿色和低碳作为未来加工方向转变的引领理念。

将自身技术加工方式附着绿色理念的指引，是许多国家改造加工行业发展模式的主要基点。在西方，许多国家已经开始为自身加工过程中使用的能源型物质寻找环保再生类的替代物品，同时集中改进加工环节过程中产生的废弃物质排放和资源利用率低的情况。我国较其他国家，在维护世界绿色低碳环境方面应有更多实际方案的执行，可以借助国家政策方面的纲领性指引作用，细致检查我国制造行业内部加工体系流程的质量层次。

（二）制造业高质量发展面临的挑战

挑战一，世界各国对各类制造行业的核心技术要素有较高追求，并对创新理念融入加工过程的深度不断探索。随着我国加工制造行业逐渐从全国较低的效率水平发展为产品质量状况更高效率、更稳定的加工层次，使世界各国对中国加工生产产品的需求量明显增加，对原本在该行业处于领先地位的西方国家逐渐将自身核心技术和加工过程对外封锁。这类原本在制造行业有较高地位和质量认可度的发达国家，只能通过限制技术要素的方式，减少其他国家制造模式转变时间。因此，在世界其他国家对各制造行业的核心技术和管理理念不断封锁的条件下，我国要从外部更短时间内获得制造技术提升的方法具有挑战性。

挑战二，在世界各国范围内，规划自身国家内部社会制造企业自主研发的核心品牌有独特的前进模式，可大幅减弱国与国之间产品交流和加工合作的可能性。同时，国际范围内经济领域全球化趋势持续深入和特征逐渐显现，使影响加工制造类产业的核心要素从传统的资源型物质方向发生调整。在各国社会传统的制造产业发展模式中，以从事加工环节的劳动人数和资源性物质的储备状况，作为自身提高产品加工效率和实际经济收入的主要方式。但在现阶段，伴随创新理念和信息技术加工方式的不断应用，使企业工作效率和产品质量提升的核心要素，转变为理论性科学知识的应用程度和技术生产要素的开发状态。同时，伴随信息技术开发状况的不同，使各个国家内部实际经济的发展状态出现较大差距，跨国建立的企业集团逐渐成为各行业完整产业链条的拥有者和引领者，通过对产品制造技术进行限制和封闭，可以在全球范围内获得更高额的实际经济利润。

挑战三，以缩减生产过程中，原料性成本的投入数量作为提高制造企业经济收入的方式，已不再适用于当今国际形势变化。近几十年是我国加工行业寻找自身优势性因素的主要时间，面对国际范围内各加工产品能源性材料成本价格持续上涨的现状，我国急需探索新的产业模式改造方案和替代性原料物质的开发。从加工制造行业开始获得更高实际经济效益的国家来说，主要依靠控制资源性生产物质成本价格完成经济收益增长，与我国以往在加工行业改造模式有较高的相似度和竞争性,并且我国原料性加工物质储备量的消耗情况较大,因此,必须借助创新理念的融入寻找新的突破口,将加工产业的发展模式进行现代化改造。

根据我国不同区域所处地理位置和产业模式发展状态的差距,东部地区已经步入工业化阶段后期,中、西部地区尚处于工业化阶段的中期。东部地区为了实现制造业高质量发展,正在向高端制造业领域转型,同时也使传统制造业逐渐转移;而在我国经济发展状态有较大开发潜力的中、西部地区,主要产业开发模式改变集中于吸收东部地区转移出的传统制造类企业。但面对如今世界范围内对高质量产品和物品附加价值需求度的增加,也需要重新调整加工行业的核心竞争优势。

挑战四,世界各国对自身有竞争优势的核心生产要素不断封闭,使各类产业外部竞争氛围更加激烈。在西方国家普遍对加工类行业融入新的技术观念,对原本的产业发展模式进行调整,希望激发内部加工行业重新带动经济收入和增长率的提升,使全球范围内各产业的生产格局不再固定,各国自身对核心技术类加工要素和生产流程背后文化理念的封闭性观念更强,各国之间就某一领域产品的质量状况和销售问题存在争议性的次数较多。此外,随着我国大量基数劳动力要素使用成本的增加和不可再生性能源物质储存数量的持续减少,使我国不能再依靠能源型物质投入数量增加的手段,调控加工产业的实际经济收入。

二、思路与对策:制造业实现高质量发展

(一)思路分析:制造业实现高质量发展的路径

在我国经济领域,产品制造状况向更高层次提升时期,必须使经济领域发展模式也逐渐向现代化特征更明显的方向改造。虽然虚拟经济形态在现阶

段有较大的开发潜力和发展势头，但国家总体经济收入增长率的稳定提高，仍需对实体性经济形态的发展模式进行新方向调整。

实现制造业的高质量发展是实现国家经济领域发展模式转变和综合国力状态呈现的主要区域。加之我国人民群众实际经济收入状况的不断提升，需求不再停留于对生存性物质实用价值的追求，转而追求精神层面的消费需求。因此，我国未来阶段加工行业发展模式转变的引领理念，应是在确保该行业带动的实际经济收入稳定状况下，达到对加工产品制造技术和质量方面更高层次的要求。

对我国在新的国际背景下，实施改造加工行业产品质量状况的调整理念，一是需要考虑改造后的产品实际价值和使用方式是否满足消费群体的新要求。需要在调整各行业产业模式和加工方向行为前，针对消费群体对产品使用价值需要的改变作为指引性改造观念，在调整制造行业内部核心生产要素的同时，在产品服务方面进行功能性提升。二是针对加工行业产品制造至销售过程的完整体系，提出质量层面的管理要求，需要将传统企业加工模式逐步融入创新理念和信息技术要素的使用中，使其具有明显的现代化特征。在完善产品制造过程中，各主体责任范围的规定和相关链条延伸部分，使加工行业未来产业调整的目标只需要集中于核心竞争型要素的探索、效率的提升和对环境污染度的控制方面。三是规定我国内部不同区域在产业加工流程中的责任范围和分工职能，以区域间获得的实际经济效益增加作为指引目标。借助不同区域新型环保型替代物质开发状态和对创新观念理解层次的不一致性，完成挖掘不同区域生产过程中竞争性核心要素。

在新时期，制造行业有以下突出特点：

第一，针对加工制造行业的管理和体系运行部分设计新的模式，关注加工环节中其他主体职能权限的划分，使加工行业的产品质量状况向更高层次提升，是需要多个主体协同发挥作用的工程。因此，为了实现制造业的高质量发展，需要在顶层设计先行的基础上，积极推动决策部署的落地，全面调整布局，科学规划辅助，分解任务并有序执行，同时加强实时评估和反馈机制，全面完善整改落实，并及时总结修正，保持政策稳定统一。

第二，需要根据国际社会的经济发育状态和历史阶段，预测加工行业未来指引发展模式更新的制造指标。加工生产行业改造调整的行为需要根据不同时代经济领域发展模式变化，有不同侧重点。如今，面对信息化和科学化引领的时代发展现状，加工行业调整产品质量层次的工作应集中于满足不同使用群体独特性的审美判断。此外，借助信息传播手段的创新，使加工信息的收集更加便利。

第三，创新改造加工行业各类生产产品的流程，关注理论性科学知识融于加工环节的实际转化效率。同时，需要不断更新加工各类产品的技术要素，关于新生产技术的探索研发应成为下一阶段国家政策支持的主要领域。另外，应对传统类型的加工企业向现代化方式转变发展模式，确保国家企业实际经济收入的前提下，借技术要素的创新提升企业内部加工生产效率。

第四，针对加工行业未来核心竞争要素的预测结果，调整其生产模式，使不同类型的产业与加工行业之间的联系和带动作用更密切，使加工行业产品质量向更高层次提升的工作任务，应在制造类企业原有的生产要素基础上得到发展。需要重视各行业边界部分的产业形态，在加工行业整体质量水平更高后，带动相关其他行业发展契机的出现，也需明确如今社会环境下对制造加工行业进行改造，需要在充分了解产品消费主体实际使用需求和审美层次后入手。

第五，加强我国不同区域位置加工行业的生产流程合作，充分利用不同区域间的核心优势要素，弥补相互之间生产要素的缺口。针对不同区域制造企业的合作项目，应先对各主体的实际工作范围和责任边界进行明确限定，这样，在产品质量或加工效率出现问题时，可及时明确责任主体应解决的问题。同时，需充分了解各区域之间的优势加工要素、制造流程中的缺口和技术要素较差的部分，确定不同区域的主要工作目标和政策扶持领域。

（二）制造业高质量发展的推进举措

第一，加快改造和提升传统制造业。主要以改造加工制造行业的生产模式和有竞争优势的核心生产要素为抓手，调整各类社会制造行业的流程运行模式。注意创新理念和新型信息传播方式对加工环节的影响，将加工数据的收集和流程的进展状况结合信息技术手段进行监测。同时，我国应加强独立自主研发的核心优势品牌的开发数量，对消费群体实际需求极少的产品种类和品牌类型给予更新调整或停止生产。对企业加工流程进行调整优化的过程中，还应注意企业制造方式对环境状态的影响。

第二，加强制造业创新能力建设。针对我国加工行业工作内容分配的不同，应对产业链内部各环节进行创新理念改造，借助群众对服务行业现实需求量的增加为载体，创新加工行业之间信息数据记录的平台和传递的方式效率。此外，应增加各类加工制造行业内部有竞争优势的核心生产要素数量，对有创新理念的企业给予理论性知识研究人员的补充和开发资金要素的支持。针对科学成果探索团队，应将其知识成果应用到实际加工行业中，由知识成果带来的实际生产效益，再投入理论科学知识的探索过程。

第三，提升制造业国际竞争能力。加强生产规模较大和制造流程较为完善的企业与产品销售性企业之间的联系性合作。如果可以增强大中型规模企业之间的合作关系，可以借助自身销售模式的独特性和竞争性优势，拓展国外地区的业务范围。因此，要调整加工行业的发展模式和实际经济收入，为了促进营销网络体系建设和完善，可以从与销售相关的环节着手，充分利用信息技术，积极开展营销工作，全面拓展国际市场，以实现企业的快速发展。

第四，促进生产性服务业与制造业互动发展。升级加工环节与后续销售流程之间连接的产品运输过程，将信息技术传播平台和媒介的创新融入产品运输过程中；将原本的产品运送行为从加工方和销售主体之间脱离出来，这样制造行业可以减少无用部分的资金要素和开发精力的投入，还可以创新我国内部原本的产业分工状态和流程模式设置。

第五，推动信息化与工业化深度融合。优化信息技术要素的创新成果与制造流程的融合，从设备更新角度扩展至流程系统部分。改变以往只是由个别企业不断创新改造的现状，调动更多企业变动自身加工制造模式的积极性和兴趣度。面对信息技术持续更新和承载平台不断出现的情况，需要对企业的制造信息数据和生产技术要素设置保护机制。

第六，提高制造业可持续发展能力。针对现阶段加工制造类企业废弃物质制造量较多的现象，应加大对社会企业加工技术要素环保型的开发力度。以加工行业使用的制造设备和厂区位置确定两部分为抓手，调控制造类企业内部加工环节排放的废弃物质数量和对环境状态的影响。受制于如今加工技术要素的革新速度限制，应对各企业必须排放的污染物质进行精细化处理，尽量将所有污染性较强的废弃物质向可循环利用方向转化。

第五章　大数据推动我国经济高质量发展探究

第一节　大数据推动我国经济高质量的背景分析

一、大数据与大数据驱动

（一）大数据

阿尔文·托夫勒在他的文章《第三次浪潮》中，首次提出了"大数据"这一概念，并将其视为"第三次浪潮的最高潮"，同时提出比所处时代更前沿的观点：数据就是财富。早期，在《自然》期刊中已开启"大数据"的大门，特别讲解了"大数据"所能带来的各种发展机遇，引起各个国家的广泛关注。近年来，大数据以迅雷不及掩耳之势覆盖各个国家与地区，还不断融入社会的各个领域。虽然大数据为各个国家的经济、科技、文化等研究做出积极的推动，也是我们重点的研究对象，迄今为止，对于"大数据"的确切定义仍未形成共识。人们对于大数据的定义因其广泛应用而存在多种解释，但是没有一个被广泛认可的准确定义。不同领域、不同机构的诸多研究人员从数据科学、信息科学、资源科学、计算科学等方面进行研究后，由自身所能触及的领域，使"大数据"呈现出不同定义。根据2015年发布的《促进大数据发展行动纲要》的定义，大数据是指规模庞大、类型繁多、快速生成并拥有高度真实性的数据集合，可以按照新的信息技术发掘新知识、产生新价值、增强新能力的信息服务业态。

1. 大数据的基本特征

综合现有研究资料的总结分析指出，大数据具有五个基本特征，分别是数据规模庞大（Volume）、数据种类繁多（Variety）、数据处理速度快（Velocity）、数据准确度高（Veracity）和数据价值巨大（Value）。

（1）数据规模庞大（Volume）。伴随互联网的不断发展，社交平台、金融机构、新闻媒体、例如，电商平台等在线商业平台每时每刻都在不断产生大量数据。以银行业为例，我国的大型商业银行和保险公司的数据量已超过100TB，随着信息技术在各个领域的深度渗透和融合，每天新增的数据量还在不断增加。

（2）数据种类繁多（Variety）。伴随信息技术在全社会各领域的深入应用，加之所有行业对数据重要性的认知程度与日俱增，宏微观方面的数据种类越来越多，一方面是越来越多的行业产生不同的宏观数据，如金融、环境、气象、水利、产品设计等；另一方面是过去难以量化的，如图像、音频、视频、生物识别、地理标记、笔迹等非结构化数据正在不断丰富微观数据种类。

（3）数据处理速度快（Velocity）。由于硬件计算条件的升级与算法的不断优化，数据的生成、采集、传输、存储和分析速度都显著增加，同时，数据的完整性和一致性也得到有效提高。

（4）数据准确度高（Veracity）。伴随大数据技术的不断进步，数据颗粒度不断强化，人们可以获得越来越细化的原始数据，保证了数据的原生性、真实性和即时性。加之，数据相关要求和标准的不断提高，对数据录入审核更严格和数据维护更严密，数据的真实度日渐提高。

（5）数据价值巨大（Value）。数据已经渗透当今社会发展的各行各业，日益成为一个国家的战略性资源，大数据所蕴含的价值也在不断增加。伴随大数据分析技术的进步，数据无论是在宏观层面还是在微观层面，都将发挥巨大的分析价值和应用价值。

2.大数据的内涵理解

关于大数据的内涵，从不同角度出发，可以得到多种阐释。以下主要基于国家发展角度理解大数据的内涵。

首先，大数据是一种全新的国家战略性资源，是重要的国家实力要素。作为新一代技术革命重要的技术成果之一，大数据技术是当今世界科技发展的前沿领域之一。大数据技术能力在一定程度上反映国家在全球新一轮科技革命中的地位和潜力，已成为国家发展能力的组成部分，且大数据的重要地位会日益突出。

其次，大数据具有集聚性，即只有相关数据聚集在一起，才能更好地发挥作用。大数据应用涉及所有领域，不同领域会产生不同的数据。然而，单一的数据来源具有一定的局限性和片面性，只有大量集聚原始数据资源，才能反映事物的全貌，才能在海量数据中挖掘到珍贵的价值。"横看成岭侧成峰"，由于采集角度的不同，同一个现象或动态可能由不同的数据描述。大数据能否有助于现实问题的解决，关键在于对多种数据源的集成和融合。因此，从国家意义上来说，在解决发展中面临的问题时，大量搜集汇聚不同来源的数据，以便获得足够的互补信息，进而发现隐藏在各种交互相印证数据背后的事物本质和规律，便于对问题有更深刻的认识，也便于找出问题的关键。

最后，大数据可以提升我国科学决策的能力和水平。大数据的重要作用之一是可以显著提高预测的准确性，以便增强决策能力。目前，大数据预测分析多被应用在商业营销领域，伴随大数据应用层次的不断提升，从微观层面上升到宏观层面，可以使国家决策建立在完整信息之上，让大数据更好地服务我国经济社会发展。

（二）大数据驱动

大数据的价值主要在于其驱动作用。大数据驱动是指大数据作为一种推动力量，推动了不同行业和领域的发展以及改进，有效提高各行各业的数据分析能力、科技创新能力、业务增值能力、有力推动传统产业转型升级。根据以上观点可以得出结论：大数据驱动是促进我国经济高质量发展的重要推动力量。

大数据驱动的内涵可从以下方面理解：

首先，大数据驱动可理解成一种通用性革新力量。交流电最初出现时，其作用只是照明，人们无法预想到其在后来各种各样的应用。大数据技术也一样。大数据对经济发展的贡献并不止大数据企业收益或者大数据产业的产值，也应将大数据对其他行业效率和质量的提升包括在内，类似于在考虑蜜蜂贡献时，不是仅仅考虑蜜蜂酿造的蜂蜜，而是蜜蜂授粉对于整个农业的贡献。因此，对于大数据驱动的理解，首先要将大数据定义为一种宽泛性、基础性和通用性驱动技术。

其次，大数据驱动是其他生产要素的"倍增器"。由于大数据要素的加入，可以增强其他要素效应，进而推动国家实力整体性提升。一方面，伴随大数据技术深度应用，国家可以通过挖掘海量数据资源，获得巨大价值。借助云计算技术，可以把拥有全部样本的海量原始数据整合成具有内在逻辑关系的混杂性数据，可以挖掘更深层次的数据价值和未被发现的规律，如经典的"啤酒与尿布"之间的关系。另一方面，伴随大数据技术与各行各业的深度融合，大数据技术正在成为我国产业发展的主要趋势，这是因为以大数据技术为基础支撑的新一代信息技术与实体经济的深度融合已经成为现实。同时，大数据需求的日益提升，形成巨大的大数据服务型产业，也为我国经济社会的发展增添新动力。

最后，大数据驱动是其他生产要素的"质变器"。在生产要素总量不变的前提下，由于大数据的进入，引起其他生产要素发生质变。大数据不仅仅是生产要素之一，它还可以驱动其他生产要素发生质变，主要表现在三个方面：一是大数据技术的应用可以提升生产者的能力，特别是增强人的分析能力，分工协作能力也进一步加强，进而推动劳动技能的整体性提高；二是对生产工具的提升，大数据驱动生产工具更加智能化、自动化和数字化，使得传统生产设备具有质的提升；三是对生产过程的优化，提高生产制造过程的智能化程度，加速推动供应链转型，推进生产流程的优化与重组。

二、经济高质量发展的动力选择——大数据

在信息技术发展的现代，拥有强大潜力价值的大数据成为新的资源，快速影响人类社会的生产和生活，改变社会经济结构及治理机制。大数据已经成为各国争夺的重要战略资源，同时也是衡量一个国家软实力的重要标志，更是提高国际地位、增强国际竞争力的决定性因素。推动大数据发展进程，增强数据机制发散，能够有效提高国家经济运行的效果与集约化程度，提升政府的服务成效。加快建设以大数据为中心的数字经济，促进数字经济与实体经济相互融合并共同发展，促使我国经济发展从高速加快转为高质量加快。①

随着我国电子营销、快捷支付、共享业务等新兴产业的迅速发展，社会

---

① 周红. 大数据驱动中国经济高质量发展 [M]. 北京：经济管理出版社，2018：25.

各个行业都会产生大量的数据资源。数据资源不仅能为社会创造直接财富，还能间接带动周围其他领域的发展或是服务于其他层面的领域，使其作用范围快速扩大。到目前为止，我国大数据正处在快速发展推动时期，然而，相比于世界上的其他发达国家，我国大数据不论是在技术层面还是在方针策略层面，都存在一定距离。尤其是传统产业的协同率较低、创新方式不够新颖、政务数据公开程度、透明化程度较低等方面比较明显，将大大削减大数据对经济发展的拉动作用。因此，国家应通过积极创新、共同发展大数据，以制定相关政策为出发点，着手发展大数据，为经济发展与转型提供良好的基础，促进我国经济高质量发展。

（一）大数据具有创新驱动作用

创新是实现我国经济高质量发展的第一要素。要吸引全球优质企业在我国立足并发展，使我国成为培养全球高质量企业的集聚地，需要有新颖的创新系统作为支柱。大数据作为社会基础创新的重要工具，在支持技术创新、把控创新进程、记录和模拟创新经过、剖析创新成果方面，具有不可替代的作用。因此，大数据的创新驱动作用主要表现在以下几个方面：

第一，大数据在生产要素方面具有全新的作用。大数据日益成为一种重要的新型生产要素。通过大数据资源的运用，可以挖掘破解矛盾、解决问题的新路径、新方法，实现我国很多领域的异军突起，推动经济转型发展，提升社会治理水平。

第二，大数据的技术创新性。大数据是典型的通用型和创新型技术。企业生产、政府管理、社会治理和民生改善等领域均可以广泛而深入地应用大数据技术，全方位融入我国经济社会发展，从而产生大量数据，并改善和颠覆传统的生产手段、管理手段以及应用手段，提高社会整体运行效率。

第三，大数据的模式创新性。大数据推动更多领域发生变革。通过数据挖掘，形成更为有效的生产模式、服务模式，推动更多领域发生变革。

第四，大数据的融合创新。大数据技术不断地与新材料、新能源、机器人、生物制药、第五代移动通信等行业深度融合，并在前沿技术领域得到广泛应用，既是新技术发展的催化剂，也是新技术进步的重要组成部分。

（二）大数据具有融合推进作用

我国正处于实现新旧动能转换的关键时期，而大数据技术则成为推动这一转换的重要驱动力。通过将大数据技术与传统产业发展有机结合，能够整合传统产业的生产、流通、销售和服务等环节，为实现高质量发展提供了关键的技术支持。在生产过程中，大数据的运用能够提升生产的效率与产品的品质，将人们从手动劳作中解脱出来，减少人们的劳动时间、成本、土地资源等方面的投入，从而获得最大效率的产出；在产品流通过程中，大数据充当着"跟踪器"的角色，使商家随时随地可以看到产品所经过与到达的地点；在人才建设方面，大数据充当着"助推器"的角色，可以辅助企业在知人、选人、用人等方面达到优化，利用数据反馈来培养大量科研人员和技术型人才，是推动制造业由中国制造向中国创造转变的重要手段；在消费市场中，大数据充当着"监听器"的角色，能够加强对市场的监管与把控，切实保障消费者权利，使生产者与消费者之间产生良性互动。不仅如此，大数据还将发挥市场资源配置主导作用，解决资源从低效部门无法转向高效部门的问题，增强资源配置效率，推动区间内生产要素的有序流通，进一步提高区域的协调性。因此，政府要以市场为主体，保持数据的开放性，以数据为连接，促进生产、学习、研究深度相结合，形成数据驱动型创新系统与创新系统结构的发展形式，培养出"带头羊"企业；不断完善各个区域之间的分工合作，优化空间结构，增强自身优势互补，提升资源配置，发散经济发展潜能，使整体新格局形成高效率、均等化特点，推动经济高质量进步。

（三）大数据具有精准导航作用

大数据技术可以准确地制定计划，并实时反馈计划的执行成效，因此国家需要推动政府决策者建立大数据思维，借助大数据技术提高现代化治理水平。通过对数据进行深入分析，管理者可以清晰地了解到哪些产业处于落后状态、哪些产业面临淘汰、哪些产业需要扶持，以及如何调控产业结构等问题，使决策者更有力地看清状况而进行科学决策。通过大数据的建设，使政府在各个方面得到发展与完善，通过引入大数据技术，政府可以由经验型转变为数据分析型，从而实现开放型、协同型、智慧型政府的转型，提升政府的现代化治理水平。

大数据对完善高质量发展的政策系统具有推动作用，运用大数据建立评价体系，评价高质量发展政策，遇到偏离政策的发展情况能够做出及时调整，对高质量发展过程中遇到的困难进行及时治疗。同时，政府必须将大数据进行合理的公开化、透明化，增加大数据的参与率与大数据项目的投入，为高质量发展提供有效的政策扶持。

三、大数据对经济增长质量产生的影响

由于大数据的数量多、范围大的特点，使其更接近事物真相，深入探索大数据会发现各个领域的客观发展规律。在经济发展中融合大数据分析，既能合理配置资源，又能提高资源重复利用率，有利于加快经济结构转型，有利于提高经济发展获得的质量与成效。

（一）有助于降低交易成本

在传统经济体系中，信息不对称导致企业之间以及企业与个人之间存在较高的交易成本，这也决定了企业的边界和产品价格的差异。然而，在新经济时代的发展中，信息的收集、存储和传递成本大幅下降。特别是规模经济的作用，使企业之间的交易成本大幅降低。大数据的出现对交易产生了两种效应：分配效应和福利效应。分配效应是指，大数据技术降低了交易成本和交易匹配成本，促进了交易的发生和资源的再分配。福利效应是指，大数据技术的参与使得交易搜索更加便捷，降低了交易门槛，创造了大量新的交易机会，推动了资源的合理配置。

大数据技术的引入使得复杂的经济问题也能够被追踪和解决。利用大数据技术，我们可以更加高效地寻找和解决经济问题，通过深入的数据分析和解析，发掘出问题的根源和解决方案。通过数字化、公式化、模型化把握经济发展情况，是由于大数据的运算方法相比小数据的运算方法更快捷、更有效。将大数据运用到宏观调控中，由原本的片面性向完整性转换；由传统模式向现代化转换；由数据整理向数据发掘转换；由准确化向高效率转换；由单一结构向综合结构转换。不论是在传统经济模式还是在现代新经济模式中，信息的不对称性是普遍存在的问题，但表现形式会有很大变化。

新经济时代的信息总量大幅提升，企业与个人之间信息不对称问题也大幅提升，企业能够通过电话号码、小程序、社交账号等渠道收集个人信息，针对个人喜好实施相应的销售策略；个人没有相应渠道与方法获得与企业相对等的信息，使个人在市场参与度方面不断降低。

（二）有助于提高资源使用效率

大数据的熟练运用能够有效提高资源利用率。大数据可以改变土地资源、资本等传统要素在经济发展中地位的比重。大数据的实质是通过对大量数据进行开发与运用，发掘隐藏在其中的奥秘和规律，为资源合理配合提供相应的理论支持。大数据有利于经济的低成本、高效快速、交易便捷，并以递增式的状态进行发展。通过取得、整合、解析大数据，能够看到人民消费水平的变化以及市场需求的变化趋势，从而提升销售率。大数据可以实现个性化，使大规模的商品与服务量身定做逐渐实现。

由于经济发展过程中，数据量多、来源不一、格式种类丰富，通过大数据结算与分析，可以从中找到经济发展的规律与未来趋势，有利于决策者做出相应预测与前瞻思考。大数据的分析方法把网络科学与行为科学连接在一起，使人们能够开辟新市场、提升新本领、创造新价值。运用大数据理念，对管理运作与管理模式进行革新，建立用数据决定、用数据管理、用数据发展的新的管理体系，提升管理效率。最重要的是整理和搜罗数据，合理利用数据和研究数据，进而使用和发展数据。

大数据具有通用性、渗透性、全局性、战略性等特点。大数据的渗透能力较强，是主要的通用技术，各行各业都可以运用大数据进行转变发展。大数据技术的应用正在推动各行各业的转型升级，例如电信业、金融业、医疗业等，已经从传统的行业转变为数字化的行业。在这些行业中，大数据技术的主要作用是通过整合和探索已有的数据，驱动业务效应的提升和业务模式的转型，利用现有信息技术对数据进行深入研究，用数据和反馈解决现实中的问题，从而促进相关产业的发展与技术革新。通过使用数据解决各行各业在运营活动中出现的难题，提高企业的增值效益。

（三）有助于提升数据资源价值

大数据技术的应用可以帮助我们更加高效地利用资源，提高资源的利用率和使用价值。通过整合和分析来自多个渠道的数据资料，我们可以更好地了解资源的供需状况和利用情况，精准地评估资源的价值和潜力。在原始数据的关系网中，往往能够发现隐藏事物的原本面貌。不同视角的数据可以形容同一种实体，不同的数据来源有一定的局限性与不全面性。只有将原始数据与现有数据结合在一起，才能更好地还原事物原本面貌。同一个问题运用不同程度的数据进行互补，能够使问题有更深入的解析。所以，整合多方面、多渠道的信息收集来源，是大数据分析的关键。

为了能够使大数据发挥更大的价值，需要不断完善大数据的结构优化。改革大数据的开发方法，将大数据的处理和分析从系统化和集成化向知识化和智能化转变，以实现数据收集范围的不断扩大和数据采集手段的不断升级。通过深度学习、人工智能等先进技术的引入，可以让数据处理和分析更加智能化和精准化，实现数据的高效利用和价值最大化，加强信息管理方面的安全性，使数据关联分析步步深化，数据发掘深度持续加强，数据分析能力不断进步。

（四）有助于推动形成以数据资产管理为核心的管理新格局

建立以大数据为中心的管理新结构。数据是事实，数据的本质是遵循规律、实事求是的精神，有助于决策者转变传统思维，从新的角度认识问题。把大数据的管理与实事求是、遵循规律、理性至上、高效率进行结合，调整数据的收集范围、选择方向、使用机制，建立以深化数据应用为开端，以框架构建为根本，以绩效经管为限制因素，在以大数据管理为重点的新型管理格局下，我们要建立一种新的文化环境，即用数据说话、用数据管辖、用数据决定、用数据革新的文化环境。在经济发展理论体系中，企业与个人作为市场主体中心，资本与劳动作为生产要素主旨，在新经济中，企业的边界不断变更，企业的分工种类更加繁多，社会中出现以信息采集与信息匹配为主要工作平台走进人们视野，对发展作用越来越重要。近年来，大量轻资产也逐渐崭露头角，尽管这些企业的注册资金少、规模小、员工人数少，但它们的创新程度非常高。这些企业拥有更高层次的创新思维，更敏锐地抓住市场机会，更迅速地响应市场需求，它们的创新能力和产出的资本价值也更高。因此，很难用传统的资本效益与劳动力生产效益权衡这些企业。这种类型的企业对现代社会的经济增长发展作用越来越大，用传统的理论很难诠释这一状况。

（五）有助于推动现代经济体系建设

促进现代化经济体系建设的主要资源供给就是大数据。全球已进入以大数据资源为战略基础保证的时代，大数据拥有巨大的价值与潜能，不仅与能源、资源同样重要，也改变传统要素在经济发展中的重组与调整，是经济体系发展不可或缺的因素。在大数据的基础上产生数字经济，数字型经济是创新型经济。数据与经济发展之间的碰撞引起数据的飞速增长。随着可用于分析的数据数量的增加，通过对数据的充分挖掘、筛选、积累、分析、利用和叠加，我们可以发现新的知识和信息，创造新的价值。这种数据驱动的发现和创新过程可以加速知识的推进和发展。

经济不断发展的动力就是大数据。大数据以巨大的信息流带动经济发展、人才培养、技术流通、物资运行，推动资源的配置效益与发展质量的提升，是经济转型的重要方法与过程，也是推动现代化建设发展的有力臂膀。运用大数据思考问题，建设用数据说话、数据决定、数据发展创新的体系，能够极大地增加经济的发展效益，提高经济发展质量。大数据巧妙地使预测与相关关系分析法相互交融，通过找到关联的共通物，并建立监控，对未来产生预测。通过分析大数据，企业可以掌握市场的实时状况，观察客户、消费者以及合作伙伴的操作行为与变化动态，从而进行敏锐的策略调整，制定有效的经营计划，进行更精准的企业运营优化，达到与合作伙伴更加紧密的合作，为消费者提供更加具体的个性化服务。大数据还可以提升政府的本职介入、宏观调控和监督社会与市场能力，使政府管理者可以科学决策、高效监管、精确治理。例如，新闻、天气、物流、贸易、电子信息、金融等方面运用大数据实时接收信息，通过宏观调控更好地预测与微调，提高人们对风险的防范意识与科学防范。

发展现代化经济体系以大数据的发展为奠基。大数据是结合云计算、移动互联网、物联网的发展技术作为新动力，是信息时代高速发展的引擎。数字经济包含以大数据为主要手段的技术，并运用在数字经济发展过程中，积极推动实体经济的跨越转型升级。只有实体经济与数字经济融会贯通，共同发展，才能推动建设现代化经济体系。因此，要加强对大数据的使用，加快大数据的发展速度，坚持创新驱动发展，深化改革大数据的运用，为现代化建设提供有效动力。

第二节 大数据推动我国经济高质量发展的动力机制

一、大数据有助于推动产业跨界融合

大数据的普及和应用加速了不同产业之间的融合和互动。大数据具有高度渗透性和驱动能力，引发了各个行业和领域生产、管理、经济模式的进步和革新。这推动了各行业从以业务为驱动向以数据为驱动的转型，促进了实体经济从传统的模式走向数字化、创新体制和重塑体系的新环境。在制造行业中，例如服装、家电和工具制造领域，大数据可以通过车间、储仓和市场等产业链的信息渠道来调整供求关系，实现生产效率的提高和成本的优化。在餐饮、旅游、娱乐等服务行业中，大数据能够准确提高服务范围与营销策略，提供准确有效的服务功能与需求供给，大大提高服务档次；在农业领域，人们通过大数据准确掌握自然灾害发生的规律，提高农业生产的抗灾能力，提升农产品的产出与质量，帮助农民提高产量、提高效率，提升农业发展。

大数据的广泛应用为实体经济的发展做出了巨大贡献，数据资源已成为推动实体经济发展的新动力，数字经济也成为实体经济跨越式发展的新路径。大数据的应用加速了数据驱动创新体系的形成。所以，要全面实行增加大数据发展计划，推动网络信息产业革新，释放数据资源，使实体经济与数字经济同步结合发展，加快制造业向网络化、数字化、智能化转型，做好信息化与工业化的深度协调统一。

二、大数据是一种新型的生产要素

大数据作为一种重要的要素,已经成为促进经济发展的关键之一。数据是信息的载体,其中包含的信息可以帮助企业优化改革,促进生产和经济发展。数据也是时间的体现,数据信息可以加速资源的流动,使特定资源在一定时间内产出更高效的效益和更大的价值。经济时代的发展,大数据提高了企业对外市场供给需求的可获得性,企业根据数据,可以更准确地掌握市场状况,更好地提高收益。企业掌握其他供应方信息的能力,不仅可以实现错位竞争,还能够迅速了解其他企业的产品相关数据,从而获得溢出效益。此外,企业了解与消费者相关的信息,可以更好地进行产品定位,制定精准的价格策略,提高自身的利润。

数据就是时间。数据能够加速企业的认知过程,推动资源流动,提升资源配置率,促进企业进步与经济发展。企业能否进入市场继续生产,取决于企业原本的生产率以及市场盈利情况。与传统经济相比,大数据信息可以帮助企业更快、更全面地掌握市场信息,评估自身水平并做出适当的决策。

企业在传统生产率全要素水平的测量中,在传统的全要素生产率测量中,企业的不足之处在于没有充分考虑资源流通速度的影响。例如,两个企业拥有相同的生产要素,但是它们的生产周期不同,这将导致两个企业的生产率水平存在差异。传统经济体系并没有注重这类问题应该怎么处理,而新经济时代对资源流通速度与生产效率的关注度越来越高,应更加深入地探讨。

三、大数据有助于降低市场进入门槛

企业要付出一定的成本才能进入市场,这个成本主要用于直观地观察市场供给需求状况,如行业需求调研、分析成本等,付出成本的规模大小取决于企业对市场信息的了解程度。当成本达到平衡状态时,企业进入市场的成本将符合预期收益;当企业成本下降时,会降低市场进入门槛,灵活地进入市场,有利于提高消费者福利、发挥企业家精神。对已经进入市场的企业,管理者可以通过大数据来分析市场发展前景,制定企业的市场策略。大数据反馈的市场信息,使企业对供给方和需求方有多角度、多方面的了解,能够降低企业进入市场的成本与企业思考是否退出市场的决策成本。

四、大数据有助于促进行业分工细化

经济能够顺利、持续地增长,要归功于资源不断朝向生产率比较高的生产者。使优质企业做好、做大,使效率低下的企业快速退出市场,是市场利用"看不见的手"起到的调节作用。新企业在进入市场时,不清楚自身生产效率和在同行中的真实位置,大数据则能够加速市场信息的获得,加速企业的自我认知,结合企业对市场信息的快速获得信息,能够重新组合资源结构,完善资源配置,提高经济增长的速度与品质。

大数据使信息得到合适的分工与细分,增加产品种类,满足不同消费者的需求;产品类型的大规模增加,会导致行业内产品替代弹性的上涨,某种产品价格下调会对相关产品产生较大冲击,使行业筑起自然壁垒。所以,企业如果能够利用好自身的先行优势,降低产品的平均成本,提高行业进入门槛,就能够在市场竞争中立足,改变现有的市场结构,扩大企业在市场内的分量,提升企业在市场中的地位。

第三节 大数据推动我国经济高质量的实现路径

大数据与实体经济的相互作用,是推动经济高质量发展的重要路径。大数据和实体经济之间的相互融合和交互作用,可以促进实体经济的转型升级和创新发展,同时也可以促进大数据的应用和发展。通过大数据与实体经济的相互渗透和交叉,企业可以更好地掌握市场需求和竞争情况,提高生产效率和产品质量,推动产业升级和创新发展。一般情况下,大数据驱动经济高质量发展的路径,通常包括四方面:技术驱动、产品驱动、业务驱动和产业驱动。这四条路径并不是独立的,而是相互关联、相互促进的。

一、技术驱动经济高质量发展

技术驱动是指大数据技术与其他产业技术之间的相互作用和推动,促进技术创新和进步。一方面,大数据技术本身具有极强的创新性和前瞻性。作为新一代信息技术的代表,大数据技术的研发密度高,创新空间广阔,容易产生更多可以应用于实体经济的最新科研成果;另外,大数据技术还具有强大的应用性。它能够高效地获取、存储、处理和分析数据,从而挖掘出海量数据中隐藏的知识和规律,推动不同产业技术效率的提升。例如,波音公司将大数据技术与飞机故障诊断技术相结合,实现了飞机故障的预测。飞机系统中通常包括数百个变量,如发动机、燃油系统、液压和电力系统等。通过传感器和物联网技术,变量数据能够在几微秒内被测量和发送。通过大数据技术的高效分析,可以实现即时的故障诊断,并通过挖掘海量的工程遥测数据,实现故障的动态性预测。

本质上，技术驱动是利用不同技术之间的互补性，通过重新组合产生的化学反应，大大提高原有技术的效率或实现更多的业务功能。当前，我国正处于实现产业结构转型升级的关键时期，而大数据技术将成为助推这一过程的重要工具。深度驱动不同产业技术的大数据技术，是基础技术架构的驱动创新。大数据技术已经广泛应用于各个行业中，从企业的设计、生产、加工到销售等各个环节都得到了全面渗透。这种渗透打通了各行各业的关键节点，以数据流的方式重塑了传统的业务流程，从微观层面为企业提供了更为有效的数字化工具。

目前，大数据技术与其他产业技术的驱动分为两种类型：一种是显性驱动，即大数据技术与其他技术存在明显的技术共性特征，重新组合这些技术可以产生新的技术，从而提高效率或解决更多实际问题。例如，大数据技术与传统农业技术相互融合，在农业生产的不同环节中发挥着重要作用。在生产环节，大数据技术与气象技术、种植技术等结合，可以实现农业生产的精细化管理和品质化提升；在流通环节，大数据技术与物流技术、信息平台相结合，可以实现农产品的全程可追溯。另外一种驱动是隐性的或潜在的，即大数据技术与其他技术没有明显的相似点，但是使用大数据技术会带来技术突破或创新的解决方案。例如，"老干妈"这样的传统企业开始应用大数据技术，通过对消费者口感数据的分析，确保产品研发的市场适应性。在此之前，很少有人能想象传统食品企业会利用大数据技术来提高产品质量。

二、产品驱动经济高质量发展

产品驱动是指将大数据产品或服务应用到其他产品中，以填补原有产品在功能方面的缺陷或添加全新功能，并增加产品的"数据分析"部分。这种方法可以更好地满足用户对产品的需求，提高产品的使用体验，并增强企业的市场竞争力。随着大数据技术的应用，传统金融服务得到了极大的提升，例如风险控制、行情预测和智能客服等业务。此外，利用大数据技术，金融机构还可以开发更多的金融衍生产品，以满足客户日益增长的需求。

产品驱动的本质在于充分利用其他产业所积累的海量数据资源，以改善传统生产过程中的缺陷，并推动企业定制更符合用户需求的产品或服务。与传统的产品研发不同，现代企业需要不断适应消费者需求的升级和自身技术知识资源的限制。因此，企业需要以问题为导向，利用大数据分析促进不同技术领域的合作，以设计出全新高质的产品。以汽车产品为例，汽车不仅是一种交通工具，而且在汽车的制造和运行过程中，会伴随着大量的数据产生。这些数据包括汽车零部件、发动机、驾驶习惯、维护保养和交通状况等信息，这些信息以汽车为中心的数据化可以形成庞大的数据集合，这些数据可以被挖掘和应用，从而产生价值。大数据技术可以贯穿汽车产品的整个生命周期，从汽车的设计到汽车的行驶环节，与用户需求和市场形势保持紧密联系，从而形成各种汽车相关产品。

三、业务驱动经济高质量发展

业务驱动是指将大数据技术应用到企业的各个环节，包括研发、设计、制造、营销、销售和维护等，以重塑原有业务流程，推动组织结构变革，并促进企业业务创新和管理升级。大数据对企业的原有业务产生了剧烈的冲击。一方面，它让企业更加深刻地了解用户的需求和诉求，将业务数据与用户需求相结合，从而研发设计出更好的产品和服务；大数据对企业的原有业务还带来了另一方面的影响。它可以让企业更加深入地了解内部业务运作，发现并删掉冗余无效的环节，合并相同职能部门，从而提高企业的内部运作效率和资源利用率。以英特尔芯片的生产流程为例，每一块芯片从设计到出厂，需要经过 19,000 次测试,这个庞大的测试数量不仅需要耗费大量时间,还需要企业投入大量资金。英特尔公司为了降低成本,采用了大数据技术对测试数据进行分析和筛选。通过对测试数据的深度分析,大数据技术可以找出其中的必要环节并删减无效环节,使得企业可以大幅度减少因质量测试要求而需要的测试次数。英特尔公司从晶片层开始,通过数据分析来减少生产环节中的测试次数。通过对测试数据进行深入分析,英特尔可以找出其中的重点测试环节,并将测试重心转移到这些特定环节上。

业务驱动的核心是通过大数据改造来提升企业的传统业务,从而赋能业务效率和提供更多的解决方案,以提高整个企业的业务效率。传统业务流程通常被视为一个简单的工序过程,业务流程中产生的数据往往被忽略或被视为无用的信息。然而,随着大数据技术的发展和应用,企业意识到这些数据具有巨大的潜在价值。苹果手机作为手机市场的领导品牌,其产品在时尚性、创新性和使用体验等方面拥有显著优势,成了市场的风向标。苹果公司在设计环节中充分利用了大数据分析技术,通过与全球电话服务商的合作,获取了大量的手机客户体验数据。这些数据被用于深入分析和挖掘,以获得更多的设计灵感和优化方案。通过这种方法,苹果公司能够更好地了解用户需求和市场变化,从而为产品的设计和改进提供更多的参考和支持。这种以数据为基础的设计方法不仅可以提高产品的质量和用户满意度,而且可以为企业带来更多的商业机会和价值。

四、产业驱动经济高质量发展

产业驱动是指大数据产业和其他产业相互促进,共同催生出新的业态,包括新的产业、新的平台和新的产业生态等。大数据技术的广泛应用和扩散在传统产业中产生了强大的溢出效应,打破了原有产业边界,使得传统产业跨越了产业边界，成了一种新的"物种"；传统产业通常以规模经济为主要特征，而大数据的出现使得产业链条得以延伸，并且能够跨界进入其他领域，获取范围经济效益，从而在日益激烈的市场竞争中降低运营风险。以货车帮为例，大数据技术和传统运输业相互促进，共同催生出一个全新的国内货运互联网信息平台。货车帮通过收集大量司机和货源数据，并充分利用大数据技术，实现了高效的数据运营和匹配，从而使得司机和货主能够更加便捷和高效地完成货运业务。

可以预见的是，随着大数据技术在各行各业的应用程度逐步加深，特定行业和业务流程的大数据分析应用需求将会迅速增长。这种需求将打破推动大数据技术在不同产业之间的边界，产生新的发展动能，并为各行业带来更多的机遇和挑战。以数据分析、挖掘、组织管理、应用服务为核心的大数据产业集群将逐步壮大。它不仅是传统产业升级的助推器，更是新兴产业孕育的催化剂。同时，大数据产业链上的许多链条将与传统产业链条相互驱动，产生新的产业业态和商业模式。

大数据产业将深度融合制造业、旅游业、金融服务业等传统产业，并在此基础上不断衍生出新的业态。例如，材料数据服务业、金融数据分析业、旅游产品设计业等一系列新兴业态。大数据产业与传统的房屋租赁业务相互促进，推动出一家专业化的房屋资产管理公司。自如租房公司通过利用大数据技术分析用户数据，建立了一个租客信用体系，同时开展租住行业智能家居平台和租住社交平台等业务，通过将合适的人群安排在一起共同承担房租，已经服务了超过 140 万的自如客户，管理着 60 万间房源，为超过 30 万业主提供了资产管理服务。公司管理的资产价值超过 7000 亿元人民币，未来的发展方向将逐步走向房产组合管理与规模效益，进一步提高公司的品牌价值和市场竞争力。

第四节　大数据推动我国经济高质量的加快对策

一、加快大数据驱动环境创设

（一）科研环境

为了充分利用大数据的产业特征和技术趋势，需要设立一个专门的大数据驱动经济高质量发展研究院。该研究院鼓励不同机构之间进行合作交流，以促进彼此之间的竞争和合作，从而汇聚研发能力，攻克大数据驱动经济发展中出现的重点和难点问题。通过这种方式，研究院能够为大数据产业的发展提供更加全面和深入的研究和创新，推动经济高质量发展。

加快科研合作平台建设，通过政府搭台组织推动大型企业联合研发，鼓励大数据企业在战略、技术、标准、市场等方面展开沟通协作，以强强联合实现大数据关键技术突破和技术生态形成。[①]

为了提高大数据技术相关科研人员的工作效率和生活质量，要加强和改善他们的工作和生活环境，并提高他们的待遇。同时，还要结合信息技术的科研特点和规律，制订相关科研管理规定，并赋予科研人员更大的自主权限。鼓励核心项目实现"揭榜挂帅"，即让最优秀的科研人员承担最重要的任务，提高整个科研团队的质量和效率。

---

① 周红.大数据驱动中国经济高质量发展［M］.北京：经济管理出版社，2018：127.

（二）创新环境

大数据驱动经济高质量发展是一个充满不确定性和风险的探索过程。为了应对这些风险和挑战，我们应该加强营造一个支持创新和宽容失败的环境。我们需要培养大数据发展的创新文化，鼓励人们不断尝试新的想法和方法，发挥他们的创造力和创新精神。创新是企业的主要动力，因此我们应该深化科技体制机制改革，增强各类企业的创新活力和创新动能。我们应该给予大数据企业更多的政策、资金和项目支持，帮助他们轻装出行，聚焦创新。我们应该充分发挥现有各类大数据平台的优势，整合和聚集不同的数据资源，以产生关联和驱动效应。这样可以推动大数据应用的深入发展，催生更多的新技术、新产业、新业态和新模式。应该加大对大数据相关产品的支持力度，同时加强对知识产权的保护。在政府采购过程中，应优先选择具有自主知识产权的产品，以鼓励大数据创新成果的市场响应。

（三）人才环境

科技领域的竞争实际上是人才的竞争，而人才的竞争则取决于环境的竞争力。因此，我们需要探索大数据人才的培养模式，将大数据综合试验区打造成为一流的人才载体平台，为不同领域和不同层次的人才提供个性化的服务，以集聚和培养一批高素质的大数据人才。为了充分发挥大数据人才的专业能力，我们应该在管理、评价、岗位等方面给予他们充分的照顾，同时推动不同层次的大数据人才与产业、企业和项目相互融合，使他们能够更好地发挥自己的专业技能。

此外，还应该充分解决大数据人才的后顾之忧，关心他们的实际生活情况，为他们解决落户、住房、医疗、子女入学等实际问题。这样，大数据科研人员才能真正地集中精力做科研,不再被其他问题所分心。应积极寻求并聘请海外高水平人才,特别是那些在信息技术领域拥有卓越成就的顶尖人才,提供高薪来吸引他们。此外,还应积极聘请海外的专家和技术人员,组成一个海外专家顾问团队,参与项目研究和培训交流。

(四)文化环境

这里提到的"文化环境",不是指文艺、新闻、影视等一般意义上的文化活动环境,而是指我国国民的数据意识,可以理解为国民对数据的态度与认知。只有全社会都关注数据,将数据意识提升到一定高度,才能更好地利用大数据驱动中国经济走向高质量发展。对此,加大数据重要性的舆论宣传,强化数据是与物质、能源同等的战略性资源地位,创造一个良好的数据文化氛围,明确大数据对我国经济社会发展的重要战略意义。信息技术发展至今,数据的应用已经扩展至我国各领域、各行业,具有基础性、战略性、全局性。因此,要力争在全社会形成"用数据创新,用数据变革,用数据发展"的文化氛围和时代特点。

二、提高大数据产业发展的法律制度水平

大数据行业的重要特点是:数据的采集、保存、整理、交易和共享,大数据一旦受到冲击,损失将不可估量。大数据正在影响全世界,但是人们在个人信息隐私与信息保护方面没有相应的防范意识。同时,大数据产业的数据来源也越来越多,数据对象分布范围被逐渐扩大,但是社会制度对大数据在法律层面的相关保障仍十分薄弱,隐私政策相对于其他政策来说少之又少,我国大数据产业发展的安全风险加剧,缺乏完善的隐私保护法。

要保证社会经济有序运行,国家不能放任大数据产业自由快速地发展,

因为法律存在一定的滞后性。对此，我国应快速推动建立与制定相关的法律法规条例，完善大数据产业的平稳运行，保证大数据的快速发展，维护数据信息的隐私安全，为我国大数据的发展提供安全环境。

首先，应该增强大数据安全防范意识，在提高基础设施建设以及数据分析水平的同时，不断加强大数据对自身的安全治理能力。其次，亟须研究制定大数据安全政策，以加强在数据使用过程中的安全保障，设立完善的权限访问系统。再次，做好网络大数据平台的安全防控测评、实时监控预警、风险测评等，严格审核大数据平台的进入标准，为大数据的发展做出保护。最后，建立大数据平台，严格规范交易流程和标准，在交易过程中采用相关监控，让数据交易处在安全的交易环境下并实现自身价值。

三、加快大数据相关人才培养

随着大数据产业不断增长和快速发展，对大数据的要求也在不断提高。现在，大数据不仅需要尊重差异性的发展，还需要成为信息管理实践技术提供进入的最低门槛。不论在哪个区域，都需要大量的数据人才，目前社会对数据人才的需求量不断提高，数据人才的严重缺失，制约了数据产业的发展，没有大数据技术作为支撑的企业，会被时代的洪流冲走。

我国数据人才的缺口在未来将会达到1400万人，目前社会竞争激烈，我国发展机会多的地方总能吸引更多的数据人才。所以，我国应大胆尝试，积极创新，设立吸引大数据人才的相关政策，同时为大数据人才的培养提供资金支持。从下面四个方面讲解吸引大数据人才的政策：

第一，政策支持。鼓励发展大数据人才并提供相关发展平台，完善服务政策，建立实践性与针对性相符的政策福利，大量吸引数据人才。建立培养高质量、多元化的人才群体，才是发展大数据产业的重要出发点。因为我国缺乏大数据领域的专业人才,所以需要政府发挥宏观调控作用,加速推进人才引进计划,重点放在大数据研发和产业化发展上,积极引进技术型人才,完善相关政策与措施,培养走在大数据发展时代前沿、国际水平趋于前列的高端专业团体。

第二,统筹规划多方面教育资源,培养大数据的核心技术研发人才,建立相关的人才基地,构建系统、分批的人才培养框架。从长远角度来看,高校和科研院所应成为培养大数据人才的主力军,要为大数据领域培养一批懂数据、懂软件、懂分析、懂市场与管理的人才队伍。培养人才的主要方式是:支持国内各个高校建立数据技术相关科目、专业,培养大数据应用与实践的技术型人才;鼓励职业院校开设与大数据相关的职业教育课程,以培养专业的技术人才;加强高等院校与科研院所在职工作人员的专业培训,缩短培养新晋型人才所需要的周期,以满足数据发展对人才的需求。

第三,举办有意义且影响广泛的选拔竞赛,吸引全国优秀的人才与团队参加,推动大数据产业发展。培育大数据领军人才,更需要吸引外国的大数据人才来我国就业和创业。建立大数据人才体系,需要制定适应人才培养与需求的评价指标,并建立多层次、多种类的大型培养方案。

第四,通过建立有效的人才共享机制,吸引高水平的数据人才为我国经济发展服务,并推动我国大数据人才的引进和发展不断扩大,实现"滚雪球"式的良性发展。

四、加快夯实大数据驱动的基础设施建设

为实现大数据驱动经济高质量发展,必须建立完善的硬件基础设施,如宽带、基站、新一代信息网络等。为此,我们需要加快推进"宽带中国"战略,提高网络的普及服务水平,加速5G产业的布局和商业化进程,促进大

数据红利的释放。此外，我们还需要部署IPV6，以提升大数据应用的广度和深度。要实现大数据驱动经济高质量发展，必须依赖数据中心的支持。因此，我们需要加快大数据交易中心、备份中心、呼叫中心和大数据服务示范工程的建设，以促进大数据中心的合理布局和健康发展。此外，还应该构建国家大数据中心体系，以支撑驱动大数据发展进程。

第一，软件基础。实现大数据对实体经济的快速有效驱动，除了硬件基础外，软件基础也是至关重要的。软件基础包括法律、文化、规划等方面的软性因素，是保障大数据与实体经济有效结合的非物质条件。为此，我们需要加快制订规划、法律以及相应的配套措施等多维举措，以创造一个良好的外部环境，以推进大数据与实体经济的融合发展。为实现大数据驱动经济高质量发展，我们需要加强驱动理论研究。这是一个不断摸索的过程，需要在广泛实践的基础上，充分研究新技术产业驱动特征和规律，并分析国际驱动经验和产业案例，及时总结新的驱动模式、路径和经验。只有通过理论研究和实践相结合，才能推动大数据驱动经济高质量发展，实现更好的经济增长和社会进步。

第二，为了推进大数据应用在国家企业中的启动，我们应该充分利用大数据产业基础，并鼓励企业在智慧城市建设、智能制造、电子商务等领域积极开展大数据应用。这些领域是大数据应用的重要场景，通过在这些领域的应用，企业可以获得更多的商业机会和市场份额。为了推动大数据驱动经济高质量发展，我们需要积极加快工业可信数据空间的建设，实现对不同类型的工业数据的聚合和管理。在此过程中，我们可以充分发挥我国在互联网应用、智能终端、超算等领域的比较优势，推进产业链上下游的技术创新。需要加快推进大数据产业的发展，其中需要着重加强产业园建设，吸引信息科技巨头企业加入，以建立完整的大数据产业链。同时，我们也需要积极引入有潜力的初创公司,以培育一批在产业细分领域中具备核心竞争力的"独角兽"企业。为了进一步推动产业发展,我们还需要积极开展试点驱动项目,促进新技术、新模式的应用和创新。

第三,技术基础。应充分发挥大数据领域的优势,加强数据理论、核心算法、数据分析、可视化技术、数据平台等方面的研究,以初步形成数据源、数据加工、数据应用等环节相互衔接的生态体系。为了推动大数据在政府、城市建设和民用经济等领域的应用,我们应该设立专项基金,以省为试点,重点关注国有企业、民营企业和行业应用领域。这个基金将用于推进大数据产品试用工程,并在实践中检验大数据与实体经济的驱动效果。

五、加快重塑新的发展动力

第一是市场需求。随着移动互联网和物联网应用的普及,数据的规模急剧扩大,许多积压的数据资源得到了重新利用,各行各业对数据分析和处理的需求也随之不断增加。应该采取加快完善市场驱动机制的措施,包括设立大数据产业创业投资基金、鼓励金融机构提供信贷支持、吸引风险投资等金融方式,同时优化招商引资服务、实施税收优惠奖励政策等招商方式,以吸引大数据产业链上下游配套企业入驻大数据中心。要充分发挥土地、人才、税收、科技等政策的激励作用,以推动大数据驱动经济的高质量发展。在配置实体经济企业的资源要素时,应优先考虑那些具有高价值、广泛应用、可复制的驱动方案,并注重项目的市场前景、商业模式以及盈利空间。

第二是技术动力。技术驱动是直接推动大数据驱动经济高质量发展的动力。由于每15年就会发生一次信息技术的重大突破,因此我国应该充分把握技术迭代浪潮,抓住大数据革命的全球性机遇。我们应该争取在大数据技术领域取得话语权,充分发挥技术动力,推动大数据驱动经济高质量发展。延长研发战线，积极推动我国知名企业、重点科研院校和信息技术研究机构之间的合作，打造合作平台，通过应用发展与创新手段机制，为我国大数据发展提供原始人才。促进大数据企业与IT企业强强合作，加速工业信息数据框架建设，集中研发大数据的相关应用，直面未来互联网发展所面临的挑战，探讨互联网体系的构成与基本规则，重点是未来15～20年全球信息技术发展规划，争取在我国已具备发展的IPV6与5G通信技术方面获得话语权。

第三是变革动力。信息技术正在推动当前世界的产业变革、企业变革和管理变革。我们应该充分利用变革动力，推动大数据驱动经济高质量发展。为此，我们应顺应产业变革的趋势，推动大数据技术与传统制造、能源、材料、金融、环保等产业的结合，以大数据引领产业的发展。把握企业变革的时机，鼓励和引导各种实体经济企业采用大数据技术，利用它进行研发设计、生产管理、客户分析和市场预测，从而提高企业运营效率、商业价值和业务范围，推动我国企业的数字化转型。把握管理变革的方向，紧跟管理科学从工业时代向互联网时代的发展趋势，充分利用大数据技术来提高管理中的数据分析和处理能力，形成适应中国国情的管理3.0模式。

第四是资本推动力。大数据产业具有技术含量高、产品附加值高、自主创新率高等特点，因此其广阔的市场前景吸引了大量资金的涌入。为了进一步促进大数据产业的发展，应积极发挥资本的推动作用，让大数据产业与金融资本充分结合。我们需要建立高质量的投资平台，为有潜力的驱动项目提供支持，并创新金融服务，以确保资金能够有效地支持驱动进程。应该善于利用风险投资，借鉴像极客公园、创客空间等新型孵化模式，打造一批便利化、专业化、开放化的大数据创业者社区，同时充分调动社会资源，培育一批对大数据驱动经济高质量发展充满激情的创新创业者。

六、加快推进政府数据资源开放共享步伐

随着全球互联网和信息技术的快速进步，我们正迎来大数据时代。在这个时代中，政府统计部门与大数据是紧密相关的。企业是推动大数据发展的主力军与先行者，大数据的发展直接反馈到企业，企业也是大数据发展的受益者。如今，越来越多的企业开始涉足大数据领域，利用大数据为支撑，开展生产和创新，推出以数据为核心的新产品。市场在大数据资源的配置中扮演着至关重要的角色，企业与国家的合作不仅可以提高企业的收益，还能使企业价值最大化。同时，政府可以加强自身数据统计能力，使统计部门获得更直观、更客观的统计数据，建立更加全面的单位数据库，完善总体数据，可大幅度减少收集数据所需要的时间，减少调查对象与被调查对象的双向负担与填写表格的任务，提升工作效率，从而使统计数据更加客观精准。

政府帮助企业引进相关的技术经验人才，投身于大数据的开发与应用领域，使企业完善结构转型，促进良性发展，对促进现代化服务统计系统具有推动作用。政府投入大数据应用的研究中，为大数据的提炼、储存、剖析、共享的可视化创造前卫的发展条件。大数据是促进我国发展的重要资源保障，政府作为该资源的拥有者与产出者，需要正确合理地开发运用这一资源，而促进政府与民间的数据连通，使政府大数据和社会大数据发挥出巨大的经济社会效益和应用价值，有利于加快数据产业市场化进程。此外，政府作为"领头羊"，要公开公共领域的公共数据记录，以便使大数据公开透明，让人们能够更加清楚地了解相关事宜，加快设立数据开放的相关政策，推动民间产业机构的发展。

目前，政府开放共享数据的进程较为缓慢，主要是因为政府现行体制结构过于封闭。统一数据资源的制定标准是大数据发展的关键所在。所以，政

府不仅要调整大数据均衡标准的工作，还要完善建立大数据的分类及标准的数据指标。平衡数据指标是突破数据"孤岛症"的重要方法。通过互联网数据、行政记录、商业记录，深入探索不同数据之间、数据口径之间的连接与数据源之间的集合，完善数据的输出形式，统一数据口径与指标的基本特质，已成为数据共享的基础，从而使大数据促进与发挥自身的科学性、统一性、规范性。另外，政府还要将加快推动数据资源共享的重点放在改革政府结构体制中，这样做可以使民间机构向政府统计部门报告并开放大数据，以便于大数据更好地服务社会与人民。同时，政府应积极制定大数据发展的相关法律条例，创新行政观念与管理方针，为大数据的全面使用建立良好的法律环境，从而提高数据产业的配置效率，保障各方的合法权益。

七、加快构建新的驱动机制

首先要推进机制建设。要完善顶层设计，从宏观上掌控大数据的推动经济高效、高质量发展的目标。要深入了解相关驱动规律和趋势，灵活运用市场和政府两大调控手段，制定科学的驱动制度。把项目的引导作用作为实施计划的思想路径，把解决实际问题作为根本导向，要集中资源，打造一批具有明显驱动效果、强有力的带动作用、标志性意义的项目、企业、园区，有序推进驱动落地见效。同时，进一步完善大数据驱动相关领导小组的统筹协调作用和各方积极作用，强化领导任期责任目标制度，加强监督、检查、考核评价体系建设，从而形成强有力、有效的深度驱动推动机制。

其次要建立协调机制。为此，我们要搭建大数据企业与实体经济企业之间的交流平台，通过举办行业对接洽谈会、学术研讨会、产业驱动论坛等形式，建立双方之间在技术、产品、运营等方面的信息沟通机制，从而实现大数据企业与实体经济企业之间的良性互动。为了推动大数据驱动经济高质量发展，我们需要完善管理机制，以妥善处理企业在驱动过程中遇到的政策、行政管理冲突，并及时解决企业面临的生产运营困难。此外，我们需要明确推进驱动进程的各行业管理主体，发挥各部门在推动大数据驱动经济高质量发展过程中的引导作用和管理作用，强调主管部门要严格落实主体责任。

再次要建立共享机制。为了推动大数据驱动经济高质量发展，我们需要加快建立数据开放共享机制，促进政府、企业、研究机构等不同机构间的数据交易流通。我们还需要加强数据资源管理，统筹整合不同来源的数据，充分利用共享的数据，以提升政府治理能力、企业竞争力和公共服务能力。为了支持大数据驱动经济高质量发展，我们需要加快建设不同类型的数据标准体系，制定并逐步实施采集、存储、流通、交易、保密等不同环节的数据管理标准。为了推动大数据与实体经济的深度融合，要积极推进大数据企业与实体经济企业之间的技术和数据对接工作，促进数据开放和信息共享。同时，也要加快实体经济企业对大数据企业的数据开放步伐，鼓励实体经济企业积极利用大数据进行业务创新和提升效率。

最后是建立保障机制。为了保障大数据驱动经济高质量发展的顺利推进，我们需要加快建设大数据保障机制，为大数据的应用提供可靠的安全保障。这个保障机制应该包括数据隐私保护、信息安全管理、数据质量控制等方面的内容。同时，我们也需要推动数据保障机制的建立，为了提供有力的保障和支持，我们需要引导企业积极搜集和整理相关数据，并加快制订税务、城建、环保、社保等不同部门数据资源开放共享的时间表，消除"数据烟囱"和"数据孤岛"，为深度驱动提供有力保障。同时，也要强化金融保障机制，加快推进企业大数据征信体系的建设，促进大数据与金融业的整合发展，创新金融服务，为大数据驱动经济高质量发展提供支撑。

第六章 "互联网+"助推我国经济高质量发展

第一节 "互联网+医疗"建设助推高质量发展

医疗健康由于原本复杂的机制与自身的特殊性,导致它的互联网进度仍然处于发展初期,但是在政策领域、技术领域已经明确了发展目标与发展方向。所以,互联网作为医疗改革的重点发展方向,可使各个医疗机构直面信息技术发展的挑战与机遇。

一、"互联网+医疗"的相关概念

(一)医疗健康产业的界定

医疗健康产业有广义和狭义之分。从广义层面分析,医疗健康指保障基本身体健康、修复健康、保障食品的生产与售后健康、提供健康公共服务、健康信息知识的传播等活动概括。由医疗性健康服务与非医疗性健康服务组成的机构叫作大健康产业,这一产业衍生出四个组成模块:以医疗服务机构为中心的医疗产业;以产销药品、药剂、医疗器械以及其他消耗性医疗材料或工具的医疗产业。我国大健康产业链已逐渐形成,其中保健食品产业以产销保健食品和健康产品为主体，健康管理服务产业以术后修复、疑问咨询、身体健康指标评测和调理身体健康为主要业务，新兴产业正不断出现。在健康领域的新兴产业中，目前包括养老业、健康医疗旅游业、健康营养保健产品的研发与生产、高质量医疗器械的创造及制作等。

从狭义层面分析，医疗健康产业指药品、药剂的产销和医疗健康服务直接交接的产业活动，分为医药工业与医药服务两部分。医药工业包含众多分散行业；医药服务包含医疗服务、医疗研发与外包、医药产业。

（二）"互联网+医疗"的界定

互联网具有降低生产成本、调整信息不平衡、增加劳动生产率与生产效益、促进各个环节明确分工的特点。"互联网+医疗"借用互联网的特点，将互联网与医疗健康服务相结合，以此解决目前存在的医疗困难问题。

"互联网+医疗"是医疗领域中的一项新尝试，它将互联网技术与传统医疗服务相结合，涵盖了生命信息调查、检测、诊断和咨询等方面，通过现代化智能医疗设备传递信息，在设备输出的信息与互联网的大数据之间形成沟通桥梁，使疾病情况不仅拘泥于纸上与医院，而是能自由共享、随意查询、快速流动，实现跨国家、跨地区的医生与医生之间、医生与患者之间的高效沟通，使交流比以往更加密切。患者就医不再要求必须与医生面对面，通过互联网医疗系统，患者可以随时随地向医生进行就诊与咨询，通过使用移动设备，不需要排队就可以进行挂号、缴费、查询检测结果，使医生在问诊时方便询问与诊断。[1]

"互联网+医疗"的特点如下：

---

[1] 陶良虎，李波平，徐勇."互联网+"让中国经济高质量发展[M].北京：国家行政管理出版社，2020.

（1）医疗服务网络化。互联网与医疗的深度结合不仅为患者提供了方便，还为医生提供了广阔的学习平台。患者通过互联网能够随时高效率咨询问诊，足不出户享受网上挂号、缴费、会诊等服务。患者可与医务工作人员进行实时病情反馈，加强医患之间的互动，极大提高了医护工作者的效率与医院的服务管理水平，医生也可以在网络平台上学习新知识，增强医疗知识水平。

（2）医疗信息数字化。数字化医疗是将医疗技术与互联网上的相关信息结合在一起，并整合运用在医疗过程中的新医疗方法。医疗过程的数字信息化是通过使用互联网技术以及云计算技术，提高医生的专业水平与医院的服务管理水平的重要方法。随着互联网信息技术的快速进步以及数字化智能医疗器械的大量生产，患者能够利用最少的步骤完成问诊、诊断的过程。患者的诊断病例、健康记录、个人档案、药品处方单、医学影像片、诊断费用的支付、远程会诊记录等以网络数据的形式，通过平台传输到医院数据库中，再由数据库进行整理、记录、存档、展示。医疗信息数字化大大降低了医生的误诊概率，提高医院与医护人员的工作效率，使患者获得方便、快捷的医疗服务。

（3）智能可穿戴医疗器械的大众化。随着医疗器械市场的逐渐开放，市面上的电子产品，尤其是可穿戴的电子产品正逐渐进入人们的生活中，人们在日常生活中经常能用到电子产品，尤其在医疗领域的设备较为突出。在许多城市举办的国际医疗器械博览会上，展出了各种类型的可穿戴医疗设备，这些设备的多样性和普及性成为展会的亮点。这些可穿戴设备不仅可以用于治疗身体内部和辅助人体某些部位，用于保健养生、身体健康水平的检测等保健设备也是种类繁多，比如肩颈按摩器、视力矫正眼镜、电动按摩椅、水压按摩床等现在可穿戴设备的应用已经不仅限于用于检测人体各器官的健康数据，还包括了一些柔软植入性设备，这些设备对人体没有影响，而且质地也更适合人体机能。数字化可穿戴医疗设备的应用越来越广泛，它们可以实时检测人体健康指标，提醒患者是否在健康范围内、弥补患者缺失的某些功能、疏经活络、自动应对患者的突发情况等方面，具有不可替代的作用。

二、"互联网+医疗"建设

（一）"互联网+医疗"建设模式

"互联网+医疗"的建设可分为两大类型：一是自建型，二是合作型。自建型平台主要包含医疗机构自建平台与企业自建平台。例如，国内各个大型医院都拥有医疗系统，像腾讯公司这样的大型企业已经拥有了自己的"云健康"系统管理，而平安公司也推出了"平安好医生"小程序。合作型包含医院与互联网公司、医药公司、保险公司共同协商创建的公共平台，如京东、天猫的全国连锁药房、美团医药专门配送等。

"互联网+医疗"模式不同于智慧医疗平台，智慧医疗平台不仅可以在线就医、在线诊断，还可以负责药品、医疗用品的配送以及移动设备大数据的运用、移动储存等，各种便携程序都与智慧医疗平台相结合，医院线下也可以进行干预。除此之外，"互联网+医疗"模式还有其他建设类型：以政府为核心，各个要素参与类型；以医院需求为核心，委托建设型；以企业自主建设为核心，委托各方因素承建型；医院与企业共同建设，利益分摊型等。

（二）"互联网+医疗"的运作模式

医疗互联网的运行围绕医院、医生、患者三大角色进行，运作模式由患者就医的过程中各个主体的诉求组成，医院可以被看作是一个中心点，它连接着16个不同的领域，包括可穿戴智能设备提供商、医疗服务供应商、运营通信商、医疗器械供应商、医生、生物医药、连锁药店、药品来源供应商、医药生产商、社会医疗保障、保险公司、银行、大数据应用商、云服务商、系统集成商、支付公司；互联网的覆盖面扩大与强力介入，将对传统产业链产生影响，将医疗过程的各个步骤进行重组与更替。因此，把传统医疗按产业链逐一划分，互联网会在以下 5 个方面起到积极完善优化的作用。

1. "互联网 + 医院"：智慧医院

智慧医院的服务模式，主要以院中为中心点向院前及院后扩展。患者在入院前通过使用移动设备的相关程序进行在线挂号以及问诊预约；在院中可以直接缴费并提取病例报告或诊断书，不需要排队；患者入院后可以通过远程在线，直接与主治医生进行远程问诊与沟通，使患者可以不用亲自到医院就可以知道病情；通过移动设备平台，医生能够实时掌握患者的病情和康复状态，并根据不同的疾病给予患者专业的咨询和建议。移动设备平台还能帮助医生收集和整理相关的病例知识，阅读医疗著作，完善专业知识，提高自身的专业水准。医生可以与其他同科医生相互交流经验与心得，共同学习，达到医疗科研的共同进步。在智慧医院中，由于医院信息化的进步与发展，各个医院的电子病历和诊断证书可以实现相互连通，不仅提升了医护人员的工作效率，还为医护人员减轻了部分压力，使患者更方便、快捷地查看与掌握身体状况以及健康检测数据。

我国互联网 BAT 三巨头已开始扩大服务范围与职能；百度公司与北京 301 医院联合共同创建了互联网线上发展平台；阿里巴巴公司发布了"未来医院计划"，将自身发展强大的支付系统、账户体系、数据计算能力、云储存能力运用到医疗行业中，构成闭环状互联网商业解决目标；腾讯公司充分利用龙头软件扩大优势，通过 QQ、微信支持各种医疗小程序与软件，配合线上医疗以及便携挂号的优势，逐渐形成医疗 O2O 模式。

智慧医院主要使用"在线问诊"的运作方式,通过互联网公司与全国各地知名医院中的著名医生建立紧密的合作关系、共同合作的关系,患者通过在线医疗程序,通过描述病情与主治医生进行有效交流;通过在线问诊选项,患者可以对病情有一定的认识,清楚病情的性质与未来应该如何治疗,治疗需要多长时间等问题,对于常见疾病与慢性疾病具有重要的参考意义。

"在线问诊"依靠互联网的医疗在线平台运作,利用互联网适配医疗资源。"在线问诊"相当于资源技术集中的虚拟医院,与现实生活中的实体医院不同,患者不需要在挂号区长时间排队,也不需要支付相关费用,还能够自由选择全国各地不同资历水平的医师,将健康与主动选择权掌握在患者手中。"在线问诊"具有以下优点:首先,患者方面,突破地理位置的限制,患者只需要一部手机就能体验到优质的医疗服务;突破时间的制约,患者可以随时随地向医生进行疾病问诊与医疗咨询,能够更高效、快速地享受到便捷的医疗服务,使患者摆脱了不论大病、小病统统都要到大型医院进行检查的尴尬局面;患者通过线上平台咨询,能够对病情进行初步了解与确认,再根据线上医师意见,在相应的机构进行合理治疗,在一定角度上有着首诊制的功能。其次,在医生方面,医生可以提升服务水平与态度,通过远程设置持续进行医疗诊断与医疗监测,时刻将资料输送给相关医护人员,加快干预医疗过程的速度;医生节省了问诊与判断病情的时间,医生不需要被动发现患者的疾病,可以通过监测系统实时判定患者未来疾病恶化的状况,第一时间采取相关行动,阻止病情的恶化。最后,使医生从框架内解脱出来,通过合理协调互联网以及线下工作的时间,利用业余或者假期,为患者提供相应的疾病咨询,增加医生的合法收入。所以,"在线问诊"模式能够增强患者与医生之间的友好交流,推动医疗机构与医生之间形成良性合作,使线上问诊替代传统的线下问诊模式,改善医疗资源与设施的紧缺状况。

目前,"在线问诊"模式正处在发展初期,存在一定的问题。首先,在线问诊服务的供给源头与可靠性无法准确保证。与线下面对面问诊不同,患者与医生无法面对面接触,不能清楚地知道沟通的医生是否专业、是否有一定的积累经验,无法判断医师的建议是否可行,听取医师的建议是否能顺利地治疗疾病。其次,医疗咨询的法律法规不够完善,存在较多的法律漏洞。我国线上平台目前还没完善针对"在线问诊"中,医生与患者产生矛盾纠纷的法律条文,在医疗服务水平不统一的背景下,在线问诊中一旦出现医疗事故,不仅危害了个人的身体健康,严重的还会造成死亡,更会加深医生与患者之间的矛盾,不利于我国医疗事业的发展。对此,防止这种问题的发生,需要实施正确的政策,主要包含以下两方面:

第一,严格规定行业的门槛,快速制定与公布相关法律法规。"在线问诊"的运作方式对于基础、常见病情的预防以及预防慢性疾病的护理上,能够帮助医生减轻负担,对医疗资源分配具有平衡作用,实现首诊制效果。政府要完善行业准入门槛,对于开设在线问诊的医师与机构进行严格审查,比如在审核模块中,对于提供医疗咨询及服务的医生必须提交相关的营业执照与专业证件,证明专业性与背景;另外,特殊重点科室的医生则需要更高的营业执照,才有资格开办问诊服务;还要加强卫生部门的参与度与监管,定期进行抽查或检查在线问诊医生出现意外事故的概率和患者重回健康的概率,如果达不到认定标准,将撤销相关平台账号。

第二,规定医疗服务资源标准。在互联网平台从事在线问诊的医疗机构和企业,应选择服务态度好、服务水平高的在职医生,能够提供完善的医疗资源与高质量的服务水准,才能得到广大患者的信赖与支持。互联网医疗虽然需要通过一定的盈利维持企业发展,但从珍惜生命的意义上来说,互联网医疗必须把重点落在公共服务职能上。

"在线问诊"模式受到在线平台制约。就目前情况来说,"在线问诊"无法深入解决以及提供重大疾病的解决方法,只能解决日常生活中常见的疾病以及慢性疾病。对于未来,"在线问诊"运作模式的应用前景和实际效果需要进一步探索和研究。虽然该模式可以提供便捷的医疗服务,但是否能够解决一些疾病诊治上的限制和制约,尤其是在重大疾病的治疗上,仍需要进行更为深入和全面的研究和摸索。

2."互联网+硬件":智能可穿戴设备

互联网用户规模的大幅度增加以及互联网技术的进步,使得可穿戴设备的健康检测模式手段越来越发达。随着人们注重保养、注重身体健康的意识越来越强,人们可以通过穿戴设备所反馈的健康检测指数,清楚地了解自身的健康状况,节省经常到大型医院定期检查的次数。可穿戴产品的广泛使用,可以观察到的创意在于,使用传感技术将传感器与互联网相结合,使传感器能够实时快速地将检测到的身体状况,运用实际数据呈现在人们眼前。

可穿戴设备的类型主要包括大健康管理型和医疗服务型。使用这些设备,人们可以将自己的健康数据导入到私人健康系统中,整合第三方评判标准,通过数据组合传递到支持的医疗机构或者医院的用户数据接收系统中。用户可以通过系统清晰地了解到每天消耗的能量、深度睡眠时间、每分钟的心跳频率等。数据健康管理平台还可以与各种可穿戴设备实现数据互通与互助,全方位监测用户的健康状况,使用户能够随时查看身体健康数据。

可穿戴设备的移动应用程序和 App 不仅可以监测用户的生理指标,如血压、血糖、心率、体温和呼吸频率等数据,还可以通过医疗健康平台,将用户数据同步至相应的医疗机构或者医院数据库中,增进患者与医生之间、患者与医疗机构之间、患者与医疗设备之间的互动。随着智能便携设备的大众化发展,设计小巧、精妙、购买成本低的可穿戴设备,将更容易被消费者所接纳。未来，可穿戴设备将渗透到人们的健康生活中。

可穿戴设备的健康检测系统的主要特点：一是优化用户的生活水平，使用户的生活更加精致，建立以用户为主的健康蓝图。可穿戴设备与传统的电子设备相比较，用户不会觉得沉重，不会影响日常生活。可穿戴设备可以让用户随时能够了解身体是否健康，及时预防可能将要发生的疾病，及时调整不健康的生活习惯，保证身体健康。二是及时预防慢性疾病。我国的慢性疾病潜在患者逐步增多，慢性疾病患者年轻化的趋势不断增加。慢性病的防控管理成为可穿戴设备专业化的发展提供动力。

虽然可穿戴设备对人们的生活起到促进作用，但事物都具有两面性，所以可穿戴设备还存在许多弊端：一是对健康数据的采集不标准。可穿戴设备在监测特殊身体状态时会产生一定误差，数据监测比较单一，缺少灵活的检测标准制约。二是用户的隐私保障存在缺口。由于可穿戴设备可以记录用户的生活习惯等个人信息，因此这些数据需要存储在云空间中，一旦可穿戴设备保管不慎或者没有设置相关密码，用户找回设备与收集原始数据会很困难，一旦设备被其他人利用，会造成相应的经济损失。三是数据的综合处理能力较低。储存在可穿戴设备的数据有很多，包括在日常健康活动中取得的身体健康数据，因为综合处理能力的效率低下，健康数据的处理很难有效形成详细的反馈。

针对以上问题，可从以下两个方面予以改进：

第一，深度发掘用户需求。可穿戴设备目前只存在于表面化状态，为医学数据提供的参考价值低，在健康医学数据中的可信度低。所以，可穿戴设备要充分了解用户的所需所求，加强与医疗机构或者医院的沟通与资源的综合，共同开发关于疾病防控、监测数据管理，通过信息化技术实现信息共通，提升用户健康报告反馈质量。现代社会，人们的健康意识不断增强，个性化的健康监测系统能够更有效地提高人们的幸福感，增强人们的感官体验。

第二，维护数据隐私与安全，增加合作伙伴。可穿戴设备能够采集用户身份信息与各种隐私信息，虽然可穿戴设备能够准确地使用户随时了解身体状况，但是仍存在许多安全隐患。在收集数据越来越多样化的同时，数据的隐私安全性也要得到重视。可穿戴设备可以与其他平台进行数据交互和合作，包括移动支付、移动程序、定位地图等，在使用设备的每一个节点都能够进行细分并结合。

可穿戴设备的可持续发展以稳定的供给平台、行业服务领域的支持、可持续发展的生态环境为重心。我国可穿戴设备的市场正处于发展的初期阶段，主要作用是使用户数据进行基本监控与反馈，还未形成真正意义上的服务体系，无法完全满足用户的全面需求。可穿戴设备销售价格较高，仍然会导致用户的购买欲低下。因此，用户需求应成为可穿戴设备发展的核心，必须深入了解不同用户的需求，以便为他们提供个性化的推荐服务，成为被大众所接纳的必需品，而不是人们花大价钱才能购买的物品。

3. "互联网＋医药"：医药电商

医药电商主要是由医疗机构、医院、银行、药品生产商、医疗信息提供商等机构，为了盈利而组成的经济主体，熟练使用现代互联网信息技术，将医药产品进行交换与负责的相关服务。医药电商和人们的网购比较相似，人们不用在线下购买药品，而是可以直接通过网上的连锁药店，足不出户地购买所需的药品以及相关的医疗咨询服务。

传统医药模式在购买药品的过程中存在处方开药不清晰、不公开，药师与患者信息严重不对等的问题，并且传统购买药品的方法大多数都是患者在医院看病时购药或者在线下实体药店购药，使患者的取药时间过长。医药机构平台通过运用"去流通化"的办法，节省患者取药时间，使患者更便捷、更快速地买到药品。医药电商的运营主要由 B2C 与 O2O 组成。

B2C 模式的启动能够使用户的购买渠道更加方便，通过互联网等网上医药平台，随时能够使用户查询买到药品的详细信息与产地，咨询药物的副作用，是否能使用医疗保险报销。用户在网上快捷下单，并在短时间内收到药品，如果用户对药品的需求不急的话，能够直接节省到医院、线下药店购买药品的时间；有的用户对药品使用时间有一定要求，希望能用最短的时间买到所需药品，O2O 模式能够有效解决这些问题，并在一个小时之内完成送货；线上药品通过减少中间流通过程所需费用，相比于线下实体店有着更大的减免优惠，用户能买到比实体店更便宜的药品，也是用户引流到线上的方法之一。

现阶段，我国医药电商发展前景良好，电子处方单与医疗保障的对接逐渐完善，为医药电商飞速发展提供了有利环境。政策的实施使大型连锁药店积极开放线上销售，实现产业成功转型，第三方平台纷纷与之合作，垂直式自营电商也出现在大众视野里，各种流通企业也向医药产业发展，使医药市场达到千亿级规模。

欧美等发达国家参考电商运营模式并大力实行。例如，网上购物带来的不仅仅是便捷，更是一种新体制的革新，能够有效暂缓有药才能就医的局面。以医药电商为主的模式优点有：首先，使患者更方便。患者足不出户就可以在线上进行病情咨询，并购买相关药物，对部分生活不能自理的或是行动不方便的患者提供人性化的便利。其次，加快破解有药才能有效就医的局面。该模式最大的好处是将所有可销售的药品进行药品信息公开以使其透明化，使患者清楚药品原材料以及药品使用后产生的副作用，可使需求者进行自主选择。虽然大多数患者在询问医师意见后才会购买，但是在某种程度上，患者可以选择药店或者同种类产品。部分市场竞争机制能够有效解除有药才能就医的老旧传统体制，在某种意义上，降低患者问诊抓药的成本。

医药电商也有不足之处：一是，药品销售与普通商品销售不同。药品销售要注意其特殊性，涉及人体的生物体征与生命安全。所以，在医药电商不断发展的机制下，有的企业可能会趁机从中获取暴利，在没有法律规定以及社会条例的保证下，存在很多未知风险。二是，目前的医疗电商将重点放在药品的销售额与销售量上，针对售前引导与售后服务不够完善，没有相对完整的管理体系，导致患者无法对药品进行正确了解以及药品的实时追踪，消费体验比不上线下实体药店。三是，药品泛滥销售。对药品销售过程有着严格的把控机制，不是任何类型的药品都能顺利进入市场。由于线上销售的局限性，市场监管难度较大，使很多违禁药品纷纷流入市场，造成不可逆的后果。

针对上述弊端，可采取以下措施：

第一，严格把控药品的销售来源以及销售渠道。从发达国家的经验来看，在互联网上销售药品的商家大多数都是实体药房或连锁药房，因为它们备受信任，销售市场广泛，且比较容易管理。我国的医疗电商模式还在发展过程中，所以要严格规定药品的销售渠道以及取材来源，网上销售的药品必须拥有连锁药店或者大型药店的营业执照与相关证明。除此之外，应该严抓违禁药品的查获，严格管控违禁药品的销售渠道。凡是在网上销售违禁药品的药店取消其药店线上线下的售药资格，还要彻底封禁此药店，在源头上根除违禁药品的销售来源，还要取消药店人员的营业执照与相关医师证件。根据医药电商的发展规模，可以渐渐开放特殊处方药品在线上售卖，扩大服务职能，提高服务水平。

第二，建立覆盖全方位的销售框架。药品销售关系到人的生命安全，购买药品前的引导很有必要性。与网上购物询问尺码相关问题不同，同一种药物不一定适合所有患者,诊断结果决定了患者需要购买的药品。所以,医药电商要重视售前引导,招聘相关专业医师或医护人员为患者做出正确诊断以及给出适合意见,避免出现患者买错药、买贵药的情况发生。

医药电商模式目前还处于逐渐发展并扩大的过程中,包括药品物流运输放宽、特殊药品解禁以及相关条例的颁布,使医药电商的发展相对有利。实际上,医疗电商的销售范围不只拘泥于药品的销售,还有医疗器械、医疗工具的交易。医疗器械与工具在线上销售流程比较烦琐,让医院参与销售过程,有利于防止医疗系统垄断。

4."互联网+保险":个性化商保服务

医疗保险具备公平性,使人们能够享受到普惠政策。实际上,医疗的发展需要互联网的干预。通过开通医疗保险卡与网络技术结合,并向就诊医院进行费用报销,极大提升了普惠政策的意义。目前,我国着重关心的问题是使医保卡可以全国通用、跨区域通用。通过利用数据资源,使传统医保办理模式向智能服务办理模式转变,依托互联网信息技术,实现医保卡的远程办理、实时监测、跨区域使用,为参保人员与单位提供精准化、人性化、便捷化的智能服务模式,落实医保体系管理以及方便医保的经办过程。

传统医保主要存在两个方面的问题:一是销售渠道所需的资金过高。针对购买保障能力强的重大疾病预防险,公司需要向中介机构支付首年保费佣金,比例通常在20%~40%,意外伤害保险比例在15%。二是如果无法准确了解用户的身体状况,就很难降低赔付成本。此外,商业医疗保险公司也可以与掌握患者健康大数据的互联网企业合作,帮助保险公司扩大企业用户领域,实现减少赔付率的效果。我国保险公司已经与可穿戴设备的供应商进行合作,比如大都会人寿保险与乐动力合作,发布出行保险与运动意外保险,用户可以凭借每日健身运动,领取一定的活动积分,再由活动积分兑换保险产品。

5. 精准医疗：走进"互联网＋基因"时代

在传统医学的诊断过程中，医生主要依靠自己所积累的个人经验和专业知识，来为患者做出正确的诊断。但每个人的生理状况、身体素质及疾病不同，传统医学有时无法帮助患者找到相应的治疗方法与药物的使用方案，在临床数据和遗传数据的大框架中，可以通过利用基因大数据的检测、对比和解析，来解决问诊问题。这是一种全新的方式。

按照基因检测呈现出来的结果，医生可在选择药品、药品剂量的控制、综合用药方面等，针对不同患者提供不同的用药方案，并减少药品对身体带来的副作用。不同患者在用药过程中的疗效与副作用各不相同，基因检测可以协助医生针对不同患者制定相应的用药方案，适当增加或减少药品剂量的使用，增强用药的安全系数。目前，美国已经成功开展了基因检测的遗传药理学研究，这有助于医生更加有效地制定患者的最佳治疗方案。

通过基因检测查找致病的基因，可预测疾病发生的概率以及安全系数。基因检测是一种主动预防疾病的方法。常规检测是针对已经发生的疾病进行问诊和调查，主要任务是辅助治疗过程，无法在病变之前提前预测。而基因检测则可以预测人体即将发生和未发生的疾病，从而提供更早的预防和治疗措施，检测查找疾病发生的概率与风险，使患者通过合理的作息时间、饮食规律、经常运动等方式提前采取防疫手段，从而有效防止疾病的发生。

（三）"互联网＋医疗"盈利模式

在医疗服务中，患者、社会保险机构和商业保险机构扮演着医疗服务的付费者角色，而药企、医生和医院则是医疗服务的提供者。它们对于"互联网＋医疗"的需求各不相同，也是互联网企业的主要收费对象。特别是医药企业和保险企业，作为收费对象的盈利模式值得深入研究。

（1）向医药企业收费。不论是现在还是未来，向医药企业收费是互联网医疗的主要盈利点。从价值需求来看，医药企业的研发成本与营销手段所需要支付的成本较高，通过互联网的大流量与大数据进行营销，辅助研发是必要的。从价值观角度来看，流量广告的营销是目前向医药企业收费最主要的收入来源，而大数据营销将在未来取得更大、更快的发展。

（2）向保险企业收费。收费模式中，向保险企业收费的应用比较少，但其发展空间巨大。从价值创造的角度来看，互联网医疗能够实现实时数据跟踪和干预，从客观上减少了保险公司的保费支出。这有助于商业健康保险公司实现精准定价，完善运营需要。从动态需求上来看，社会医疗保险费用上涨，需要依靠互联网进行过程监督、信息监控，国家制定相应的控费制度。现阶段，政策开明，商业保险进入健康保险的管辖范围，填补了社保缺口，给"互联网+医疗"带来更有效的发展空间。从目前来看，国内很多企业与社保公司挂钩建立合作，比如卫宁科技与山西省医疗保险中心达成协议，进行互联网医疗信息的监控和医疗检测体系的构建。中国人寿、泰康人寿等公司已着手准备设立线上健康平台，进行对用户健康管理以及市场营销。

（3）向患者收费。向患者收费的类型方式较多，已具备相应规模的盈利形式现在还没有出现。目前，市场正处于通过提供免费服务来培养用户使用习惯的阶段，以获取患者的流量和数据资源。从收费模式来看，过于依赖硬件销售的盈利方式难以得到长期持续发展，而软件服务模式仍然在探索的道路上，距离患者收费的大众化还需要一段时间。

（4）向医生收费。在医生的盈利需求中，只有增加医生的合法收入，才能产生相应的盈利模式。大多数互联网医疗企业以医生免费问诊的方式进行运营，以医生为盈利对象不符合企业发展规律。

（5）向医院收费。短期可以出现较高收入，但是盈利点不明确。由于医院地位以及医疗服务体系的特殊性，互联网主要针对传统医院的问诊方式进行信息化输入，在短期内发展空间较大，但从长远角度来看，难以避免中期与长期的发展瓶颈。部分企业正在研究设立相关的医院收费模式，但是前景目前不清晰，技术与数据水平方面有待提升。

三、国外"互联网+医疗"的先进经验

（一）医生自由职业制度

美国医生与医院之间没有隶属关系，并且实行财务公开制度，其中医院是行医问诊的地点，医生凭借执照与证件自由地进行工作。绝大部分医生都具备独立的私人诊所，有治疗需求时便会向医院发出申请与相关资料，医生在医院内治疗患者、使用相应的医疗设备和手术室等，需要支付医院场地使用费。在收入方面，保险公司向医院支付设备使用、检查、住院等费用，向医生支付治疗费用。在问诊过程中，患者会根据医生的资料与经验选择与自己医保所签约的医生。因此，在美国，医生通过线上平台进行注册，提交个人资料与档案、空闲时间，方便患者预约、咨询，提高自身的知名程度，建立个人名誉。

（二）远程医疗

美国远程医疗发展空间大，发展速度快，主要是因为巨大的市场需求量和政府的正确引导。从其本身的服务来讲，美国在早期已开始制定针对远程医疗的法规制度，包含个人隐私安全、服务提供者、服务职能、服务质量、服务能力等，不仅避免了因不恰当地使用医疗资源造成的浪费，也使公民意

愿更加强烈。

从患者角度来讲，美国医疗服务费用多，线上医疗服务可以有效减少就医开支。由于《评价医疗法案》的通过，联邦医保局对线上医疗服务的报销能力开始逐渐扩大，保险报销费用基本全面覆盖线上医疗费用。以上两个方面极大地增加了患者的接受程度与支付意愿。从医生角度来说，远程医疗服务模式可节约大量的医疗使用经费，为医生与医院创造更多收益，也增加了医院的参与度。通过各个主体参与到医疗过程，使得美国远程医疗快速发展。

（三）医药分开

根据药品终端市场参与者所占据的比重，可以分为连锁药店、医药电商、医院药房和单体药店。按照药品的种类来分，医院院内专用药主要由医院药房提供，连锁药店主要提供处方药，医药电商主要提供非处方药，单体药店主要提供健康用品以及医疗器材等。放开处方药销售后，患者可凭处方单去院外购买；有了电子处方后，患者可以凭电子病历和电子处方去网上购买，而且在网上购买也可以通过医保来报销。所以，院外基本上销售了80%的处方药，处方药在医疗电商销售药品中占50%。除此之外，美国药店还会提供一些其他服务，例如提供药品配制、处方审核、处方药控费，以及常见病和慢性病等诊断和常规诊断服务等。

（四）PBM的药品控费模式

美国药品福利管理（PBM）是一种平台模式，它连接了保险公司、医院、患者以及药店和药企之间的关系。PBM旨在为保险公司提供医疗服务和药品管理方面的监督服务，从而在降低总体医疗保健成本方面发挥着重要作用。

患者在医院或诊所就诊,医生开出处方后,PBM 根据处方信息进行审核,并提供药品使用限制、用药建议以及可报销药品类别等方面的建议,以提高医生的医疗服务水平,并避免由于多次就诊造成的高费用问题。

四、"互联网+医疗"的发展趋势分析

(1)就医体验优质化。我国现在面临的最大问题就是就医难,"互联网+医疗"一直致力于以互联网为工具,改善就医流程,增强患者就医经验。因此,所有服务都将围绕这一目标展开,并贯穿医疗服务的整个过程。这些服务包括医疗资源寻找和匹配、在线预约挂号、远程问诊、远程诊疗、药品电商和移动医疗等领域。

(2)服务精准化。目前,精准医疗已成为医疗界的一大热门话题。许多西方国家,如美国等,已开始推行精准医疗战略。精准医疗建立在个性化医疗的基础上,并包括了精准诊断和精准治疗这两个方面。随着互联网不断发展,医疗服务逐步数字化,这使得医生与患者之间的了解程度得到了大幅提升。通过利用先进的影像和存储技术以及大数据分析,医生可以观察患者的病灶情况,并与同类病例在治疗上的结果进行比较,从而为医生提供更加精准的治疗方案。为了实现精准治疗的目标,必须确保患者的医疗需求能够准确传达给医生,并确保医疗服务项目能够准确提供给患者,从而实现医患之间的双向精准沟通。

(3)医卫体系协同。分级诊疗是一项重要的措施,它可以合理分配医疗资源,促进医疗服务的均等化,是我国深化医药卫生体制改革的关键步骤。因此,互联网技术的应用将成为实现分级诊疗的关键,是医改的重要组成部分。政策的推动将促使该领域得到显著发展。然而,由于国内医院信息系统相对孤立,信息无法共享和交流,这在很大程度上阻碍了政策的落实。为了

推动"互联网+医疗"的发展，必须打破医疗信息孤岛，建立综合信息平台和突破信息壁垒。只有这样，才能使中国的"互联网+医疗"得到重大突破，并推动分级诊疗制度的进一步实现，包括电子病历和远程医疗等服务的推广。

（4）健康管理个性化。"互联网+医疗"将带来真正的变革，这种变革是从治病模式向预防病变模式的健康医学模式的转变。利用各种新兴技术，包括云计算、物联网、大数据等，对个人的健康数据进行采集、计算和分析，提供个性化的健康管理服务。这些技术可以更好地预防疾病，而不是仅仅寻求对已经发生的疾病的治疗。互联网与医疗健康数据的融合将实现精准的个性化医疗服务。现在的医疗健康服务正在朝着以患者为中心、覆盖患者整个生命周期的方向发展，这将通过各种数据无缝流转来实现。不同机构和角色可以基于一个人的完整健康数据实施共同管理，进而实现个性化治疗。面对目前的技术发展情况，实现个性化治疗已经不是单纯的技术创新问题，而是一种现代化的管理方式。

第二节 "互联网+教育"建设助推高质量发展

"互联网+教育"是"互联网+"首次尝试涉足教育领域，其合法性已经得到广泛认可。但是，在"+"这个符号不断细化的过程中，也出现了各种问题。首先是"适不适合"的问题——"互联网+"与教育是否能够结合。从本质上来看，两者的结合需要匹配"问题与方法"，也就是说，两者融合的可能性、优化方法和评价标准需要转化为"互联网+"能否有效解决高校深化改革面临的问题。

一、传统教育与智慧教育发展

（一）传统教育的发展

在传统的教育发展模式下，教育资源更多地向学校倾斜，学校被视为一个相对封闭的物理空间。这些物理空间包括课堂、图书馆、实验室等，只能满足特定人群的需求。在传统的教育模式中，学校被视为教育的主要载体。学生需要按照学校的课程表到教室上课，以教师为中心的授课模式。在传统教育模式下，学生所接受的不仅是知识，还有世界观、人生观、价值观，在受教育的同时，还能够受到文化熏陶。

传统的教育模式通常以学校为主要载体，其管理相对严格、规范，学生的学习环境相对较好，学习效率也比较高。在传统学校中，师生之间、学生之间也有着充分的交流。然而，传统的学校教育通常以知识传授为中心，教师地位突出，但却忽视了学生的个性特点和创造能力的发展。学生的学习主动性也难以得到充分发挥，教学内容也无法满足不同学生的需求。学生的学习过程较为被动，所学知识与实际生活相脱节，实践机会比较少。

传统的教育模式在教学方法上具有很多无法替代的优势，其中之一是建立起教师与学生间情感交流的关系。在课堂上，教师可以通过肢体语言、面部表情与学生进行有效的沟通，发现学生对所讲课程的接受程度，进而适时调整教学内容和方法。这样的方法不仅有助于教师把握课堂情况，更能够调动学生的积极性，加深他们对知识的理解和掌握。第二个优势是在传统教育中，教师和学生面对面进行交流，可以加强师生之间的互动。教师可以通过语言、手势、眼神等方式引导学生思考，让他们更深入地了解所学知识，锻炼他们的思维能力。这种有效的交流方式可以让学生更好地理解知识，培养创造性思维。

虽然传统的教育模式可以为我国选拔优秀人才,但其中仍存在许多缺陷。传统教育过分强调记忆和理解能力,而缺乏高水平应用和实际操作能力的培养。此外,传统教育缺乏针对性,忽视学生的个体差异,自主学习能力不强,过于强调应试填鸭式的教学,而且学校不能针对每个学生的情况进行定向培养,并且教师也没有足够的时间和精力对学生进行单独培养,使得学生的学习变得盲目化。当学生面对困难时,他们很难找到突破口

因此,中国传统教育以"重知识轻技能、重理论轻实践"的方式为主要特征。针对这种现象,教育界专家也普遍认为,传统的应试教育模式已经很难满足社会高速发展的需求,因此必须寻找一种创新的教育模式来引领中国教育的发展。

我国人口众多,各地区的经济和文化水平不同,传统教育所存在的不公平问题尤为突出。这些问题主要表现在经济发展不平衡导致的区域教育差异,城乡地域差异以及贫富阶层所形成的教育差异;同时,不同性别和民族之间也存在受教育机会的差异;不公平的教育资源分配也是一个非常突出的问题。从客观的角度来看,近年来虽然传统教育资源经过整合,一些教学薄弱学校的状况有所改善,但学校之间的差距仍然存在,这一现象不仅表现在硬件设施方面,也反映在师资分配和教育环境方面。经济发达的城市地区与经济不发达的地方之间,以及城市和农村之间,师资配备和教学硬件设施的差距非常明显。

(二)智慧教育的兴起与发展

随着信息技术的飞速发展,智慧教育已成为我国教育领域的创新手段和主流趋势。自IBM公司提出"智慧地球"的理念以来,智慧教育便成为一个

具有代表性的延伸。智慧教育的发展可以从以下五个方面进行界定：学生技术应用的全面沉浸；个性化、多元化的学习路径；知识技能服务型经济的发展，系统文化资源全球整合；以及在21世纪经济发展中发挥关键作用。

1. 智慧教育的兴起

20世纪五、六十年代，欧美国家已经大力推广以远程教育为特色的智慧教学模式，智慧教育的资源利用效率得到提高，具有学生自主性学习、交互式学习，多样化教学形式以及自动化教学管理模式等优点。随着信息全球化发展，教育建设逐渐开始形成融合创新的发展趋势，智慧教育重新构造起科学合理的教育系统，加速教学方式的改变，塑造开放和谐的教育环境。在物联网、互联网、大数据以及云计算等新型信息技术逐渐成熟的背景下，世界各国逐渐将目光投向智慧教育的发展上，智慧教育逐渐取代数字教育的地位，成为新时代的教育理念。[①]

2. 智慧教育发展的现状

随着智慧教育在新时代信息技术领域的日益成熟，欧、美、日等发达国家和地区逐渐开展自身领域的智慧教育活动。举例来说，美国北卡罗来纳州的格雷汉姆小学推出了"教育云计算"计划，这让学校的师生可以通过"通用云计算服务"轻松获取学习资料。一些发达国家的高等院校也通过互联网、物联网、大数据和云计算等技术手段推进教育发展。其中，电子书包也在各个发达国家逐渐普及，学生可以应用移动智能客户端随时进行学习。

自20世纪90年代以来，我国紧跟发达国家步伐，在教育领域积极推行重大项目与政策措施。我国在经济发达地区以各种渠道进入互联网，学校在不同程度上建设校园网；此外，信息技术正在乡村校园中推行，数字化、信

---

① 陶良虎，李波平，徐勇."互联网+"让中国经济高质量发展[M].北京：国家行政管理出版社，2020.

息化教学资源日渐丰富，教育应用正不断拓展和深入，教育管理信息化逐步成为常态，网络教育也日益流行。随着移动互联网的发展，智慧教育有着良好的发展前景。然而在当前的环境下，我国互联网的发展较为不稳定，急功近利的盈利思想也在一定程度上影响了智慧教育的发展。现在，智慧教育的发展仍存在许多需要改善的问题，如缺乏监督、整体水平参差不齐、难以评估教学效果等等。现有品牌和服务口碑也尚未形成，网校应该是传统教学的一种强化和补充。

3. 智慧教育发展的主要特点

（1）信息资源整合化。在教学过程中，可以将不同的信息资源进行整合，并使用多种课件和教学媒介，以提升教学的趣味性。在不同的学科教学中，课堂教学可以结合现代化的教学手段，以提高教学效果。例如，数学教师可以通过显示屏显示数学家的简介；物理教师可以利用物理教学软件模拟实验过程；化学教师可以活用化学教学软件模拟反应过程；地理教师可以利用地图软件查看地形地貌；历史教师可以透过相关视频资料播放历史事件的人物素描。

（2）教育形式自由化。随着智慧教育时代的到来，移动互联网和移动智能终端赋予了学生和大众更灵活自主的学习方式；传统的纸质课本被电子书所取代，电子书包也逐渐成为现实；学习在时间和空间上不再受限于教室，课堂教育模式被打破，自主学习模式逐渐成为主流。为了实现终身教育体系，需要引入智能化技术，让 E-Learning 向 I-Learning 发展。采用 I-Learning 系统，能够根据学生的兴趣、能力和时间等条件制定个性化的学习计划，并生成相应的学习资料，以达到更高的学习效果

（3）教育场景体验化。随着虚拟现实技术和 3D 技术的发展，教育场景逐渐体验化。为学生创造虚拟的学习环境，让他们更直观地了解教学内容。例

如，学生可以在虚拟故宫博物院中进行一次虚拟旅行，增加对历史的直观感受。同时，采用虚拟实验技术，让学生在模拟实验中学习物理和化学，大大降低了实验成本和实验风险。在学习天文知识的时候，学生也可以进行一次虚拟的星空旅行来观察宇宙的奥秘。

二、"互联网+教育"概述

从智慧教育发展开始，互联网教育逐渐兴盛，很多人错误地认为"互联网+教育"与在线教育之间的关系是"新瓶装旧酒"，将互联网与教育简单拼凑起来的想法是一种误解，认为"互联网+教育"只是简单地将两者结合起来，并没有从其本质和内涵上达到真正的融合。

（一）"互联网+教育"的构成

"互联网+教育"的含义是通过互联网思维和行为模式，重新定义教学模式、内容、工具和方法。简单来说，就是利用信息通信技术和互联网、物联网等平台，将互联网与传统教育相结合，从而推动教育行业向前发展，创造出新的教育环境。使用云计算、学习分析、人工智能、网络安全和物联网等新技术，打破城市、学校和班级的边界，提供更具有灵活性和便捷性的个性化教育服务，其组织方式和服务理念带有传统教育模式所不具备的特点。因此，在智慧教育的定义和内涵方面，"互联网+教育"具有如下五个特征：

1. "互联网+教育管理"

教育管理是指管理者利用教育内部各种有利条件，协调组织教育队伍，充分发挥人力、财力、物力等因素的作用，有目标地实现教育管理的活动。教育管理信息化则指充分利用信息技术开发和利用教育管理信息资源，促进信息交流和共享，提高教育管理水平，推动教育改革与发展，推进历史进程。

从另一个角度来看,"互联网+教育管理"实质上就是教育管理信息化。目前国内的教育管理信息化仍处于简单的"教育管理+互联网"阶段,也就是仅仅通过网络发布信息,并将电子档案整理形成"无纸化办公"。从形式上来看,这种方式只是将传统的纸质信息移至网络上加工和收集,而没有从管理科学和系统论的角度出发,采用互联网思维对管理流程进行底层重构。要通过"互联网+"模式变革传统的教育管理方式,必须以基础数据为起点构建管理模型。这就意味着要从人员、学校以及教育体系元素中收集数据,并将其与云计算、物联网等技术平台相结合,形成教育管理资源库等基础平台。接下来,需要考虑重构管理体系,主要包括管理机构的调整、层次的变化、制度的更新以及流程的重新制定和优化等。简而言之,整个过程的每个环节,从技术平台到人事制度,都必须采用符合"互联网+教育管理"改革潮流的行为模式进行重塑。

2."互联网+教师"

如何顺应全球互联网化趋势,应对新形态和新挑战,是摆在教育者面前迫在眉睫的问题。教育者应该从以下两个角度进行考虑:首先,深入植入"互联网基因",促进教育者的专业发展。这包括拥有互联网思维、掌握信息技术应用能力、提高信息技术教学技能。其次,适应"互联网化"教学组织形式的要求。

在过渡到在线教育,并转向多模式或混合模式教育的过程中,教育者需要采取以下措施。首先,需要适应新的教学组织形式,从固定时空教学转向在线教育。其次,需要适应多种或混合模式的教学。最后,需要注意新型教育行为模式的出现,例如"教学众筹"。这种新模式可以通过互联网聚集具有不同教学专长的教师,实现协作和分工,以完成某一大型教育教学项目的众筹。教师可通过互联网贡献自己的教学智慧和专业技能,以使其教学影响力得以最大化。

3. "互联网+课程"

随着互联网的普及与发展,学校的教学课程内容、形态、组织方式等都将发生翻天覆地的变化。随着互联网教学资源的日益丰富,学校的教学课程内容将会延伸至社会生活的各个方面。学校的教学课程也将摒弃陈旧的内容,实时更新各领域的前沿知识;随着互联网技术的渗透,课程的外在形式会越来越先进、立体化。互联网课程以其丰富的媒体形式、可视化、智能化和交互性成为其特征,学习内容也将更为直观、清晰和人性化。相比之下,传统课程的组织和教材编写过于封闭和冗长。而在互联网上,课程单元的组织和编写将会采用维基百科的开放式组织形式。这意味着,一群具备相应资历和合法注册的专业人士,将通过协作、组织、编写和封装等方式,共同创造更全面、科学、多元的"互联网+课程"。

4. "互联网+教学"

教学已经不再囿于固定时间和场所,互联网使得教学的外在形式和组织方式发生了根本性的变化。在"互联网+教学"的新型组成方式中,没有围墙的学校、没有课桌的教室、没有教师的课堂都成为可能。此外,还可以采用翻转课堂等方式,让学生从自主学习和利用互联网资源进行探究学习中打破时间和空间的限制,取代传统教学中由教师组织和主讲的形态。在这样的组织形式下,教师能够实现差异化教学,学生也可以进行个性化学习。

5. "互联网+学习"

互联网的便利性使得移动学习和泛在学习成为可能。"互联网+学习"不仅以互联网为核心的信息技术为学习提供支架,延展了学习资源的应用,同时也能够及时反映学生的学习情况,让教师更好地把控学习效果。这种学习方式本质上已不再是表面上的随时随地学习,而是学习观念和形式的巨大变革。学生从学习的客体转化为学习的主体，带着强烈的主观意愿和问题进行学习，以个人愿意接受的方式和符合个人学习习惯的方式进行学习。

（二）"互联网+教育"的产生背景

互联网的崛起是当今时代发展的标志性进步，越来越多的领域引入互联网，使其得到更好的发展。人们生活中无一不体现出互联网带来的好处，当互联网应用到教育事业中，智慧教育的概念出现，为教育发展带来新的希望。互联网的特征之一在于共享性，学生通过互联网不仅可以多途径地获得知识，还可以将所掌握的知识和大家进行共享，从而促进相互学习。互联网的教育方式使得人与人之间的联系更加紧密，也有利于学生之间开展友好的交流。在全球化发展的大背景下，各国之间的信息交流也日益紧密，通过互联网不仅可以学习其他国家的知识，还可以将本国的文化进行输出，有利于世界文化多样性的发展，也使我国在世界上的文化软实力得到提升。

当今，人们已经步入信息化时代，生产生活的方方面面都离不开互联网，教育更是将互联网的功效发挥到极致，为教育的发展带来新的曙光。各式各样的网络课堂开始出现在人们眼前，教育形式变得丰富起来，学生有了更多获取知识的途径；通过网上交流结交到更多的朋友，经过相互交流、探讨，使个人能力得到提升。对此，高校应当合理使用网络进行教学，为学生制定个性化的教学模式，使学生感受到互联网教学所带来的好处，通过激发学生学习知识的热情和培养学生自主学习意识，可以帮助学生获得良好的文化素养和人格素养。

互联网技术的发展使我国社会发展的速度得到飞快提升，越来越多的新兴产业和先进技术应运而生。当今时代的发展离不开信息交流和共享，通过信息传递，可以获得较高价值的资源，通过对资源的有效利用和合理配置，可以使文化得到更好的发展,从而带动经济的快速发展。互联网对教育产生较大的影响作用,学生可以拓展学习领域,提升技能。运用互联网技术,可以使学生获得良好的学习感受,并且新式的教育方法可以为学生带来全新的发展方向,学生需要适应新式的教学方法,才能在当今快速发展的社会中提升自身能力。"互联网+教育"的方式,丰富了传统的教学课堂,使教学内容更丰富,并且带给学生更多学习体验。

(三)"互联网+教育"的研究意义

基于"互联网+"背景下的智慧教育平台建设的研究,有如下三点意义。

1. 有利于教学改革政策的实施

"互联网+教育"的方式,为教育发展提供了新动力。传统的教学模式形式单一、内容枯燥,教师在课上对学生只进行知识的传授,缺少与学生互动交流可能导致学生自主学习能力较差,无法独立思考。但新式的教学模式改变了原有的教学局面,将网络因素融入教学任务中,不仅丰富了教学模式,也使课程内容变得丰富多彩,有效地激发学生的学习兴趣可以帮助他们获得较好的学习体验和感受。将互联网和教育相结合进行发展已经是当今时代的发展趋势,从根本上改变了原有的教育结构,使其更合理化。教师不再是课堂上唯一的知识来源,也不再享有绝对权威的地位,而是平衡学生和教师之间的关系结构,使教师和学生可以享受到同等的课堂地位,有利于学生更好地学习,获得良好的学习感受。新式的教学模式重视对学生进行个性化培养,通过结合课堂和课外教学方式,可以提升学生的能力,找到学生的擅长项,并对其进行重点培养,有利于为社会提供专业性人才。

将教育与互联网结合,可以运用先进的技术推动教育发展。分析网络信息技术中的教育部分,找到其内在联系,将课程和学生分为线上教学和线下教学两种模式。线上教学模式可以激发学生的学习兴趣，但是由于监管不到位，使学生的学习质量下降。因此，不仅需要线上教学，还需要线下教学。线下教学时，教师可以设计多媒体式教学来监督学生的学习，同时也可以激发学生的学习兴趣，培养自主学习意识。

2.有利于促进教师专业水平的发展

线上教学模式的好处在于可以加强教师与学生之间的交流和沟通，当学生在完成课后作业或学习中遇到问题时更容易沟通解决，可以随时和教师在线进行交流，不仅可以节约时间，还可以使问题得到解决。在对学生进行观察的过程中，教师应发现适合学生发展的学习方式，从而对学生进行个性化培养，使学生获得更好的学习感受。

网络课堂需要教师对学生有足够的了解，才可以对学生进行恰当的教育。教师需要针对学生的性格特征、学习习惯等因素进行类别划分，为学生提供针对性的辅导。教师应当时刻关注学生的动向，为学生提供情感上的帮助，使学生可以更好地投入到学习中。传统的教学模式已经被"互联网+教育"的教学方法所替代，着重培养学生自主学习能力，通过对学生进行正确的培养和引导，使学生具备学习的自律能力，这样才可以充分发挥"互联网+教育"的优势，从而提高教学质量。

3.有利于促进学生学习效率，提升学习能力

通过网络的教学方式来培养学生自主学习的能力。但是，网络教学需要教师对学生进行定期监管，如进行周考、月考等，是学生针对一段时间内的学习状态有一个检验和自查的过程。教师需要引导学生在线学习的过程中，注重和其他学生之间的交流，通过相互学习，共同进步。学生之间也可以进行资源信息共享，拓宽学生的知识面和培养学生自主学习能力有助于学生长期健康发展。

三、"互联网+教育"的经典模式

(一)慕课模式

"慕课"是互联网和教育结合较为成功的教学成果,为广大教师和学生提供了丰富的资源以及便捷的学习条件。随着网络信息化时代的到来,慕课迎来了发展市场,这种新式的教学方式一经问世,便获得了较好的效果。慕课使以往的教学模式发生了巨大改变,传统的教育格局被打破,人们迎来了新的教育模式。

慕课的优点在于学生可以利用个人自己时间进行课程选择,并且可以在课程结束之后,对教学视频进行反复学习,有利于学生更熟练地掌握知识。慕课平台上的课程都是由骨干教师录制的,其教学价值极高,对学生能力的提升会起到至关重要的作用,更重要的是,这些优质资源可以免费获得,通过网络信息的共享化,实现资源共享、学习交流的目的,为学生创造更好的学习环境,获得更好的发展。

1. 慕课概述

慕课是新式的教学方式之一,是以信息资源共享、学习网站开放的方式进行知识传授。慕课会以大规模的授课方式,使学生之间相互分享学习经验,从而形成开放式教学课堂。慕课主要是通过联通主体和学习网络两种方式进行知识的传播,课程内容是有规律可循的,按照由简到繁、由浅到深的顺序,对学生进行课程讲授。课程涵盖的知识面十分广泛,涉及多个领域,可以使学生在学习单一学科时,掌握综合的学习方法。

慕课的准入门槛较低,对学生免费开放,使学生可以平等地享受到获取知识的权利。慕课是按照学生兴趣进行班级划分,让具有相同知识诉求的学生聚集在一起，针对知识和资料展开讨论，通过相互分享的方式，自己和他人都能获取进步。每门学科都会有阶段性考试，目的是使学生了解自身在一段时间内的知识掌握情况，针对自身问题及时发现并解决。慕课具有信息共享性的特征，并且设计范围广泛，没有时间和人数限制，学生可以根据个人时间进行课程安排，为教师和学生提供了便捷的条件和丰富的资源。这种新式的教学方式使我国教育格局发生了巨大的改变，传统的线下模式开始向线上和线下相结合的方式发展，丰富新颖的课程内容可以激发学生的学习兴趣，使学生具备自主学习能力，从而提高教师的教学质量。

2.慕课与传统网络课堂的差异

慕课虽然是一种网络在线课程，但是相较于传统网络课，二者之间的差异还是比较明显的，主要有以下方面的体现：

（1）慕课的教学目标与课程计划都是非常明确的。通常，慕课开始前，教师会简单介绍课程的基本情况，包括具体的课程要求、教学进度安排以及学生需要达到的程度等。此外，学生也需要在上课前用邮箱注册一个专属账号，仔细阅读课程的相关介绍，才能够保障教学活动的正常开展。

（2）慕课中的教学视频不是对课堂教学与会议所进行的录制，而是专门针对慕课教学制作的视频。

（3）慕课的教学视频有一个非常突出的特点，是由多个长度在10分钟的小视频构成，主要考虑学生注意力的问题。每一个小视频都非常简短精练，而且重点讲解一项学习内容，可以有效吸引学生的注意力，促进学习效率的提升。

（4）微课的教学视频设置了回顾性测试环节，学生只有成功完成测试，才能观看其他视频，否则需要重新观看前面的学习内容，能够有效提升学生的注意力，使学生在观看视频时更加用心。

（5）慕课针对学生的学习需求，设置了专门的作业提交区和学习交流区。在慕课学习中，学生需要除了要完成教学视频的学习和提交作业并参与学习交流外，还要完成教师预先布置的作业，并及时提交作业。除此之外，学生还需要参与学习交流与讨论，从中发现自身问题，通过与教师交流得到解决。慕课还有一个优势，可能会组织线下见面会，可使学习同一课程的学生除了能够在线开展学习交流之外，还可以在线下进行讨论、交流和学习。

3. 慕课的特征

慕课是信息技术迅速发展的产物，在发展的过程中形成了独有的特征。下面主要对慕课的特征进行系统分析。

（1）大规模。慕课是大规模的在线课程。因此，大规模性是慕课的主要特征。众所周知，传统教学是有人数限制的，而慕课教学并没有人数限制，同一课堂上学习的人数可以达到数百万。在信息技术不断发展下，信息技术的广泛应用使其成为教育发展的主要方向，而慕课作为不限制课堂学习人数的信息化平台，在教育教学领域日益受到重视。慕课是信息化时代的产物，为世界各地的学习者提供了信息化的学习平台。在这一平台上，有来自世界各地数百万的学习者在同一网络课堂进行学习，从而体现慕课的大规模性，也是其他信息化平台无法比拟的。

（2）开放性。慕课作为大规模开放式在线课程，具有开放性的特征。关于慕课的开放性，可从以下方面对其进行分析：

第一，教育教学理念的开放性。慕课平台注重平等性和民主性，提倡开放的教育教学理念。平台上的课程资源面向世界各地、各族人民，无任何人群限制。只要有学习愿望，任何人都可以在慕课平台上注册并学习课程资源。

第二，教学内容的开放性。慕课平台上涵盖大量的网络在线资源，且这些资源的内容是开放性的，没有时间和空间限制。

第三，教育教学过程的开放性。讲授者与学习者的上课、交流、测试、评价等，都是在慕课平台上进行的。

由此可见，慕课的开放性有利于促进教育国际化的发展，有利于实现全球资源共享，也有利于世界各地的学习者树立终身学习的观念，更有利于促进教育公平化的进程。

（3）非结构性。慕课在内容安排上独具特色。具体而言，慕课中涉及的内容是碎片化的知识。这些碎片化的知识经过专业领域教育者的组合，形成形式多样的内容。这些内容是灵活的，可以根据需要随时进行扩充。不同领域的教育者对不同学科知识进行处理和集合，从而形成内容集合。需要指出的是，西方国家注重慕课课程标准的设立。这有利于提高课程质量，同时也有利于提高学习者的学习水平；中国更加倾向于碎片化的学习系统设计。可见，在慕课结构安排上，中国与西方存在一定差异。

（4）技术性。技术性是慕课的主要特征。慕课是信息技术高速发展的产物，与其他网络公开课程不同，慕课并不是从教材内容到网络内容的简单搬移，而是充分利用信息技术优势，实现讲授者和学习者之间的在线交流与互动。实际上，慕课是将整个教学过程从线下搬到线上，真正实现在线课程教学。同时，慕课作为信息化平台，主要采用短视频的形式进行在线教学。通常情况下，在每一堂课中，慕课所涉及的教学短视频的时长是10分钟。在这些短视频中，不仅包括学习的课程内容，还包括客观题。学生要对客观题进行回答，而慕课平台中的系统将对学习者的回答进行评价，只有回答正确，学习者才能在慕课平台上继续学习。

慕课不仅充分利用了信息技术，还将云计算平台融入其中，不仅丰富了课程资源，慕课还融入了大数据技术，促进了个性化教学的发展。此外，慕课也促进了海量课程资源的全球共享。除此之外，慕课平台中的网站经过精心设计，有利于提高学生的学习热情和学习效率。

（5）自主性。自主性的概念是十分丰富的，不同的人对其的理解也不同。下面选取比较有代表性的观点进行具体分析。具体而言，自主性主要包括：一是强调学习者在慕课学习过程中自己设计目标，不强调事先设定目标。二是慕课学习中主题是明确的，可以供学习者参考，而学习者通过慕课平台学习的时间、学习的地点是不确定的，同时，学习者的学习方式、学习效率、学习快慢等都是不受限制的。也就是说，学习者不仅可以自己决定学习的时间和地点，也可以决定学习方式。三是除了需要获取学分的学习者，其他学习者的课程考核方式并不是正式的。学习者可以自行评判在慕课平台上学习的预期和效果，没有固定的、专门的或正式的考核方式。由此可见，基于关联主义的慕课推崇者强调慕课学习完成是学习者学习的过程，并在学习过程中自行监督和调控。

与基于关联主义的慕课推崇者观点不同，绝大多数学者，特别是中小学慕课推崇者认为，慕课的自主性对学习者提出了更高要求——学习者需要对学习负责，应该承担相应的学习责任。具体而言，学习者结合慕课学习资源，根据实际学习情况，选择合适的时间、地点，对慕课上的资源进行学习。同时，学习者根据个人学习需求，通过学习慕课资源并有针对性地与他人讨论和交流，可以满足个人的学习需求。还需要指出的是，慕课与翻转课堂相融合，有利于慕课作用的发挥，也有利于提高学习者的自主性和主动性，从而不断提高学习者的学习水平。

（6）优质性。与其他信息化平台相比，慕课具有优质性的特征。众所周知，慕课涉及很多课程，无论是世界慕课平台课程，还是比较流行的"好大学在线"课程，都拥有高质量的信息资源和学习资源，是世界各高校通过专门的技术团队进行合作开发、筛选、编辑、加工、整理、审核之后上传的，不仅具有代表性，还具有高质量性，为慕课课程资源的优质性奠定基础。

总之，慕课是集代表性、典型性、高质量性、优质性等资源于一体，为世界各地的学习者提供大量优质教育资源。

4. 慕课的分类

（1）cMOOC

cMOOC教学模式是以建构主义理论为基础。众所周知，建构主义理论强调学习者主动构建知识，而不是被动地接受知识。由于不同的人对同一知识的理解也是不同的，因此学习者在学习过程中不能只停留在知识的被动接收阶段，而要自主进行知识学习的构建。只有学习者自主学习知识、自主建构知识，并具有很高的学习自觉性，才能高效地进行课程学习，并不断提高自身学习水平。同时，建构主义理论也强调教师角色的转变，即由传统的权威者、灌输者、主导者变成现在的组织者、设计者、引导者。

cMOOC是信息化时代不断发展的结果，这一教学模式注重信息化、数字化、网络化人才的培养。要实现这一模式的目标，必须重视创新。同时，还要培养学生对信息的生产、捕捉、加工、整理等能力。对于学生而言，慕课是一种新的学习方式，且具有很大的自由性和开放性，学生能否及时转变角色，高效地进行自主学习、能否对信息进行生产和处理，都需要学生长期的摸索。

cMOOC教学模式还以连通主义学习理论为基础。根据连通主义学习理论，以某一个共同的学习内容，将世界各个地区的学习者联系起来，不仅实现资源的全球共享，还促进学习者之间的交流与协作，帮助学习者根据自己的学习情况构建适合自己的学习网络，以此来促进自身全面的发展。

（2）xMOOC

xMOOC主要是以行为主义与认知主义学习理论为基础。下面对x

MOOC 模式进行简要分析。

第一，需要提前了解课程以及课程安排。在 x MOOC 课程模式开始之前，学习者应该提前了解课程的相关知识，并知晓课程的具体安排后进行注册学习。

第二，教师应定期发布课件以及视频。x MOOC 课程模式实施之后，教师应该结合教学目标、学习任务等定期发布教学课件，以及教学短视频，便于学习者学习。

第三，课后作业应有截止日期。在学习完 x MOOC 课程后，教师应该安排相应的作业，并规定作业上交日期，有利于督促学习者在规定的时间内完成任务。

第四，适当安排考试。在实施 x MOOC 课程模式中，教师应该适当安排考试，并鼓励学生积极参与考试。

第五，开设讨论组以便交流。x MOOC 课程模注重讨论组的开设。学生可以利用谈论组在线上进行讨论和交流，以解决自己的疑问。如果条件允许，x MOOC 课程模式还将线下交流融入其中，将线上交流与线下面对面交流相结合。

（二）翻转课堂模式

1. 翻转课堂模式的概述

该教学模式颠覆了传统教学模式的顺序和流程，将学习新知识的任务留在课下；在课堂上，教师会和学生进行交流和讨论，同时也会鼓励学生之间互相交流和讨论。传统的教学模式是，课上教师将新知识教授给学生；课下，学生进行温习和巩固，这样可使学生更快地掌握知识。如果学生缺少独立思考的过程，就会对老师产生依赖性，这对培养学生自主学习习惯是不利的。

翻转式教学课程，指将以往的课程顺序进行颠倒，让学生在课下对知识进行研究和钻研，有利于培养学生独立思考的能力，还可以在课上给予学生更多的自我发挥空间，使学生的创新能力和想象力都有施展的空间，有利于学生形成独自学习和钻研的能力。

在传统的教学模式下，通常是教师负责教，学生负责学，老师在有限的课堂时间内将重要知识点简单地传授给学生，无法为学生提供良好的学习体验。但是，翻转式的教学模式可以使学生在课上感受到参与感，激发学生的主体地位，在课上和其他学生对知识进行深入探索和研究，有利于学生更好地掌握知识和开拓思维，养成良好的学习习惯。教师不再在课堂上对学生进行知识的传授，学生不仅可以利用多媒体方式对知识进行掌握，还可以获得丰富的课程讲解，有助于学生找到适合自己发展的学习方式，以提高其学习水平。

翻转式教学是新式的教学模式，是研究者经过不断实验、探索出来，适合学生发展的教学方式，其自身结构具有灵活性，可以让学生感受到较强的学习参与感，使学生的主体地位得到凸显，利于学生积极主动地参与学习。

翻转式教学融入互联网模式，使学生可以获得更加丰富的学习资料，并且加强学生之间的有效交流和沟通，利于学生之间相互促进，不仅是对传统教学模式的一次颠覆性改变，也是教育发展的一个新起点。

2.翻转课堂的优势

新式教学相较于传统的教学模式具有显著的优点：

首先，翻转式教学是通过互联网上的视频获取新的知识，学生可以接触到更多的教师资源。每个课程、知识点的视频都是由专业老师录制的，可以使学生对知识有深刻的理解和掌握。教学视频的特征是时间短、内容多样化，有利于学生注意力的集中，利于学生对知识的吸收。

其次，教学方式新颖独特。教师会运用风趣幽默的方式来讲解知识，以避免给学生带来压迫感，让学生可以轻松、愉快地学习。教师会运用多媒体，使学生接受知识的方式变得更有趣，学生会被有趣的方式所吸引，从而提升自主学习的积极性。

再次，颠覆以往的教学顺序。一般来说，学生的学习顺序是教师先对新知识进行讲授，留给学生更多的课下时间对知识进行消化和巩固。但是在课下，学生没有专业的教师进行辅导，也无法和其他学生展开讨论，会使学生吸收知识的能力下降，翻转课堂教学方式旨在调整课上和课下的学习内容和顺序，鼓励学生在课堂上进行讨论，同时鼓励学生在课下通过各种感兴趣的方式学习新知识，以便在课堂上与教师和同学一起探讨和研究问题。

最后，教学视频对学生起到检验的作用。学生通过观看视频掌握新的知识，再通过课后练习习题，对所的知识进行检验。学生也可以重新学习没有掌握的知识，平台会根据学生答题情况，对知识点进行总结和梳理，帮助学生学习薄弱的知识点。教师也可以通过平台，对学生的个人情况进行了解，为学生制定个性化的教学模式。为了让学生获得更好的学习体验，教师需要根据学生的学习情况进行评价。

（三）微课模式

1. 微课的定义

"微课"是一个缩写词，其中文全称是"微型视频网络课程"。20世纪末，微课才开始流行于世界各国并被学校所应用。微课是一种全新的教学理念，发展十分迅速，深受学习者喜爱。在全世界范围内，最早关注微课并将这种教学理念应用到教学实践中的学校是美国圣胡安学院。在美国圣胡安学院的教学尝试中，他们把微课称之为"知识脉冲"，能够带给学习者不一样的学习体验。

在微课教学中,人们运用最多的教学方式主要有两种:第一种是在线学习;第二种是移动学习,而微课教学能够突出教学重点以及难点,教学时间比较短,在10分钟以内,从而使学生集中学习注意力,乐于学习,乐于接受这种学习形式。

从20世纪初以来,新加坡的教育学家以及学者已经开始深入研究和探讨"微课"。经过一段时间的研究,学者们得出微课的定义:微课是利用先进的网络技术来辅助教学,制作出旨在实现某些教学目标的微型教学材料。在他们的研究结论中,微课的显著优势是把现代先进的信息技术手段和传统的教学材料进行结合,从而使教学更加具有层次感,使教师的教学能够突出重难点,同时为学生的学习创设一种轻松的学习氛围。

从微课的中文全称中可以看出,微课也是一种课程,在教学中的呈现方式主要是教学视频。在实际的微课教学中,教师通常会围绕一定的知识点展开讨论,结合微课视频开展一系列教学活动。

从广义的视角进行分析,"微课"是一种解说或者一种演示,主要围绕某个主题的知识点展开,通常视频时间比较简短,人们可以突破时空的限制,利用微课开展碎片化学习,学习者的主要学习形式是在线学习;从狭义的视角进行分析,"微课"设计的主要目的是满足学生的实际学习需求,以微课视频为主要载体的信息化教学活动。每个学生都是一个独立的个体,其之间也存在着个体差异,微课则能够使学生根据自身情况开展学习,实现学习的个性化。需要强调的是,"微课"和"微视频"是两种不同的概念,它们之间存在一定的差异。具体来讲,微课涵盖了微视频、微课件、微练习等多种内容形式。因此,可以说微视频只是微课的一部分,而非微课的全部。

2. 微课的特点

微课是一种新型的教学方式，与传统教学方式相比，有很多明显的不同之处。微课的显著特征主要包括以下几个方面：

第一，课程视频时间较短。微课的时长较短，学生可以集中注意力对知识进行学习和掌握。这种较短的课堂时间相较于传统的课堂时间，可以使学生获得过更好的学习感受。

第二，课程内容少而精炼。短暂的课程时间为学生提供了精炼的课程内容，教师针对重点、难点问题进行分析，为学生提供适宜的教学方案。

第三，教学资料明确。微课堂在选择资料上有许多注意事项，会选择具有代表性、可以突出课程主体的内容进行设计。每节课结束后，教师会对本节课进行评价，以了解学生的学习情况和反馈，并以此为依据对学生进行个性化的教学计划。微课为学生的学习带来了便捷，也使教师获得更多的进步空间，对教师和学生能力的培养都具有提升作用。

第四，教学内容更具体。每节微课主要围绕一个主题展开知识点设计，再通过对学生的学习感受获得教学反馈，总结课堂知识设计的问题，改进教学的各个环节。

第五，群众研究，一同创作。由于微课的结构较为简单，具有想法的教师都可以参与到微课制作中。在进行研发时，需要从教师教学和学生学习的角度进行研究。

第六，易于制作，传播途径广泛。由于微课的教学内容较少，又较为具体，因此可以将微课教学的主题得到更好的凸显。研发者不需要投入过多的资金，就可以获得微课成果，并通过多种方式进行传播。

第七，及时得到反馈结果，进行反思。由于网上课堂缺少人与人之间的沟通和交流，只能通过数据了解学生对课堂的学习感受，并对学生的学习感受进行统计，而学生可以给予自己真实的使用反馈，有利于微课获得更好的改进和提升。由于学生需要在课程开始之前，对本节课的知识有一个了解，所以，可以让学生之间进行交流，提高学生的自主学习能力不仅可以减轻教师的教学压力，还可以使教师有更多的时间来设计课程内容，从而提供更高质量的教学内容。

在当今社会，信息技术的发展十分迅速，并为人们创造了较高的经济价值。将信息技术融入教育中，可以为教育事业的发展带来新的方向。微课的出现打破了传统的教学模式，也使人们看到信息化教育带来的优势。无论是教师还是学生，都可以利用信息技术使自身能力得到提升，还可以运用互联网，使教育结构更趋于合理，提升学生自主学习的能力。对教师来说，方便教师进行课前准备工作，使教师的教学内容更丰富，获取的资源更多样，利于教师设计出更好的教学方案；对学生来说，微课可以使学生随时随地学习和复习知识，也可以对想要了解的学科进行深入探索。

四、"互联网 + 教育"的发展趋势分析

信息化的不断发展，各行业之间的联系在互联网的促进下也变得越来越紧密，教育界也十分注重互联网和教育的有机结合。以下针对当今"互联网 + 教育"的发展状况和未来发展方向进行分析与研究。

"互联网 + 教育"的教学方式是当今时代发展的产物。这种教学模式可以使学生随时随地投入到学习中，使学生的零散时间得到有效利用。学生可以合理分配学习时间。为了提高学生的学习质量和效率，我们需要持续不断地进行探索和研究，寻找适合学生的教学模式。同时，将富有趣味性的元素融入教学中，能够吸引学生的注意力，帮助他们更好地感受学习的过程。

学生教育与互联网的结合，为学生提供了更加丰富多彩的教育内容。互

联网使传统教育结构受到冲击，网络授课形式更注重学生的主体地位，通过互动方式与学生展开交流，而不是传统意义上教师对学生单方面地进行知识输出。这种互动方式可以增强学生的参与感，从而提升学生自主学习的意识。

通过互联网等新兴科技对学生实施教育，不仅可以为教师带来便捷性，也可以使学生获得更好的学习体验。学生不需要受到时间和空间限制，就可以对所要了解的知识进行学习。

随着科技的发展，越来越多的新兴科技应用到教学领域中，为学生带来更好的学习体验。互联网的产生改变了教学体系，为学生和教师提供了新的机遇。借助互联网的力量，我们不仅可以更好地满足学生的个性化需求，尽可能地提高学生的学习体验，还可以减少学生对教师的依赖性。

新型的教学模式主要是围绕学生的主体地位而展开的一系列教学活动。这种互联网式教学改变了一直以来学生与教师在课堂上的地位。当今的新式教育使教师和学生获得平等地位，缩短了学生与教师之间的距离，有助于师生之间良好关系的建立。互联网大背景下的教学模式，主要是将课堂上的大部分时间留给学生进行自我发挥和自我展示，教师则正确引导学生，并在学生遇到问题时及时给予解决，使学生的学习更顺利。

互联网具有开放性与共享性，通过互联网进行教学活动，可以使学生之间获得资源共享，使教育资源得到更好的传播。就目前来看，许多地区的教育事业主要是按照政府的相关政策进行执行，教育水平也与政府管理的能力有着直接关系。因此，社会经济会对地区教育产生直接影响。要使地区教育得到较好的发展，需要大力发展区域经济，从而改变教育资源分配不合理的现象。通常情况下，经济发展较好的地区，教育水平也较高。由于自身环境及条件较为优越，有财力修建学校，聘请专业教师，因此可以丰富教育资源。但相较于这些地区，还存在经济水平落后、基础设施不完善的地区，这些地区的学校教学水平低，没有过多的资金聘请专业教师，导致学生受教育不足，进而不能带动当地的经济发展。

要改变当前教育资源分配不平等的现象，需要缩小地区之间的经济差距。政府应针对落后地区提供政策支持，使其可以获得较好的教育环境，通过"互联网+教育"的教学模式，我们可以营造一个良好的学习氛围，帮助学生在不受时间和空间限制的情况下，更好地学习，为学生带来同等受教育的机会。这种新式的教学模式，不仅可以为学生带来更好的学习体验，也可以缩小不同地区学生之间的差异，从而带动我国整体的教育水平，提升人口素质。

学生接受教育的目的是提升自身素质，但为了适应社会发展要求，学生不断地学习是为了考取工作上所需要的各种证书，从而得到相关部门的认可。互联网下的教学模式，也可以实现这一目标。学生可以通过互联网，对想要学习的科目进行自由选择，通过考核就会被授予相关证书。由于我国"互联网+教育"正处于发展的初期阶段，所授权的证书种类还未完善，但随着经济的发展、社会的进步，被纳入网络信息库的证书种类也会越来越多，为学生提供更多的学习和考取证书的途径。

第三节 "互联网+旅游"建设助推高质量发展

尽管旅游业发展历史悠久，商业模式比较成熟，但数字化程度较低，因此，未来应用数字化技术提高生产效率的潜力更大。"互联网+"为传统产业升级换代提供了一个契机，正如蒸汽机、电气化等其他通用技术，互联网技术将彻底改变传统产业的基因，从而带来全新的业务来源和收入来源。

一、"互联网+旅游"的特征与意义

对于"互联网+旅游"的定义，不同学者有不同的看法，但都是围绕互联网与旅游之间相互的融合与发展展开。石培华教授在2015年《"旅游+互联网"如何发展》一文中指出，"旅游+"和"互联网+"在拥抱和融合方面是双向的，两者作为媒介和放大器相互协作、相互促进，将虚拟经济和实体经济紧密结合，从而形成旅游网络和互联网之间的相互交融和相互渗透。

（一）"互联网+旅游"的特征

不管是"互联网+旅游"，还是"旅游+互联网"，其本质都是把现代的互联网技术与旅游服务功能有机地结合起来，然后高效、快捷、低成本地提供旅游服务。目前，常见的在线旅游发展趋势包括在线旅游、智慧旅游等多种形式。

（1）在线旅游是指以满足旅游消费者信息查询、预订3D实景住宿产品和评估服务为核心目的，依托互联网提供的服务。该服务涵盖航空公司、酒店、景区、车租公司、旅游局等旅游供应商，以及搜索引擎、在线旅游代理商（OTA）、电信运营商、旅游资讯和虚拟社交网站等新兴产业。

（2）智慧旅游是指将物联网、云计算、大数据等最新技术应用到更广阔的领域，以全面提高旅游客户感知和信息利用能力。智慧旅游能够快速传递、整合、交流和利用旅游目的地的各种信息，例如经济、文化、公共资源、生态环境、消费和娱乐等。通过强调物与物、物与人、人与人之间的互联互通，智慧旅游提高政府旅游管理水平、商家的服务和运营效率，并为人们和游客提供极大的便利和旅游体验。智慧旅游注重旅游和信息技术的融合，通过建立智慧旅游平台和"互联网+"，将传统旅游产业与新兴数据生态相结合，为旅游参与者提供支持和服务。

（二）"互联网+旅游"的意义

1. 促进旅游产业链智慧升级

我国旅游消费需求正在从传统的观光游览转向更注重休闲度假体验。如今，医疗、养生等专项旅游正在不断涌现，温泉旅游和滑雪旅游已成为新的消费热点。这些新的需求和热点需求急需公共和商业供给来满足。

尽管中国旅游产业高速增长，但与之形成鲜明对比的是中国旅游业的"互联网+"进展较为缓慢，旅游产业互联网化升级的空间巨大。度假旅游市场的互联网化水平是推动中国旅游产业整体互联网普及率提升的关键因素。由于存在客观因素，例如地理距离、语言、时差和文化背景等，旅游消费者和旅游资源供应商之间的连接较弱，存在明显的信息不对称现象。因此，必须依赖第三方机构来加强连接。

在互联网的普及程度较低时，消费者主要依靠传统旅行社提供的服务进行预订和导游，主要产品是跟团游，虽然便捷性较高，但缺乏个性化。随着互联网的发展和消费者旅游经验的提高，消费者逐渐消除了信息不对称，开始追求更具个性化的旅游产品，同时保证产品的便捷性。小规模出游和个性化定制已经成为度假旅游产品的发展趋势。许多互联网企业积极布局在线旅游，同时许多新兴企业也涌入这一市场。

2. 创新旅游产业商业模式

在传统旅游业中，借助"互联网+"的力量进行集中采购、生产和传播，打通与用户的互动渠道，可以提高用户的体验感，实现用户价值最大化，同时减少中间环节，提高工作效率。这也是海外旅游业所做的事情。旅游行业通过O2O的发展路径，可以解决线下门店在移动互联网时代运营难以遇到的问题，并建立旅游景区B2B平台来进一步整合资源，推进旅游同业生态圈的发展。通过采用"互联网+"的方式，旅游业可以重塑产品和渠道，推进传统旅游业的升级迭代。

在旅游服务行业中，旅游服务的在线化和去中介化趋势将变得越来越明显，自由行将成为主流，同时，"互联网+旅游业"的体验分享也有很大的发展空间。这也为产品和服务的互联网化带来了很大的想象空间。新的旅游行业O2O发展思路是将互联网技术与传统旅游行业的专业服务能力相结合，整合全国各地两万多家传统旅行社、全球数千种地接待服务和亿万旅游消费者，挖掘潜在的消费需求。

目前，我国经济快速发展，人们对精神层面的要求也日益提升。针对旅游业，人们不再以欣赏风景和名胜古迹作为旅游的目的，而是将旅游体验作为主要目的。为了带动经济发展，政府针对旅游业应提出更多的创新性建设。但无论是哪种目的的旅游，都离不开旅行社的参与，旅行社通过团游、折扣游、单独游等方式，为不同的人群提供不同的服务。

信息技术的产生提升了人们的生活水平，消费成为带动社会经济发展最重要的因素，人们受到互联网文化的影响，消费观念发生转变。旅游业作为经济发展的重要产业之一，需要充分发挥旅游地区自身的资源和文化优势，再通过互联网进行有针对性地宣传，以吸引更多的人来消费，从而推动经济发展。

3. 加快升级旅游消费模式

互联网对旅游业的影响全面而深刻，旅游产业链的各个环节都必须采用"互联网+旅游"的思维进行思考。虽然互联网意识非常重要，但这并不能保证一个旅游项目或地区的旅游经济获得较大的突破。只有深度利用互联网工具，才能促进旅游项目和旅游经济的提升。旅游营销是重新思考和发现的重要领域，也是最敏感的领域，与第一代在线旅游同样，新的旅游商业模式和价值平台也在这个领域被全新打造。

随着互联网的普及和发展，旅游目的地的营销特点和趋势发生了一些变化：

第一，随着互联网思维的普及，基于人的情感互动和生活方式的转变，情景化的营销创意策划正在成为主流。通过全媒体平台和渠道，旅游目的地价值的发现和讲述将得以实现，并打通支付、地接、酒店、演出、购物等全链条服务。情境化的营销策划方案将逐渐被广泛采用，以满足消费者的偶然需求和必然需求。

第二，平台化营销已成为旅游行业的主流趋势。与过去一次性投入和一次性产出、年年做年年新的阶段不同，旅游目的地开始主动参与营销平台的打造，例如通过视频节目、媒体栏目、论坛品牌等新平台跨媒体合作，以及传统旅游交流会品牌升级和市场化运作来打造全年运营的特点。娱乐真人秀节目也为旅游营销平台带来了良好的效果。平台营销方式需要投入较多的前期成本，一旦营销成功，可以带来丰厚的收益。因此，一定要重视运营模式中的营销环节。运用对市场的敏锐程度，找准营销方向，提前进行部署，才可以在运作中获得较高的经济效益。

第三，当今时代离不开营销，只有将产品进行宣传，才会增加其曝光度，被更多的人看到，吸引更多的人了解。只有对产品的内在价值进行包装和宣传，才能吸引更多的游客到景点参观和游玩。因此，高质量的宣传可以获得更好的营销效果，为当地发展带来更高的经济价值。

在互联网时代，旅游营销的渠道变得无限丰富，而传播平台已经不再是最关键的因素。相比之下，传播内容变得更为重要，口碑营销将成为影响旅游营销的最直接变量。对于旅游目的地来说，营销虽然可以让更多人知道，但游客体验的好坏却直接影响旅游目的地的口碑。因此，负面口碑将成为最大的"杀手"。

二、"互联网＋旅游"的发展

（一）"互联网+旅游"融合的现实基础

1."互联网＋"时代的特征凸显

随着我国对互联网基础设施的大力建设，我国信息化发展迅猛，互联网作为信息技术发展的产物，是一种全新的信息传播机制，通过技术手段解决信息不对称问题，实质上解决的是沟通问题。互联网对于提高效率有显著的作用，其核心是利用信息化改造实体经济，增强企业的优质化、低成本和快速响应客户需求的能力。在传统行业中，所有与信息相关的部分都有可能被互联网所替代。旅游业——这种信息密集型的产业，毫无疑问将会面临互联网的巨大冲击，最终融入互联网的大潮中。因此，要让旅游业积极主动地融入"互联网＋"时代，运用互联网思维和技术来谋求自身发展，首先需要了解和把握"互联网＋"时代的主要特点：

（1）信息在线化。要在市场中占据优势地位，需要获得较真实、准确的信息，但由于市场传播消息的滞后性，会导致信息不对称的现象出现。互联网产生之后，由于其传播速度较快、涉及领域较广，所获得的信息具有精准性与时效性，可以为发展提供精准的信息服务。对此，用户可以通过手机终端连接有线网络与无线网络，获取实时的在线信息，使用户接触到的信息与所反馈的现实具有一致性。

（2）消费"精众化"。在当今时代，消费呈现出趋同化。因此，寻找消费增长点，可以迅速占据市场。随着我国经济的快速发展，人们的生活水平不断提高，对于消费也提出了更多的要求和需求。要使消费者满意，应该为消费者制定个性化服务，使消费者可以感受到与众不同的服务待遇，这样可以带给消费者较好的消费体验,从而刺激消费者进行消费。互联网时代的到来,使消费产品可以进行细致划分,并且不受时间与空间限制,可以尽可能地满足消费者需求。

(3)渠道扁平化。传统的销售渠道指生产商与消费者之间存在许多中间商,两者之间如果要实现商品交换,需要供应商对产品进行售卖,使消费者花费高昂的成本,购买到生产者所生产出来的商品。要使消费者以低廉的价格购买到生产者所生产的商品,需要减少中间烦琐的环节,而互联网时代的到来,可以实现这一目标。通过网络使生产者与消费者之间形成直接联系,减少中间商赚取差价,既可以控制成本,也使消费者以较低的价格购买到生产者所出售的产品,也可以使生产者获得较高的利润,使两者之间形成良好的交易关系。由于互联网的便捷性,生产者可以根据消费者的要求,制定个性化服务,使消费者获得更好的消费体验,从而满足消费需求。

(4)管理数字化。相较于传统的观念模式,新型的数字化管理可以实现更细致的划分,并且合理配置资源。大数据会将用户所进行的消费记录,通过计算机分析用户的消费心理及消费需求,并针对消费特征开拓相应的消费市场,从而获得更高的经济利润。互联网下的管理模式,可以为消费者提供更高水平的服务。通过对消费者特征的分析,制定符合消费者要求的服务,使消费者感受到个性化服务所带来的良好消费体验。

2.社会宏观环境发生变化

根据中国互联网络信息中心发布的统计报告显示,截至2020年12月,中国手机网民规模已经达到9.86亿,较2020年3月增长了8885万,占整体网民的99.7%。如今,"互联网+"已被作为政府报告中的重要内容,而且中国网民的数量已经十分庞大,手机用户的普及率也日益增加,意味着中国正在逐步迈入"互联网+"时代。

在《关于促进旅游业改革发展的若干意见》中，国务院提出，为了加快旅游业的发展，需要加快旅游业转型升级，坚持融合发展的理念。随着"互联网+"时代的到来，为旅游产业的融合发展提供了巨大的机遇。旅游产业融合是指旅游业与其他产业以及旅游业内不同行业之间相互渗透、相互交叉，最终形成新的旅游业态的动态过程。

旅游产业融合的本质特征是创新，而以互联网为代表的信息技术为旅游产业的创新提供了强大的推动力。在"互联网+"时代，大力推进旅游产业融合，从供给层面来看，旅游产业融合有利于推动旅游产业的创新、优化产业结构、提升竞争力和优化旅游资源配置；从需求层面来看，有利于满足旅游消费者日益多样化、差异化和个性化的旅游消费需求。[①]

（二）"互联网+旅游"融合的主要动力机制

受到互联网影响，我国旅游产业的主要动力机制也发生了改变。

（1）产业关联性。旅游产业是带动经济发展的主要产业之一，所涵盖的内容与各个产业都有关联。要使旅游业得到发展，需要对其他产业的特征有所了解。通过其他产业的发展，带动旅游产业的发展。在当今信息化时代，要使旅游产业得到较好的发展，需要为游客提供游玩体验，才能使游客愿意花费时间和金钱进行消费。

在互联网时代到来之前，旅游产业在互联网上的发展前景一般，并没有受到人们的喜爱。这是由于旅游产业的特征与其他产业的关联性低。随着互联网时代的到来，互联网可以通过导致旅游产业无法与其他行业进行很好的融合平台，使旅游产业得到更好的宣传，并且通过其他产业吸引游客进行旅

---

① 陶良虎，李波平，徐勇."互联网+"让中国经济高质量发展[M].北京：国家行政管理出版社，2020：315.

游，与其关联的产业越多，吸引游客的途径也越多。据相关人员研究表明，旅游产业可以与上百个产业相关联。为了促进旅游产业的发展，需要与其他产业之间建立有效的沟通和协作机制，才能使旅游产业为当地的经济做出贡献。

（2）消费者需求的改变。要想使旅游产业得到发展，就要找到市场消费导向。只有明确消费者的需求，才能提供针对性服务，吸引更多的游客来到旅游景点进行消费，并带动当地的经济发展。随着我国经济的不断发展，社会水平得到提升，人们在享受方面也提出了更多要求。旅游不再只满足于对景色的欣赏，而是希望获得良好的旅游感受，可以身心得到放松。因此，旅游景点应当对消费者的心理进行具体分析，并根据消费者的要求提供个性化服务，使消费者可以享受到多种多样的旅游体验。只有针对消费者的心理需求制定个性化服务，才可以真正实现旅游产业带动经济发展的目标。

（3）技术的进步与创新。互联网时代为人们带来最大的贡献是信息技术的产生。通过先进的技术，可以使社会发展速度加快，并获得创新式成长。然后，新式的发展模式打破了传统产业之间的关联，使各个产业之间的关联性增强，每个产业之间都具有相互融合的领域，使产业无法单独发展，只能通过共同发展的模式，带动自身发展。随着人们生活水平的不断提升，消费者的要求也越来越高，需要市场敏锐地感受到消费者的需求，并为消费者制定个性化服务，才可以使旅游产业在当今时代得到发展。要想使旅游产业得到发展，就要对其相关产业进行优化。

当今时代，各个领域都离不开互联网的推动，将自己领域的发展与互联网发展相互融合，可以获得更好的发展前景。互联网的先进技术可以为其提供创新式成长。旅游产业通过互联网，可以实现预期的宣传效果，提升自身知名度，从而吸引更多游客。

(三)互联网+旅游融合的障碍

1. 互联网+旅游融合的制度障碍

互联网时代的到来,使消费者的权益得到维护。市场需要提前预测发展方向,并找准消费者的消费心理,针对消费者的需求,制定正确的消费方案,使消费者可以获得更好的消费体验。为消费者设计意见反馈环节,使消费者可以将真实的感受表达出来,为厂商的生产提供建议,使产品得到优化,也可以使自身权益得到保障。生产商和供应商需要了解消费者的真实诉求,完善自身机制,给消费者带来更好的消费体验。在互联网推动下,旅游业得到发展,针对人们的旅游展开调查和研究,抓住人们的消费心理,合理开发当地资源,根据旅游地的具体环境和旅游资源,结合自身的优势条件,为消费者提供个性化、多样化的服务,从而让消费者深入体验旅游地的风土人情,从而发展游客和旅行社共赢的旅游产业,为人们提供更好的生活、消费方式。

旅游业还需要依托其他产业进行融合发展。对此,需要市场主体找到各个产业之间的内部联系。由于不同产业有着自身发展目标及行业规则,要实现融合发展是一件困难的事情,需要制定长期计划,才可以使融合机制得到发展。我国旅游产业在发展过程中暴露出诸多问题,都需要旅游管理部门积极给予解决方案,完善体制,打破各个行业之间的明确界限,改善产业结构,使整个市场处在信息透明化、高效化的大背景下,为旅游业的发展提供帮助。

2. 互联网+旅游融合的能力障碍

(1)旅游信息化水平低。

互联网的快速发展,使旅游业感受到信息在线化的便捷性,并且信息开放程度直接影响旅游业的发展。旅游产业的信息化展示了如今时代的发展离不开互联网的参与,只有发展与互联网相互融合的产业,才可以使自身发展更适应当今时代的发展要求。旅游业依靠网络化，可以提升自身知名度，也可以使产业结构得到更好的优化和改善，使信息化下的旅游产业呈现出成本低、服务高的现状，提供高质量的服务是旅游企业不断追求的目标，这可以为消费者提供更优质的旅游体验。但我国旅游产业信息化处于雏形阶段，还有许多需要改进的地方。

旅游信息化是近年来在我国旅游业中开始大规模发展的，越来越多的旅行社开始将信息化融入旅游产业的发展中。旅游信息化的出现为我国经济发展带来了新的增长点。由于经济和信息化水平在不同地区之间存在差异，所以旅游发展也存在差异，无法保证旅游信息化得到全面发展。因此，我国在旅游信息化方面存在诸多问题，例如基础设施较为陈旧、科学技术水平较低、人们信息化的意识较低、不重视市场信息共享等。

（2）旅游复合型人才的缺乏。

信息化旅游业需要的旅游业人才不仅具备旅游方面的知识，还需要熟练地掌握互联网知识。因此，我国目前的旅游复合型人才较少，导致信息化旅游业发展较为缓慢。网络方式成为旅行社与游客进行交流的主要途径之一，然而有时候，这种方式却很难为游客提供个性化的服务，无法有效解答他们的问题，因而降低游客的旅游体验。为了让游客获得更好的旅游体验，旅游企业需要提供个性化服务，以满足不同游客的需求和期望。旅游产业的人员流动性较大，无法对工作人员提供安稳的生活保障，旅游业的基本工资较低，造成从事这方面的人员较少，具有能力的人才更少，使得信息化旅游业发展缓慢。但是，我国旅游产业的发展前景还是可观的，是因为国家给予了政策支撑，并为旅游业培养了一批人才，从而使旅游业可以得到较好的发展。但是，只通过政府的扶持，无法使产业得到长远发展，只有找到适合自身发展的方法，才可以实现产业结构长远稳定的发展。旅游产业主要缺少高级人才，大量的优秀人才由于收入原因转行到其他产业，导致人才流失。因此，政府在旅游产业的发展中扮演重要的角色，应该加强对旅游产业高级人才的培养和扶持。

（3）旅游消费者个人信息的泄露。

在信息化时代，网络为人们带来便捷的同时，也使人们的个人隐私受到威胁。游客在进行旅游时，会无意间泄露个人信息。旅游管理部门需要在这方面注意保护游客隐私，使游客可以开心、安心地进行旅游。互联网下的旅游业，使游客的个人信息被开放化，旅游管理部门有义务保护游客的隐私。

旅游业获得经济效益的方式之一，是售卖旅游地的产品，因为游客会在互联网平台上购买旅游服务时留下购买记录，所以会有个人信息泄露的风险，一旦用户的个人信息受到侵害，会对网上旅游业产生抵触心理，造成网上用户的流失，使信息化旅游业发展更为艰难。对于互联网式的旅游业，最重要的是获得信任用户，一旦出现不信任现象，会对发展产生阻碍。当用户选择继续使用传统的旅游产品时，会导致新型旅游产业发展艰难，一旦开始就被用户列为不信任名单，后续就更难有用户群体。

三、分析"互联网＋旅游"典型模式与创新应用

随着旅游信息的迅速增长和旅游产业的快速发展，我们正逐渐进入旅游大数据时代，并且"互联网＋"旅游成为新兴的业态。在线旅游机构（OTA）、智慧旅游、支持 B2B 及 B2C 在线旅游电商等创新模式应运而生，成为旅游市场营销的重要途径。以下将对目前"互联网＋旅游"的典型模式进行分析。

（一）旅游产业供给端互联网化

旅游产业供给端互联网化，指传统的旅游产业供给端，典型的如景点、景区，甚至整片旅游区域借助新的互联网技术（云计算、大数据、物联网等），推动区域旅游产业网络化进程，让游客享受到高效、便捷的旅游体验。其发展的主要方向有全域旅游和智慧旅游。由于全域旅游与智慧旅游存在交叉性，因此，以下重点介绍智慧旅游。

当今的旅游方式是采用云旅游和真实旅游相结合。游客会在旅游之前，从网络上对旅游地进行了解，通过手机、电脑等设备了解当地的风土人情，在了解基本信息之后，才会制定具体的游玩计划，而智慧旅游使人们对旅游的要求更高。旅游管理部门应当宣传当地的特色产品，使更多的人了解当地文化，通过吸引外来游客来本地旅游消费，能够推动当地经济的发展。

相较于传统的旅游行业，新兴的智慧旅游具有较多优点。

（1）丰富的数据信息。随着互联网的不断发展，人们的生产生活也由此发生了改变。互联网的高效性为市场提供了较为丰富的信息及数据，通过对数据分析，可以获取更多的有用信息，帮助产业获得更好的发展。针对游客，可以通过大数据分析想要了解的信息，大数据中丰富的信息资源，使游客对旅游资源产生更多的认知，以便获得更好的旅游体验；针对旅游公司，企业可以根据市场提供的信息做出正确抉择，从而促进企业发展。旅游公司可以根据信息的查询和采集，结合自身优势，制定符合市场要求的旅游产业结构，从而带来经济效益。

（2）先进的技术手段。当今时代，各个产业都是依托互联网进行发展，通过互联网的先进技术手段，使智慧旅游得到发展。企业运用网络找到旅游景点的人与物之间的内在联系，再通过新技术，对搜集到的数据和信息进行处理，以便更好地完善互联网智慧旅游的发展。

（3）以个体为旅游中心。为游客制定个性化服务，从游客自身出发，为游客提供高质量的服务。智慧旅游要从用户的心理需求和市场需求出发，制定符合时代要求的旅游方案，从而为游客带来良好的体验。

（4）信息服务的全面性。当前，互联网已经在人们的生活中无处不在，为人们提供各种方便的服务，不受时间和空间的限制。只要有互联网的支持，旅客可以在任何时候、任何地点，通过各种媒介获得全面的信息和服务资源。

（二）在线旅游中介服务平台

将传统的旅游中介机构（如旅行社、旅游公司等）进行互联网化，主要是指使用互联网技术，构建与用户进行沟通的平台，在网络上提供实时的在线服务，包括在线咨询、在线预订、在线支付、在线评论、在线投诉、在线会员管理等服务，以便给客户提供更高效率、更经济实惠的服务。其互联网化的主要途径有在线旅游代理机构、在线搜索平台、资讯点评平台。以下主要介绍在线旅游代理机构（OTA）。

1. 在线旅游代理机构（OTA）

在线旅行社 OTA（Online Travel Agency）是指旅游消费者通过网络向旅游服务提供商预订旅游产品或服务。旅游主体可以通过 OTA 进行产品的营销和销售。OTA 已成为当前在线旅游发展的主流趋势，将传统的旅行社销售模式转移到互联网平台上，在这个平台上，旅游信息流通更加广泛，客户的咨询和预订也更加方便快捷。

OTA 类企业主要是整合上游资源，向下游提供直接购买渠道。上游资源包括机票、酒店、包团产品，甚至是更加碎片化的产品。典型的 OTA 类企业包括携程、途牛、艺龙等，主要是以促成交易收取佣金的方式盈利。

OTA 的特征如下：

第一，市场同质产品过多，竞争较大。当今是信息技术时代，大部分的线上旅游平台都取得了一定成绩，要在成熟的市场中有发展空间是比较困难的。携程作为传统的 OTA，有着较为丰富的资源和较多地使用人群。为适应当今时代发展，旅游业正朝着线上平台化的方向发展，其他线上软件也纷纷效仿，丰富自身的各项资源，为用户提供更多、更加全面丰富的服务，维护好当前用户，并开发新用户，扩大平台的使用人群数量。针对不擅长的领域进行学习，积极发展优势产业，使自身朝着更加综合化的方向发展。

第二，所占旅游市场规模小。从规模上来讲，携程、艺龙、途牛、"去啊"以及"去哪儿"等网站的体量都非常大，但是对于整个中国旅游市场来说，它们的体量所占总市场份额较少，企业仍有很大的发展空间，但是唯一的不确定性因素是目前大企业中仅有携程一家盈利。资本市场能够在多大程度上、有多大耐心容忍这样的持续亏损，决定其他旅行社在市场上的作为。整个市场虽然存在较大体量的"准寡头"，但是也不乏新兴力量，市场的格局未形成，竞争态势仍然存在变动。

第三，未来发展前景好。尽管在线旅游机构所占市场份额较少，但随着大量用户的进入以及政府的大力推动，未来在线旅游机构将占据中国旅游市场的绝对主导地位。未来的旅游服务将在线上提供，旅游业将迎来新的发展机遇。

2. 垂直搜索平台

垂直搜索是一种针对特定行业的专业搜索引擎，其是搜索引擎的细分和延伸。通过针对某类专门信息的整合和定向分字段抽取出所需数据进行处理后，再以某种形式返回给用户。相对于通用搜索引擎存在的信息量大、查询不准确、深度不够等问题，垂直搜索引擎服务模式可以针对某一特定领域、某一特定人群或某一特定需求，提供有一定价值的信息和相关服务，其特点是"专、精、深"，具有行业色彩。与通用搜索引擎不同，垂直搜索引擎更加专注、具体和深入，能够解决部分行业的信息匮乏问题。

旅游垂直搜索平台是一种能够帮助用户搜索、收集及发布特定旅游信息的平台，以帮助游客更好地设计旅游计划，并为用户提供量身定制的旅游服务。

3. 咨询点评平台（UGC）

UGC 是"User Generated Content"的简称，其指用户通过互联网平台上传并展示原创的文字、图片、音频和视频等内容，或分享给其他用户使用。

UCG 模式，即为客户生成内容进行旅游点评和咨询的模式，主要代表一些社区攻略分享类网站，比如"蚂蜂窝""驴妈妈"等。这一类机构是线上旅游利润的分享者，通过用户生成的内容，将客流引入预订系统的网站中，与相关的机构进行利润分成，并非线上旅游竞争的主力。

四、"互联网＋旅游"的案例分析

（一）旅游产业供给端互联网化："一部手机游云南"

"一部手机游云南"是全国首个面向全球游客推出的省级数字化全域旅游服务平台，已经开始运行。游客可以通过手机 App 便捷地享受到吃、住、行、游、购、娱、养等全方位高智能服务，方便快捷。

2017 年 6 月，云南省政府颁发了《云南省加快推进旅游产业转型升级重点任务》文件，其中提及了"一部手机游云南"这一省级数字化全域旅游服务平台的开发。该平台涉及云南旅游大数据中心建设，同时开发一系列旅游类 App 和 AR 等服务产品，以为游客提供游前资讯查询和产品预订购买，游后投诉评价分享等信息服务，目的是打造智慧旅游云南版，实现"一部手机游云南"。

1."一部手机游云南"平台的特点

（1）智能化。中国科学院西双版纳热带植物园利用物联网、人工智能等技术，将百余种植物数字化，并将其"搬"上了互联网。游客只需携带一部手机，即可轻松认识几十种珍稀植物，西双版纳热带植物园也因此探索出一种新的游览方式。作为"一部手机游云南"省级首批试点景区，西双版纳热带植物园已经成功地完成了相关建设任务，并将接入省级平台。此外，西双版纳热带植物园还在百花园、藤本园等12个专类园以及神秘果、糖棕等48种重点植物上设立了讲解点，在干湿两季分别编写了中英文讲解词并配有80余张图片，以更好地为游客提供全面的植物知识普及服务。

（2）人性化。丽江古城的旅游厕所引起了各界的高度赞赏和关注。景区已经完成了对28个旅游厕所静态数据信息的采集工作。在古城的东大街和卖鸡巷，智慧厕所试点已经完成了设备采购、安装以及系统数据的联调。接入"一部手机游云南"后，游客可以通过手机应用程序便捷地查看附近旅游厕所的使用情况，同时在进入旅游厕所时，即可实时查看厕所的占用情况。丽江玉龙雪山景区也在积极推进智慧旅游厕所建设，并率先完成了3个智慧厕所的改造。通过"游云南"应用程序导航，游客可以方便地寻找厕所，还可以实时了解每个厕位的空闲状况。

（3）个性化。云南腾冲火山热海旅游区根据景区四季旅游特色，定制化设计导游词，为游客带来独特的旅游体验。景区负责人表示，为做好"一部手机游云南"省级数字化全域旅游服务平台的建设工作，进一步完善5A级景区的设施设备。目前，景区地图的测绘和打点工作以及手绘地图的绘制工作均已完成。

云南石林风景名胜区结合"一部手机游云南"省级数字化全域旅游服务平台的建设，将智慧旅游建设与平台打造充分结合起来。早在2015年，石林景区就已经开始筹划建设"石林智慧旅游综合平台"。项目将分类建设智慧营销、智慧服务、智慧管理、智慧体验4个方向的业务系统，按照"一中心四体系"全面提升石林旅游营销和管理水平。目前，景区凭借"一部手机游云南"平台的建设，重新修订了导游词。

2."一部手机游云南"平台的意义

云南的旅游业是该省的支柱产业。近年来，旅游市场秩序频繁受到破坏，旅游业乱象不断出现。因此，亟须整治旅游市场秩序，提升旅游业的发展水平。在这种情况下，"一部手机游云南"省级数字化全域旅游服务平台的构建具有重要意义，可以为旅游业的转型升级提供支持。通过推进"一部手机游云南"平台的建设，能够有效净化旅游市场，促进旅游业的健康发展，加速全域旅游的发展进程，为旅游产业的升级打下坚实的基础。

（二）电商提供旅游服务："飞猪旅行"

服务于旅游业的产品众多，近年来，阿里巴巴将旗下的旅游产业更名为"飞猪旅行"，所面向的市场对象为当代青年，为他们提供旅游住宿、机票等服务。

这种新式的旅游服务具有以下特征。

（1）用户年轻化。"飞猪"是阿里集团针对青年人推出的一类旅游产品，由于目标人群确定为青年人，因此更注重这一年龄阶段用户的消费心理特征。为此，阿里集团将旅游产业运用网络的方式进行展现，让年轻人更具有旅游体验。通过自由、随心的方式，使消费者愿意花费时间和金钱进行旅游消费。从设计理念上来看，这一软件的图标为一只飞翔的小猪，给人一种自由、热情、生机的感觉，再搭配上各种宣传标语，都可以使人感受到青年人的精神气和朝气，给予年轻人更加自由、舒心的旅行，为他们带来更多的使用体验和使用感受。

（2）国际化。"飞猪"的另一个卖点在于针对的服务领域为国外旅行。"飞猪"与国外多个旅游景点进行合作，使游客到国外后出行更方便和快捷，减少烦琐的手续。为了使用户有更好的使用感受，"飞猪"推出多家航空服务，可供用户挑选。同时，"飞猪"还与多家高端酒店进行合作，各大知名酒店都入驻"飞猪"平台，使我国的旅游产业在国际上取得了较大成就，旅游水平得到大幅度提升。

"飞猪"还在开拓自身市场，从线上和线下两方面进行规划，拓宽自身领域，使中国游客可以更好地进行国外游，使中国的旅游企业得到更多方面的提升，从而促进我国经济的健康发展。"飞猪"的服务范围不只是在网上，还会在实地进行服务站点的咨询，帮助游客获得更好的使用体验。

以时效快、质量高作为自身发展要求，为用户提供更多选择的旅游项目和地区，使青年人的好奇心和探索性得到满足。"飞猪"大力进行宣传和合作，延伸产业链条。针对当代青年人热衷的各种购物节，"飞猪"售卖旅游用品，为自身获取经济效益提供更多途径。在节假日消费人群激增时，"飞猪"还设置了各种折扣价、团购价，吸引更多的人群参与飞猪旅行。随着战略部署的不断完善，"飞猪"旅行逐渐走出国门，为我国旅游业开辟出新的出路，并在国家市场上获得较高的经济效益，带动我国社会经济的发展水平。

第四节 "互联网+智慧城市"建设助推高质量发展

随着经济高速发展,环境也不可避免地受到了影响。工厂排放的大量废水、废气对自然环境产生恶劣影响。人们意识到发展与环境之间的冲突,提出"智慧城市"概念,制定新的发展战略,从工业、信息、城市、农业4个方面探索具体措施。通过调整产业结构,使信息化得到发展。

在党的二十大报告中,提出了推进城市建设和规划的多项重要任务,其中包括:"坚持人民城市人民建、人民城市为人民","提高城市规划、建设、治理水平","加强城市基础设施建设","打造宜居、韧性、智慧城市",并且需要加快转变超大特大城市的发展方式,实施城市更新行动。通过建立智慧城市,使我国产业结构发生变化。智慧城市的构建是当今时代重要的战略部署之一,主要是以互联网的方式,将整个城市进行合理规划,为人们提供更好的服务质量,提升人们的生活水平。智慧城市的核心是先进科技引领城市发展,充分发挥信息技术功能,使城市发展和经济发展呈上升趋势。

一、"互联网+智慧城市"概要

(一)智慧城市的界定

运用网络信息技术将监督和管理城市发展,为人们提供大数据的分析结果,通过精准的数据和信息,制定符合发展要求的城市规划。智慧城市管理是通过阶梯式管理方式对城市中的不同产业进行管理,其中较高层级的产业管理是针对基础设施建设和高精尖技术的研发;中级的产业管理是针对信息业和新兴服务业的管理；基础的产业管理是对城市整体运行方面的管理，通过建立完善的市民网和市场网，对整个城市发展进行管理，围绕商业为城市发展中心，体现出全面感应、鼓励机制和创新机制、有效整合、合作发展的特征。

随着社会不断发展，城市中各种基础设施及人员技术都在进步，城市化的进程已经朝着高质量、高频率进行，人们的生活水平得以保障，许多城市已经成为智慧化城市。先进的经济城市群将带动周边城市发展，有利于我国城市整体水平的提升。

（二）"互联网+智慧城市"的提出

"互联网+智慧城市"的模式将城市发展和互联网发展融合在一起，可以使网络化带动城市化，加快城市的发展步伐和节奏。利用互联网先进的技术，可以使城市管理得更加细致有序，通过对城市中人和物的统计和大数据分析，得到城市的基本发展情况，为市民提供更加智能的服务。政府通过互联网对城市进行管理，对城市进行智能监管，可使工作更加公开透明，市民可以对政府的各项事务进行监管；政府也可以对市民的实际需求有更好的了解，提出解决方案。智慧城市的管理制度可以使民生得到保障，实现城市的可持续发展。

新型的智慧城市内容核心是运用创新方式对城市进行管理，为市民提供更好的服务，市民可以对政府的各项事务执行进行监管。建设智慧城市可以提高市民的参与意识，激发市民参与城市建设的热情。市民的角色发生改变，既是城市中的居民，也是城市的管理者、建立者。

互联网的信息化和网络技术的数字智能化，使得城市中的人才技术产业得以发展，通过提高城市内在价值和城市形象，可以增强城市竞争力，带动城市经济发展和社会进步。市民通过城市网站参与城市管理，维护自身权益。

互联网的融入，使得城镇发展产生新的机遇。运用互联网的先进技术，可以将城镇整体规划变得更加成熟，针对各个产业的发展提供针对性帮助。互联网的各种技术可以帮助政务人员在处理政务时更加便捷，减少工作压力，将更多的时间和精力用来于善民生和为人们提供更好的服务。通过先进的计算机技术，可以使城市发展与商业发展之间的联系变得更加紧密，使城市整体的产业发展方向发生转变，使密集型产业朝着智能化产业方向转变，提升城市管理的整体质量。

当今时代，互联网产业发展迅速，呈现出良好的发展前景，将城市发展与互联网发展进行融合，可以为城市化带来无限的发展前景。我国政府鼓励以智能化、信息化带动城市化发展，许多城市已将智慧城市构建指定为发展方向和目标，并投入大量资金和人才对智慧城市进行研究，将城市各个领域的事务通过智能化方式进行管理，从而谋求更好的发展。

二、"互联网＋智慧城市"的构成

（一）基础设施层

（1）以网络作为基层发展的基础设施。提供高质量的服务，需要运用更高的技术对人们的需求进行调查和感受，然后制定针对性服务。网络全覆盖可以让人们更好地参与智慧城市，因此，需要对市民提供较多区域的无线网络覆盖，让市民有较好的体验。做好城市商业管理，加强政务和市场之间的联系，拉近人们和政府之间的距离，使城市可以更加和谐发展。政府需要保证民众的合法权益，人们应当维护政府的名誉。构建城市一体化的发展模式，提升人们的城市管理参与感，才能将城市的基础建设得到完善。

（2）信息化技术为人们的生产和生活提供了极大的便利。通过应用云计算技术和大数据分析，可以为智慧城市的发展提供精准的信息和数据。这些数据不仅有助于政府制定科学合理的城市规划，而且也为市民提供了更为便捷的公共服务和生活方式。在智慧城市的建设过程中，云计算技术和大数据分析能够帮助政府了解城市现状，提前预测未来城市的发展趋势，为制定城市规划和政策提供有力支撑。

（二）信息资源层

信息资源包括两方面，分别是信息资源库和公共信息平台。

1. 信息资源库

智慧城市主要是以灵敏的信息作为发展基础，通过互联网将城市中的人与物进行数字分析，得到详细的分析报告，针对报告数据将信息资源进行有效整合，通过多种方式管理和运用智慧城市，使城市得到发展。

（1）公共基础数据库。

人们处于城市中的不同环境和角色，需要按照不同的规则和标准行动，为了保证城市的秩序和安全，需要建立人员信息库，进而保证城市秩序有序进行。对此，可以小区为单位对人口进行普查，减少纰漏，保障统计结果的一致性和真实性，完善城市人口信息库。对城市中的商业发展和市场发展进行监管时，保障城市各项数据支出和收入的详细记录具有真实性。针对各个企业的高级管理人员进行基本信息的录入，保障数据的实时性。除了对城市人口的普查，还需要对城市土地使用有清楚的了解。记录政府和商业用地的土地使用种类和面积等详细信息是十分必要的。通过这些记录，可以全面了解城市中各类土地的使用情况，包括公共建设、商业用途、政府机关办公等情况。

（2）公共业务数据库。

对城市人口、建筑进行统计和记录，可以使城市的基础发展得到保障。除此之外，需要对各个行业的公共业务进行详细记录，将每个行业的基础情况或跨行业之间的关联业务进行统计，对智慧城市涉及的产业进行明确分类，按照要求进行业务管理，使城市资源得到有效配置，为人们提供更好的服务。

（3）公共服务数据库。

对公共事务的信息进行公开、透明化，可以使人们对政府有更好的了解，监督政府工作。政府为人们构建智慧城市，帮助人们谋取福利，从而使公共服务创造更高的城市价值。信息数据的透明化可以使智慧城市发展获得民众基础，人们通过互联网参与智慧城市构建，从而提升市民的参与感，激发人们的主人翁意识，互联网的先进技术可以对城市进行监控，保障城市长治久安，大数据分析可以帮助城市预测未来的发展方向，促进城市的可持续发展。

2. 公共信息平台

智慧城市主要是以信息共享作为发展基础，运用智能化手段对数据进行分析和统计。城市中的各个产业都是共同发展的，相互之间可以进行信息共享，保障城市数据统一性和真实性。政务部门应当向人民群众进行公开、透明化办公，使人们可以感受到政府全心全意为人们谋取福利，拉近政府和人民群众之间的关系。通过实现智慧城市的高效、高质运行，使人们的生活水平得到保障。

（1）数据汇聚与加工。通过对城市中各类人口结构构成的统计来看，公共信息库可以为城市发展提供强有力的支撑。各个领域信息的交换，可以实现数据共享。经过对数据计算和分析，得到对智慧城市发展有用的信息，实时更新公共信息库，使城市发展所需信息具有真实性和可行性。

（2）数据整合与服务。对城市各项数据进行统计，需要对不同类型的数据进行分类，以保障数据库中的数据清晰简洁，方便人们随时找到所需要的数据信息。针对重复的数据进行整合，保障数据库中数据的精炼。数据的有效整合可以为智慧城市构建提供一定的发展基础，从而提升政府的服务能力和服务质量。

（3）数据发布与利用。互联网具有信息共享性，应当在法律允许的前提下，对公共信息进行公开透明的数据发布，以便民众对数据和信息有更好的了解，从而使人们参与智慧城市构建的过程。各大企业也可以根据对数据的分析，确定市场发展方向，为城市创造更好的经济效益。利用信息技术处理为智慧城市运行提供更具有针对性地帮助。通过城市发展与互联网发展相结合，获取更多有用的信息和数据，指导城市发展方向，为构建智慧城市提供理论依据。

（三）智慧应用层

智慧应用层中的各个部分相互作用，共同构成城市应用层。

1. 智慧人文

智慧人文指对城市历史进行探究，制定符合城市发展的文化建设，加强对文化开发的保护，并且运用新型信息技术对文化进行继承和发展，使城市文化可以得到流传。将城市的人文情怀作为市场竞争的优势进行开发，不仅能够推广和传承城市的文化艺术，还能进一步提升城市的竞争力。将文化建设和信息建设相结合，能够实现互利共赢，为城市的经济发展和市民的生活品质带来可持续的利益。所以，以智慧人文带动智慧城市发展，促进城市文化传播，加强城市之间的联系，为构建智慧城市提供强大的精神支撑。

2. 智慧产业

要使城市中各产业得到发展，应当改变传统产业结构，运用互联网将信息化与智能化融入各个产业发展中，发展互联网经济，才可以带动城市经济获得更好的发展。这种互联网与产业之间相结合的方式，被称为智慧产业。通过对智慧产业的探索与创新，可以为城市带来更高的经济效益，带动周边城市的经济辐射能力。

3. 智慧环保

在打造智慧城市过程中，不应当只追求经济效益，也要兼顾环境效益。使经济与生态环境平衡发展，通过对环境污染各项指标进行智能监管，从而达到保护环境的作用。智慧环保是通过互联网将城市中各个企业的废气排放及国土面积的开发使用进行详细记录，通过数据分析对生态环境实施可持续发展战略。

针对城市中的植物、动物及各种自然资源进行保护，针对不可再生资源限制开采，并且运用图像绘画、数据统计方式，将城市中各类自然资源及环境污染源进行网络监控，使城市的整个环境状态都可以通过互联网呈现出来。政府针对环境中存在的问题，应提供具体的解决方案，针对民众开展保护环境意识教学，使民众具备保护环境的能力；针对企业对环境造成的破坏，实行惩罚制度。政府应当对自然资源进行保护，对已遭到破坏的生态环境及时采取补救，使城市环境得到保护，在发展经济的同时不会对环境造成伤害，从而走可持续发展道路。

4. 智慧民生

智慧民生主要通过互联网对人们的生产生活进行保障，为人们提供更好的社会民生服务。通过智慧民生，可以提升人们的教育水平，并且完善民众的就医环境；通过优化劳动者的社保及企业社会服务管理以及各项社会事务信息公开透明化，打造智慧城市的良好服务，使民众可以通过建造智慧城市的方式，感受到自身权益的保障及社会生活幸福感的提升，优化民众的基础设施，并且在民众遇到问题时，及时解决民生问题。

在教育方面，智慧民生为教育提供互联网教育及移动教育等智能化信息教育手段，使教育资源得到共享，为学生提供更好的教育环境，使学习者不再受到时间与空间限制，获得同等的教育资源，使自身得到发展。在就医方面，智慧民生通过互联网，可以简化就医流程，通过开设电子通道，人们可以更方便地进行看病问诊，节省时间、提高效率。运用互联网可以有效解决民生问题。通过设立电子自助管理服务，可以简化政府工作人员的工作压力，从而将更多的时间与精力用在为人们民服务上。

针对社会各个群体制定个性化服务，使人们可以感受到智慧城市带给人们的便捷性，加大建设智慧城市的群众基础，使智慧城市建设更加顺利。智慧民生对城市中人口素质的提升具有重要的推动作用，通过互联网进行教育培训，不仅可以提升人们的文化素质，还可以为社会提供高质量的综合型人才。

5. 智慧管理

智慧管理主要指依托互联网对城市的整体发展情况进行了解，并制定具体的战略部署。通过互联网收集城市的基本数据及信息，再进行专业分析，找到城市发展中心及商业中心。针对商业中心展开智慧管理，可带动周边产业的经济发展。在对城市进行管理的过程中，不仅需要对商业进行管理，对城市中的基础设施建设也需要进行管理和控制。将基础设施中涉及的每个部门进行精准划分，从而保障城市可以有条不紊地发展，并为人们创造良好的经济效益。

在对城市进行管理的过程中，需要了解城市中的基本信息、城市的地貌特征、标志性建筑物。通过对数据分析，制定城市的整体规划建设，构建城市智能监控网络，对城市中各个地理信息进行图形模拟及3D建模。建设智能化城市公共信息管理系统，加强政府、企业与市民之间的联系，让三者之间产生良性交流，有利于对城市进行管理，并为城市未来发展提供良好的基础。开设群众意见网站，使群众可以针对企业及政府工作进行监管并提出建议。政府与企业通过改进，拉近与群众之间的关系。在开展具体社会活动时，可以获得群众支持。政府应当鼓励民众积极发表建议，以改善政务工作，消除政府与民众之间的距离感。针对城市中的管理部门进行重点监管，使公安部门及城管部门可以更好地维护市民安全及城市健康发展。在城市中设立监控系统，保障人们的人身安全及合法利益，针对危害社会行为给予严惩，提升公民的安全意识，引导民众进行正确的社会活动，减少城市治安问题，发展安全、文明、健康的智慧城市。

6. 智慧政务

智慧政务指加强政府对人们的服务，使政府工作事务向人们进行信息公开化，市民可以更好地对政务工作进行监管。智慧政务可以使政府工作更加公开、透明，并且高效率、高质量的进行。通过设立电子自助服务，减少政务部门的工作压力，为人们提供更高效的社会服务。

通过完善政府各部门之间的综合管理，提升政务人员的工作效率。通过互联网使民众可以运用电子设备了解政务工作，并且获得政府的服务。政府应当将城市基本信息及政务基本信息公示在网络上，让民众可以更好地对政务工作进行监管，保障政务人员工作的公平与公正，树立良好风气。政府各部门之间应当加强联系，使政府各部门的工作更加综合化，并提升政府部门的办事效率，为群众提供"一个政府可以解决多种问题"的服务模式，从而使人民群众获得更好的服务。

（四）综合服务层

为城市打造综合服务层，指通过对城市进行智慧管理和智慧运营，提升城市的综合服务水平，使人们可以享受到更好的服务。通过对城市中基础设施、社会民生、商业发展运营管理情况的了解，利用信息化技术的分析，从而形成对智慧城市发展的精准预测。为政府部门提供发展方向的指导，帮助企业找到正确的市场发展方向，从而带动整个城市的经济发展。

综合服务场指运用互联网的方式将城市中各个组成部门进行网络构建，通过互联网将城市基本信息向公众进行公示，使公众对城市的基本信息有所了解。政府通过让公众参与政务管理，打造开放、共享的服务型政府，并为人民群众提供更多的服务渠道，切实解决城市民生问题，提升人民群众的生活幸福感。

三、"互联网＋智慧城市"建设技术支撑

"互联网＋智慧城市"的发展模式主要是以信息技术手段对城市进行发展。通过云计算与大数据统计，结合城市发展的真实情况，制定城市运营系统，将城市中的各项基础设施、社会民生、城市服务功能列入系统中，在产生问题时可以及时进行智能响应。通过将社会生产生活中的各项事务赋予智能化，使人们的生活更便利、高效。

（1）移动互联技术。运用互联网技术与移动通信技术，可以得到整座城市发展的信息数据。各个企业之间建立起良性关系，通过搭建移动信息平台，使各个企业之间获得良好的发展，并且为企业提供有用的市场信息。通过互联网建立企业之间的联系，使企业获得全方位的市场信息，并为企业移动商业服务提供具体的解决方案，有利于城市发展高效经济。

（2）物联网技术。将城市中的基础设施建设与城市先进的科学技术进行网络监控，可以获得完善的城市物联网。物联网上的动态信息可以使人们对城市发展有更加清楚地了解，并且这种信息化的智能技术可以实现人与物的有效连接，通过人与物之间相互联系的方式，产生更加高效智能的网络系统。要使信息技术得到更好的发展，需要将人的真实感受运用到先进技术中。通过先进技术与真实感受相结合，创造出适合人类发展需求的物联网技术，这种形式的运行模式，可以为构建智慧城市提供强有力的支撑。

（3）云计算技术。互联网信息技术具有高度的精密性和准确性，在计算方面获得了较高成就。信息化的先进技术可以为城市服务提供新式的计算模式。高效的计算技术可以为城市资源进行合理配置与统计，并为人们的生产生活进行精准的数据控制，将生产中的各类社会资源进行高度管理。用户可以通过电子设备终端，将个人的数据信息进行云保存，因为云服务可以将个人信息进行安全保存，并随时查找。云计算技术不仅将所获得的数据进行计算分析，还将信息进行高效处理，使发布的城市信息具有真实性和准确性。

（4）高性能计算技术。计算机内部具有高性能的先进技术，可以通过内部运行方式，整合计算技术、存储技术和处理技术，可以将计算机技术应用范围进一步拓展，计算机技术的应用领域广泛，包括科学研究、商业管理、生产制造等多个领域，因此在构建智慧城市中，可以通过计算技术解决数据信息处理方面的问题，并为人们的生活带来便捷性。

（5）建模仿真技术。建模仿真技术是依靠真实的城市运行模式建立起来的虚拟系统，对城市有较高的还原度，通过仿真模型的研究，可以了解城市的整体运营模式。经过专家多年的实践与评估经验可以得到，建模仿真技术可以在一定程度上还原城市真实的运营模式。通过对建模系统的观察，可以为城市未来发展确立准确方向。因此，建模仿真技术的产生，为智慧城市发展起到促进作用。

（6）系统工程技术。通过系统工程技术，可以完善城市未来发展的规划与设计，通过不断实验，对城市进行科学合理的管理。系统工程技术有专业的学术理论作为依托，通过先进的互联网信息化技术，对智慧城市的发展提供保障。因此，这种技术的出现可以帮助智慧城市的体系构建及为具体设计提供技术支持。

（7）"三网融合"技术。将移动通信网络、电视宣传网络、互联网络技术进行融合发展，可以获得更加全面、综合的技术支撑。由于不同网络所提供的功能不同，通过进行融合发展，可以帮助智慧城市的各个方面获得较好的发展；将"三网融合"的理念应用到城市资源管理及商业发展中，可以产生巨大的经济效益。

将网络信息进行融合发展，可以为城市运营提供新的发展模式，并为人们带来更好的民生服务。网络融合的发展模式可以使城市产业结构更为合理，通过技术检验的方式，可以使城市设施重复投入使用的问题得到解决，既可以降低构建城市的成本，也可以使城市资源得到合理利用。因此，将网络融合发展应用到智慧城市发展过程中，可以为智慧城市的构建提供技术支撑。通过不断优化网络融合系统，可以使城市服务类型更加丰富，并拓宽网络服务范围。

（8）标准与安全技术。要使智慧城市得到长远发展，需要制定符合城市发展的标准，只有遵循事物发展规则，才能使城市发展井然有序，形成良好的城市发展环境。通过对安全系统的研究，不仅可以保障人们的人身安全，还可以为城市健康发展提供强有力的保障。为城市各产业的发展制定统一的标准，使城市产业发展具有公平性、公开性。城市标准与安全技术是发展智慧城市建设必不可少的基础保证，在此基础上进行智慧城市的发展，才能为人们创造更好的生产生活环境。

四、"互联网＋智慧城市"的发展趋势分析

（1）创新。要使智慧城市得到更好的发展，应当运用互联网对发展模式进行创新，使其内容更加丰富；通过更多途径对城市进行智慧管理。如提升基础设施建设与服务水平，建设创新型城市；通过教育的方式，使人民群众的意识得到提升，从而使整个城市具备创新力。政府应当简政放权，减少对市场的干预，将更多权力归还给市场，使市场可以通过自身调节，为社会创造经济价值。政府应当将更多的权力归还给人民群众，人民群众运用信息技术来维护自身的利益，并参与到社会生活中，从而提升人民群众的社会参与感与主人翁意识。政府应当了解人民群众的需求，并为人民群众制定个性化服务，使人民群众获得更好的民生服务。通过加强互联网的安全保障，可以促进智慧城市的良性发展，提升城市的经济发展和居民的生活水平。

（2）开放。由于智慧城市是通过互联网的方式将城市信息进行公开，因此，智慧城市的管理具有开放性。公众可以通过登录市民网，了解城市的基本信息。政府应当为人们开放自助服务系统，使公众可以获得更好的民生感受。政府将部分管理权力分配给公众，使公众可以对政府进行开放式监督，并且有效维护自身权利，不仅可以提升政府的办事效率，还可以使政务人员树立良好的办公风气，对整个城市的发展产生积极作用。

（3）共享。政府应当对城市信息数据实现共享，通过数据共享方式，加强各个行业之间的产业联系，从而使整个城市的经济得到较好发展。通过产业关联方式，可以使优势产业带动劣势产业，缩小产业之间的发展差距。在信息数据共享的过程中，政府应当建立网络监管部门，对上传的数据进行筛选与管理，保障数据的真实性与完整性。

发展智慧城市的基础性，要求利用信息及数据分析对城市未来发展做出正确预测，因此，作为城市管理者的政府，应当具有先进的意识，重视数据共享的重要性，利用数据分析与专业技术，将城市打造成开放式、共享式、创新式的新兴城市，并赋予人们更多参与社会的机会，提升人民群众的社会参与感，使整个城市得到发展，保障人们的生活质量。

（4）融合。在发展智慧城市的过程中，应当注重产业融合及经济文化与人文文化之间的融合。通过发展融合产业，利用信息技术，可以更好地宣传城市精神文明，使人们在获得经济效益的同时，提升自身文化素养。经济价值、精神价值都是构成智慧城市不可或缺的一部分，要使城市获得发展，应当注重各个方面的发展，不仅需要为人们提供基础的经济水平，还需要丰富人们的精神世界。智慧城市的建设可以促使城市产业结构升级，并延长产业链条。明确正确的发展方向，可以推动智慧城市的快速发展，并为整个城市的经济发展创造更高的经济价值，提高人民群众的生活水平。因此，发展智慧城市是促进产业升级与产业融合。运用互联网带动各个产业的发展，使城市产业在未来发展中获得良好的前景。通过互联网与各个产业及城市建设的融合，可以为城市发展提供创新动力，使城市朝着高效率、高质量的方向发展。

第七章　创新驱动战略下我国经济高质量发展

第一节　创新驱动的演进及其理论内涵

新时代以来，随着我国社会基本矛盾的改变，我国经济发展的重点逐渐转向提高增长质量、保持协调性与平衡性等方向。经济工作的重点内容是转变经济发展方式、调整经济产业结构，围绕党和国家提出的提高经济质量要求，全社会需要紧紧把握"四个着力"和"五个依靠"的总体部署，打开经济发展的新局面。其中，创新驱动是体现市场主体活力，构建新产业发展体系，培育开放型经济发展的重要内容。只有深入实施创新发展战略，才能有助于社会各个方面调整发展方式，实现质量与效益的全面提升。因此，创新驱动是中国建设现代化经济体系的重要战略支撑，具有无穷的动力，可以为全社会的发展注入源源不断的活力。

一、基于三次工业革命看创新驱动的演进

人类社会从近代到现代的数百年里，每一次社会的巨大飞跃都是以工业革命为基础实现的。在人类社会历史上，发生过三次工业革命，这些革命彻底改变了社会生产力和生产关系，并为人类社会的发展带来了革命性的飞跃。随着时代的变迁，人类社会进一步发展，城市化进程不断加速，科技进步方

兴未艾，社会的文明程度得到了极大提高。从人类已经历的三次工业革命可以认识到，创新驱动在历史进程中的重要意义。

(一) 第一次工业革命和创新驱动

第一次工业革命从英国开始，是由于资产阶级率先在英国取得了一定的发展基础。在英国资产阶级革命爆发后，资产阶级得以向统治地位迈进，这种进程进一步推动了英国资本主义经济的迅速发展。这时，传统的手工业已经远远不能满足资本主义发展需求，在传统技术和知识积累下，大工厂生产应运而生，以蒸汽机、纺织机等为代表的技术开启了第一次工业革命大门。

随着英国圈地运动、殖民主义和奴隶贸易的快速发展，英国资产阶级得以掌控新的技术、资源和劳动力，从而推动英国成为当时世界上高度发达的殖民国家，掌握了极为强大的生产力和商品倾销市场，为未来成为"日不落帝国"奠定了坚实的基础。此后，工业革命从英国逐步扩展开来，使当时的西欧、北美等国家和地区也获得了科学技术革新。所以，第一次工业革命不仅是生产力的革命，它还推进了生产关系的重大变革，传统的封建主义制度逐渐难以适应时代的发展，资产阶级得以逐步取代封建主义成为当时西方社会的主导及统治者。

在生产力层面，工业革命不仅改变了能源的使用方式，也改变了生产工具和生产形式。在纺织业领域，改良蒸汽机获得了广泛应用，标志着大机器能够代替传统手工劳动，成为社会生产的主流方式。同时，纺织机的发明和应用，进一步促进专业化产业工人的形成。在这种创新驱动下，传统的手工作坊被市场所淘汰，人类社会的生产能力取得飞跃性发展。此后，新的生产技术从纺织业领域快速进入采矿、冶金、制造等领域，进一步促成火车等新交通方式的革命。工业革命不仅推动了生产力和生产关系的重大变革，也对人类社会结构和生活方式产生了深远的影响。生产力的发展和增强推进了人口数量的显著增加,而这一人口增长的速度与加速度也进一步推动了工业化的进程。同时,在交通运输业的推动下,欧洲工业化国家逐渐形成经济中心城市。

总之,第一次工业革命的产生与发展,是从科学(知识)创新、技术创新到产品创新、城市(区域)创新的动力演进。

(二)第二次工业革命和创新驱动

19世纪以后,随着世界范围内资产阶级革命的不断进行,西方国家步入了快速发展时期。德意志、意大利等国的统一,美国南北战争的结束,都为资本主义经济的发展奠定了政治基础。随着资本主义国家的不断扩张,整个世界都被纳入资本主义的经济体系中,亚、非、拉等国家成为资本主义国家的附庸和市场,而传统的工业生产方式不再适应社会发展需求。这一时期,人类在自然科学领域取得了一系列重大突破,为新的工业技术革命打下知识基础。在这种情况下,一些发达国家的创新能力进一步增强,新技术与新发明不断出现,最终形成第二次工业革命浪潮。

在科学技术的创新带动下,第二次工业革命以电力和内燃机的广泛应用为基础,逐渐扩展到交通技术、通信技术等领域。电力的普及,让人类结束了对蒸汽机的依赖,使电力驱动的新型制造机器成为主要生产方式。同时,电力的应用,带动电报、电话、电影、广播等新通信技术的诞生,使全世界的通讯能力得到快速发展。内燃机的使用,使人类社会对石油的开采和利用迈上新台阶,促进石油化工产业的发展和兴盛。在新技术的带动下,资本主义获得快速扩张的能力,取得对全世界的绝对统治权,促使垄断资本主义得以形成。在垄断资本主义控制下,西方主要发达国家进入帝国主义阶段,使得帝国主义国家内部和国家之间的不平衡状态愈演愈烈,国家之间和各个阶级之间的斗争不可避免。

由此可以看出,科技创新、技术创新、产品创新、业态创新、组织创新、模式创新等创新模式,是第二次工业革命的主要动力,它进一步推动了人类社会进入了"电气时代",从"蒸汽时代"向更高度的现代化方向发展。

(三)第三次工业革命和创新驱动

第二次世界大战后,世界各国都急需恢复经济发展和社会秩序,这进一步推动了生产力的快速发展。在这种背景下,20世纪以来,以相对论和量子力学为代表的新科学理论取得了巨大进步,为新的科学技术革命奠定了重要基础。20世纪中叶开始,人类社会进入了第三次科技革命时期,各种新技术成果快速涌现并得到应用,对世界经济和社会发展产生了深远影响。

第三次科学技术革命是以原子能、航天技术、计算机技术的发展和应用为主要标志,也带动材料技术、生物技术、信息技术等领域的快速发展。第三次科技革命的主要标志是创新驱动,它推动了人类社会产业结构和社会面貌的重大变化。创新驱动推动了高新技术产业和现代服务业的快速发展,让知识和信息成为当今社会最为重要的资源。直到世纪之交,互联网技术和信息技术取得了重大突破,使全世界的科技创新能力进一步增强。在网络信息技术带动下,创新已不再是知识阶层的主要工作,而是成为全社会各个主体共同参与的重要内容。

对于第三次科技革命的意义,西方学者认为,新的科技革命本质上就是能源互联网与再生性能源结合的产物,将在人类生产、生活等各个领域发挥革命性改变。在全球化与信息化高度发达的当代社会,第三次科技革命浪潮仍在继续,各个国家和地区要想抓住科技革命的有利时机,必须以创新为社会发展的主要动力，充分发挥全社会的创造力，聚焦科技成果转化，加快科技体制创新，从而创造经济发展新优势。

《经济学人》杂志的编辑保罗·麦基里对数字技术与制造业的发展具有深入研究，他发表的《第三次工业革命》等文章重点强调数字化革命的重要意义。他认为第三次工业革命的基础是实现生产方式的数字化，由此形成数字制造的新领域。这种革命将进一步淘汰前两次工业革命带来的工厂化生产模式，使制造业实现智能化与个性化。未来，智能制造、机器人等新的技术成果将进一步深入工业生产领域，取代传统的大工厂生产，使远程化、个性化和网络化的生产成为可能。这种革命一旦深入开展，势必造成经济发展与社会结构的进一步变革。在这种生产模式下，城市对工业生产不再重要，全社会有可能形成反城市化趋势。

对于第三次科技革命的未来发展趋势，我国学者也进行了深入研究，出现大量新观点与新成果。复旦大学教授芮明杰认为，第三次科技革命的本质是在创新驱动下，全社会进一步加强数字制造、互联网等技术的应用，实现重大科技成果的创新与融合，创新驱动推进了全社会在产业发展和社会发展领域的重大变革。新兴产业在创新驱动下正在逐步取代传统产业，成为未来经济发展的重要方向。这些新兴产业引领了生产方式和组织形式的变革，并影响着未来社会生活方式和社会文化变迁。最终的结果将使全球步入生态和谐、绿色低碳的新型社会。

综上所述，第三次科技革命将使人类社会突破原有生产力与生产关系局限，进一步发挥创新作用。同时，创新驱动将不仅局限于工业制造领域，还会进一步影响管理制度、市场模式及人们的日常生活，各类创新模式之间形成协同效应，共同推动第三次工业革命的进程。

二、"创新驱动"的理论内涵

在工业化生产早期,人们已经对创新驱动的理论与应用进行探索,并随着技术进步与经济发展,对创新产生理解。18 世纪,古典经济学家亚当·斯密在著作《国富论》中,重点分析社会分工与创新之间的关系。他认为社会分工必将带来生产过程的专业化,从而使人们具备创新能力,进一步提高生产效率。

约瑟夫·熊彼特,作为创新理论的奠基人,曾深入探讨了技术创新在经济发展中的作用,认为创新对推进生产力进步和经济发展具有不可替代的重要地位,进一步形成了完整的创新理论体系。在熊彼特创新理论基础上,经济学者对创新理论进行更加深入地补充和扩展;到了 21 世纪,已经形成多样化的创新理论研究分支,形成多种对创新理论和创新方法的研究和探索。目前,创新理论主要可以划分为三种理论观点:一是从狭义上理解创新,重点研究科学技术层面的创新和应用;二是从社会管理和组织层面上理解创新,主要研究在体制上保障社会的创新能力;三是从经济发展的角度理解创新,让创新驱动经济的变革与发展。

(一)斯密式创新

创新和技术变革对于创造"国民财富"具有重要的推动作用,不过亚当·斯密认为,真正推动国民财富持续增长的主要因素是劳动分工,而不是创新本身。这一观点,在斯密之后的经济学家中,也有一些不同的看法。例如,约翰·雷(John Rae)。

斯密认为,劳动分工的重要结果之一是导致发明和创新,其中,劳动分工是原因,发明和创新是结果。亚当·斯密在著作《国富论》中重点论述社会分工的重要意义。他认为社会分工促成生产机器的发明，而工业化的生产和大机器的应用，进一步促进社会分工的细化。社会分工可以让产业工人集中到某一专门领域，并在生产劳动中不断提升技能与熟练度。在分工协作中，工厂中的生产效率将会获得进一步提升。当工人的主要精力集中到某一专门领域时，会排除其他工作干扰，而使自己劳动效率获得进一步提高。在这一过程中，人们会不断产生创造力，改革工作方法，创造新的生产机器，由此产生了创新驱动力。事实上，在第一次工业革命进程中，许多用于分工的机器都是由普通工人发明创造出来，例如珍妮纺纱机，是由英国一名纺织工人发明。这些事例进一步佐证亚当·斯密关于分工与创新的判断。

马克思作为无产阶级理论导师，非常关注分工与创新之间的相互关系。他在系统阐述"剩余价值"理论时，明确指出劳动的专业化分工是机器制造的先决条件。在社会生产过程中，劳动分工的实施将导致工人采用专门的劳动方式，传统的劳动工具也必然会发生分化，而这些工具的分化方向是从工具原有形式困难中得出的经验。

在工业革命以前，工厂手工业已经开始劳动分工，并且使各种工具实现分化与专门化。工具分化使同样的工具在不同用途中产生不同功能，而工具的专门化，使特殊的工具只有在相对的分工领域中才能产生作用。在分工过程中，工人为了使劳动工具更适合劳动需求，会使工具不断发生改变和革新，使工具更加简单化和实用化。因此，劳动工具的不断进步，为之后大机器的产生奠定基础。

（二）熊彼特式创新

作为奥地利经济学派的代表人物之一，约瑟夫·熊彼特被认为是创新理论的奠基人。他强调创新是一种"创造性破坏"（creative destruction）或"毁灭性创造"，具有一种新的"生产函数"。这种创造性具体体现在，人们在生产过程中会逐渐将新的生产要素融合到旧有的生产模式中，在相互融合过程中，使生产要素完成新的组合，进而为经济发展提供新的驱动力。

熊彼特的创新理论不再局限于技术领域，而进一步在经济学领域进行了延伸和发展。他认为创新是经济发展中最为重要的组成部分，在经济和社会中起到关键作用。经济的发展必然经历不断质变的过程，而创新将会在经济变革中发挥推动作用。在经济活动中，如果某一市场主体实现了某一领域的创新，必然在市场竞争中占据先机，从而获取更为丰富的利润。在产业创新实现后，会带动其他主体和行业进入新兴产业中，从而带动经济进步。

对于具体的创新模式，熊彼特提出五大创新方法：①在创新过程中，产品创新指的是市场主体创造一种新产品并投入市场，从而引发消费者购买和使用的需求，进而为市场主体带来丰厚利润。②生产方式或工艺的创新。生产者通过这类创新提高生产效率，进而在市场中获得更强的竞争优势。这种创新不仅包括新的技术成果，也可以通过商业运作模式进行实现。③市场领域的创新，即国家或市场主体开拓某种新的市场领域，从而获得巨大的市场空间，不仅包括已经存在的市场，也包括过去不存在的领域。④资源领域的创新，即市场主体寻找到新的原材料供应源，进而使生产经营更加高效。⑤组织形式的创新，即企业在管理体制或组织形式上完成创新，使管理能力和效率大大增强。这类创新还可以延伸到宏观领域，如国家在宏观政策上进行创新，实现社会组织与经济结构的创新，促进社会经济实现健康发展。

在熊彼特的创新理论中，他通过对五种创新形式的探讨，进一步提出六个基本观点。第一，创新是内生于生产过程的。虽然随着资本品和劳动力投入的增加，经济增长会有所变化，但并不是唯一的变化因素。熊彼特认为，那些从经济系统内部发生的创新要素，比如投入方面的提升和质量的改善等，可能更为重要。第二，是创新是一种"革命性"的变化。这意味着创新的过程具有突发性和间断性的特点，而不是经济增长的持续性变化。创新是一种对现有经济体系的颠覆性变革，需要对经济发展过程进行阶段性、动态性和全局性的捕捉，以掌握触发创新的动力源。第三，创新就意味着创造与破坏，新事物会取代和否定旧事物。在竞争环境中，新事物与旧事物之间的竞争不断上演，在此过程中，新旧更替、华而不实的情况也时有发生。因此，创新更多地体现为经济实体内部自我更新和自我演进。第四，创新必须以创造新价值为衡量标准。创新必须在新知识、新方法和新工具的基础上展开，通过应用这些新的工具和知识，为市场和消费者创造出新的价值。创新的价值不仅仅是指经济价值，更包括社会价值和环境价值等各个方面的价值。只有当创新能够产生新的、有用的、有市场需求的产品或服务，并且能够满足社会和环境的需要，才能够被称为是成功的创新。第五，创新是经济发展的本质规定，它不仅解释了发展与创新之间的等价联系，而且将增长和发展两者区分开来。其中，增长是由生产要素的数量增加所引起的，而发展则是指由生产要素的质量改善、技术变革和创新所引起的质的转变。第六，创新的主体是"企业家"。企业家的核心职能不仅仅是经营管理，更是能够实现生产要素的"新组合"，并将这种组合应用于市场和消费，这是真正的企业家活动，以此推动经济发展成为可能。因此，"企业家精神"成了推动经济发展、实现社会进步的核心力量。尽管市场竞争可以培育出许多"企业家精神"，但并不是所有的企业家都具备这种精神，也不是只有企业家才会拥有它。在实现生产要素的"新组合"方面，非市场行为也应被视为"企业家精神"的来源。

熊彼特在创新理论中还强调了一个和新古典经济学不同的观点，即在推动竞争和促进发展方面，"创造性破坏"比传统的价格竞争更加有效。与教科书所描述的资本主义现实不同，这种竞争是由新商品、新技术、新供应渠道和新型组织所引起的，而不是简单的价格竞争。这种竞争具有成本或质量上的决定性优势，它的目标不是打击现有企业的利润边际或生产水平，而是打击企业的基础和生存，因此更为有效。

（三）波兰尼的大转型

经济史学家卡尔·波兰尼（Karl Polanyi）认为，人类社会可以分为三个阶段。第一阶段是前资本主义时期，也就是19世纪以前的时期。在这个时期，经济无法脱离社会、政治、伦理等关系，需要和它们相互嵌入，形成一种基于互惠互利的"伦理经济"。这是因为当时的生产力非常匮乏，人类只能以部落、宗族、村庄的形式共同抵御外界威胁，依靠伦理规范来形成集体内部的再分配机制，让每个人都能够尽可能地生存下来。因此，经济关系固然重要，但它们不能脱离伦理关系和社会关系，而是必须和它们相互嵌入。

第二阶段是从19世纪上半叶开始的，也就是古典资本主义时期或原始资本主义时期。在这个时期，工业革命不仅激活了科技元素和社会生产力，也刺激了大批的知识精英，特别是古典经济学家，开始宣扬经济和社会的脱钩，声称经济人的本性就是追逐自身利益的最大化。他们认为，经济人不需要顾及社会关系和伦理规范，这种观念在当时被广泛传播，导致了"血汗工厂""劳资冲突"以及凯恩斯所谓的"动物精神"等问题。在这个时期，由于经济利益的驱动，人们把人抽象为可交易的商品，把人的行为描述成"唯利是图"，从而忽视了人的社会和文化属性。

19世纪60—80年代，资本主义社会开始对经济和社会脱钩所导致的弊端进行反思，进入了重新挂钩的转型阶段。这标志着现代资本主义时期的到来，说明资本主义社会并没有像《资本论》中所描述的那样，出现了劳资冲突并最终走向社会主义社会。反而出现了一种资本主义自我修复和自我完善的机制。马克思·韦伯在《新教伦理与资本主义精神》中认为，这种自我修复机制的产生归因于新教伦理对资本主义社会价值观念的改造，这对后续的发展产生了巨大影响。

卡尔·波兰尼关于人类社会发展和转型阶段的理论，同样为正在进行创新转型的中国提供了深刻的启示。首先，经济与社会之间的挂钩、脱钩和重新挂钩的关系，实际上源于生产力水平的发展，这一规律同样适用于探讨社会主义社会中经济与社会关系的问题。其次，转型不仅是经济转型，还包括社会转型、文化传承、教育公平、生态保护、司法改革、治理体制等一系列方面。这种转型的本质是经济与社会的重新挂钩。

（四）创新驱动的内涵

将"创新"定义为经济发展的驱动力量，是中国特色社会主义理论的创新，既是对斯密式创新与熊彼特式创新的综合，也是对波兰尼大转型理论的发展。在结合前人对创新理论探索的基础上，当前社会对创新驱动的研究和探索，主流观点主要有以下三种。

第一种观点主要是从科技发展的角度，解释创新的本质和背景。这一观点将创新限制在技术层面，使创新内涵较为狭义。在这一观点支持下，人们更加关注科学理论和技术的进步，强调知识的重要性，重视获得在硬件方面的创新支持。

创新主体主要是相关的院校和科技研发机构，只有通过科研工作者的不断探索，才能带来创新技术成果的进步。因此，这一观点主要表达科技创新的重要性。支持这一观点的代表人物主要包括施穆克勒、罗森伯格及弗里曼等一批关注科技创新的经济学者。为此，他们总结出科技创新的具体方式：一是技术推动；二是需求带动；三是技术与需求的综合作用；四是技术规范——

技术轨道范式；五是需求与资源的关系模式等。在这些创新模式中，学者们强调技术创新的重要性，并认为技术发展是各个领域创新发展的基石和推动力。为了支撑这些观点，美国社会学者杰里米·里夫金在其出版的一系列著作中提出，未来产业革命的主要科技创新领域，将集中在低碳环保、智能制造和数字技术等。围绕这些新技术革命，可再生能源将成为人们进行能源利用的主要方式，将为整个世界创造低碳，甚至零碳的发展方式。同时，智能制造和数字技术也将使生产方式发生巨大变化，进而形成新的知识型经济。为此，世界各国需要加强科技投入，加强科技成果的产出和转化，充分建立以科技创新为主要驱动力的发展结构。

第二种观点主要体现在文化创意方面，重视文化创新的重要性，着重发展创意产业。在信息化社会，文化创意在社会生产、生活中发挥越来越突出的作用。在许多欧美发达国家，经济和社会结构已经发生了重大的变化，西方国家已经形成了以现代服务业为核心的产业结构。在制造业领域，这些国家已经把大量的加工和生产转移至第三世界国家，而且他们更加重视文化创意所起到的引领作用。为此，发达国家形成重视文化创新的社会机制，加强在产权保护和品牌塑造方面的经济价值。

在文化创意方面，许多发达国家建立以产权保护、市场机制和社会化创新体系为主的政策环境。在企业发展方面，发达国家的企业纷纷将文化创意作为重要的创新发展方向，提供大量的资金投入，进一步笼络创意人才，建立创意团队，发挥创新主体的重要作用。从这一角度来看，创新被理解为包含科技（Technology）、人才（Talent）和包容（Tolerance）三个方面，这凸显了创新所承载的活力、多样性和平等的价值观。

第三种观点是将创新的重点放在宏观发展层面，将创新驱动看作是整个社会充分发展的重要推动力。这一观点将创新含义从科技、文化等领域，扩展到社会经济发展角度，深入阐述创新型经济的未来发展方向。这一观点的形成是对熊彼特创新理论进一步深化和完善的结果，把创新驱动同人类社会的进步紧密结合起来。为此，有学者指出，随着经济的发展，在创新的推动下，社会中的主导产业将不断变化和转型，这将推动人类社会从传统的工业社会向现代社会的过渡。21世纪，创新对社会进步的推动作用愈加增强，进而使社会主导产业转向服务业发展方向，而现代服务业将进一步推动社会转型和变革。

在宏观视角推动下，创新驱动上升到国家竞争领域。在不同的发展阶段，国家之间的核心竞争力也会发生变化。在传统工业社会中，国家之间的竞争，主要围绕资源和市场等领域；在现代社会中，国家间的竞争重点，主要是创新实力。因此，在信息化时代背景下，国家的经济发展必须要以知识、信息等要素为重要支撑，国家必须加强创新驱动，才能保持经济竞争实力的增长。因此，经济增长理论主要是围绕创新这一主要推动力而展开。在新的经济形势下，经济增长的内在动力已经从研发—人力资本积累逐渐演化为研发—知识积累的增长模式，未来将进一步形成创新和创意为主的新型经济增长模型。

对发展中国家如何以创新推动经济的快速发展，国内外学者进行了大量研究，总结出发展中国家将会面临的三个重要发展阶段，即从要素驱动到效率驱动，最终将进入创新驱动阶段。为了应对全球化经济发展变化，提高国家竞争力，发展中国家需要做好创新发展准备，积极建立创新驱动的政策与制度支撑，激发全社会的创新能力，才能在未来的全球化竞争中占据主动。

综合上述三种对创新内涵的理解，不难看出，三种创新观点分别从不同的视角，对推动社会发展的作用进行了详细分析。在微观视角下，创新主要指科技创新，重点发展方向是加强科学进步、技术创新与生产方式的创新；在中观视角下，创新的主要环节是在全社会建立创新环境，强调人才的作用，重点发展文化创意产业；在宏观视角下，各个国家要从经济转型与发展理解创新，通过创新驱动，创造新的经济增长点，并开创新的经济增长模式。我国在深入实施创新驱动战略的过程中，要将三种观点充分整合起来，积极建立适合我国经济社会发展的创新驱动模式。

立足于全球发展的新格局，立足于我国经济社会发展的实际问题，符合我国未来发展情况的自主创新道路，将创新发展理念放在首要位置，将创新驱动战略上升为重大的国家战略，未来必将成为我国转变方式、调整结构、创造新的发展动力的根本支撑。

第一，从微观层面实施创新驱动战略，要不断加强科技创新能力。为了推动科技创新和促进经济发展，我们需要提高原始创新、集成创新和引进消化吸收再创新的能力，注重协同创新，加强资源整合和合作创新。为此，需要完善知识创新体系，加大对基础研究、前沿技术研究和社会公益技术研究的投入，提高科研水平和成果转化能力，以抢占科技发展的制高点。同时，我们也需要加大对重点领域和重大项目的支持，实施国家科技重大专项，突破重大技术瓶颈，开发具有国际先进水平的科研成果和技术产品，为经济和社会发展提供有力支撑。

第二，从制度和机制层面来看，实施创新驱动发展战略需要在深化科技体制改革方面下功夫，促进科技和经济的紧密结合，加快构建国家创新体系，建立以企业为主体、市场为导向、产学研相结合的技术创新体系。我们应当加快新技术、新产品和新工艺的研发和应用，推进技术集成和商业模式创新，同时完善科技创新评价标准、激励机制和转化机制。此外，我们还应该实施知识产权战略，进一步加强知识产权的保护，提高科技成果的产业化和商业化程度，有效激发科技创新的积极性和创造力。

第三，从发展阶段变革的角度来看，实施创新驱动发展战略的目标是促进创新资源的高效配置和综合集成，充分调动全社会的智慧和力量，推动创新发展，从而提高经济发展的质量和效益，加快经济发展方式的转变。

因此，创新驱动发展战略实施的目的在于增强创新动力和推进自主创新能力在技术层面上的实现，也是在体制层面对破除阻碍创新藩篱的宣言，更是在发展模式层面谋求经济转型的长期战略，需要新的理论框架与实施路径加以支撑、整合与推进。

三、"创新驱动"理论框架：实现高质量发展

在理论层面上，需要构建一个理论框架来诠释创新的内涵，并覆盖微观、中观和宏观层面，反映全要素生产率的持续提升以及从要素驱动到创新驱动的循序渐进过程。这一理论框架由纵向和横向两个不同维度组成。在纵向维度上，应采用"要素驱动—效率驱动—创新驱动"三个阶段的形式，反映增长动力的类型由数量型向质量型转变所导致的发展模式更替。在横向维度上，应分为"知识—技术—模式—空间"四大体系，从点到面地表现出创新驱动的全面性和多元性。只有构建出这样一个完整的理论框架，才能更好地指导实践中的创新实现与推进，从而实现经济高质量发展的目标。

（一）理论框架："要素驱动—效率驱动—创新驱动"的纵向内在逻辑

从纵向维度理解创新，要从经济与社会发展的历史演进过程中探索创新发展的内在逻辑。西方发达国家自工业革命到现代社会的发展过程中，国家的经济发展经历从粗放到集约的演进，而社会发展的主要推动力也发生变化。在经济发展的早期阶段，主要依靠要素驱动，即国家和市场主体应该尽最大努力占有土地、能源、劳动力等各种生产要素，以推动经济发展。随着时间的推移，资源要素达到一定的积累程度时，效率则成为社会生产最为关键的

驱动力。在效率驱动基础上，创新作用被不断放大，逐渐演变为以创新驱动为主的发展模式。从一般规律来看，效率驱动对创新发展将起到关键作用，能够为创新驱动的形成提供坚实的物质基础。因此，效率驱动不仅是创新驱动的前提，也是在纵向维度发展到创新驱动阶段必然经历的过渡期。

第一，效率驱动具有承接和发展要素驱动的作用，使要素驱动模式进入新的发展阶段，并为创新驱动的形成奠定基础。要素驱动是一个国家经济发展初期的重要因素。在这个阶段的经济发展过程中，国家和市场主体对能源、矿产、土地等自然资源依赖性急剧增强，必须大量吸收劳动力和资金要素进行社会生产，以满足经济发展的需要。然而，这种经济发展模式主要以劳动密集、能源密集型产业为主，过度依赖资源和劳动力，往往容易造成对环境的破坏和能源的过度消耗，同时也容易引发各种社会问题，例如就业困难、资源争夺、收入分配不平衡等。

随着劳动、土地、能源的成本不断上涨，生产要素潜力将会开发殆尽，这种经济增长模式将会陷入瓶颈，生产要素的推动作用将明显降低，甚至会导致经济发展的停顿，成为社会进步的制约因素。在这种情况下，国家与社会必然从粗放型增长过渡到集约化发展，不断强化经济发展的质量。因此，社会生产的主要推动力便过渡到效率驱动阶段。

在效率驱动模式下，全社会对生产要素的使用将更加集约，高质量的要素成为经济发展的关键。在我国进入效率驱动阶段之时，重点提出了建立"资源节约型和环境友好型"两型社会的方案，在实现提高经济发展质量的同时，更加强调资源的有效利用，并加强生态环境的保护力度，使人与自然得到和谐发展。

在效率驱动模式下，我国认为劳动力资源的有效利用至关重要。因此，加大了对教育和文化的投入，通过培养适合时代发展的新型人才，推进人力资源的优化和提高。同时，还加强了对职业技能培训和职业发展的支持，建立了更加多元化、透明化的选拔机制，以培养更多高素质的劳动力和创新型人才。同时，为了应对社会发展不平衡的问题，我国进一步加强社会保障制度的建立，保障社会各项事业均等化发展。此外，我国还通过信息化建设、市场环境打造等手段，进一步提高效率驱动能力。随着社会生产效率的不断提升，各种要素实现优化配置，各个要素的发展潜力和整合能力得到进一步提升。尤其是劳动力资源得到进一步优化，资金要素得到更合理的配置，为创新发展提供了基础环境与条件。

第二，效率驱动具有引领创新驱动作用，能够促进社会中创新资源和要素不断发展。首先，在效率驱动带动下，社会生产中的资本、人力、自然资源等要素能够实现优化配置，能够使人力资源质量获得进一步提升，激发人才的创造力，并使各项资源能够进一步向创新领域集中，从而推动科学与技术发展。

第三，效率驱动的发展模式，可以使市场主体更加关注科学技术的前沿领域，加快科技成果的转化力度，进一步降低创新活动的风险与成本，从而让创新活动具有更好的环境和条件。因此，从这个意义来说，社会生产效率的提升是创新成果得以实现的有效保障。

第四，效率驱动的重大意义在于解放人的思想与活动，使人力从繁重的生产劳动中获得更加自由的发展空间，进而使人才的创造能力得到大幅度提升。在效率驱动阶段，国家与社会都会高度重视创新人才的培养和支持，使得具有创新能力的人才与团队能够获得更好的发展条件，并激励更多的人力资源进入创新领域。总之，效率驱动对人力资源的整合利用，不仅体现在广大劳动力资源质量的提升上，更能作用于创新人才资源的提升，让科技型人才获得更有利的发展条件。国家为了实现效率的提升，需要在政策与制度上激励创新人才，使社会获得智力资源优势，为创新驱动的发展积累良好的人力基础。

综上所述，在社会经济发展从要素驱动过渡到效率驱动，再转型为创新驱动的历史进程中，效率驱动模式在中间阶段起到关键的衔接和桥梁作用。这种承前启后的效果，不仅在表层上使生产要素获得合理的配置和高效利用，在深层次上更是起到转变发展方式，调整经济结构的巨大作用。

效率驱动在要素驱动的发展过程中，使社会生产突破各项要素制约，阻止经济增长的边际效用递减，为创新驱动积累发展基础；在生产函数不变的情况下，有效提升偏生产率和全要素生产率是非常重要的。在这个意义上，以促进生产力为导向的经济转型，必定是一个时间上继起、空间上连续的完整动态过程，即"投资驱动—效率驱动—创新驱动"的持续递进。

（二）横向维度：四大创新体系为高质量发展提供创新动力

从横向维度理解创新驱动，可以将创新活动看作是一系列创新要素和资源的联动与组合，其中涉及知识创新、技术创新、模式创新、空间创新四个体系。创新驱动的中心是知识创新，即实现科学理论知识的突破。在一定资源投入条件下，知识创新会进一步应用到经济发展领域，实现技术方面的创新，创新成果也会具有一定的经济价值。这些创新成果将进一步拓展，促进市场主体的组织模式和经营模式创新，又会影响宏观领域，使社会管理和国家政策实现创新发展。创新的根本目标是将其成果广泛应用于社会生产和生活的各个方面，使人们的生活方式与文化形态发生深刻变革。由此可以看出，创新驱动是一种从知识技术领域不断横向扩展的过程，最终将使经济增长和社会发展发生深刻变革。在开放、包容的社会环境下，创新驱动的作用会愈发明显，其横向延伸的范围和力度会更大。根据创新驱动横向延伸的范围，可以进一步分析四大创新体系之间的关系。

第一，知识创新是创新驱动的根源和基础。从经济发展的角度来看，知识创新体现在两方面：其一，是科学领域的创新，包括科学理论发展和与之相关的应用性研究。这些研究主要是由各个院校、科研团队或企业中的科研部门实现，在产品、工艺或创意等领域提出新的思路与方法，并产生进一步产业转化的可能性；其二，是指人力资本对知识存量与流量的控制能力，主要体现在人才资源在社会生产过程中不断积累经验，最终产生创新的原动力。

第二，技术创新是知识成果实现转化的过程，是将知识创新应用在经济发展领域的必要条件，最终将知识创新变成社会发展的动力。在知识成果转化过程中，市场主体将发挥重要作用。在市场行为下，许多知识创新成果才能产生经济效益，并对社会发展产生积极影响。目前，在技术创新领域，智能制造、低碳能源和信息技术等新兴技术成为驱动经济发展的关键，对此，许多市场主体纷纷加强在这些领域的资金和资源投入，为社会经济的转型与升级创造新的发展环境。

第三，模式创新主要体现在如何让知识、技术层面的创新更好地为经济发展服务。只有在合理的组织管理模式下，知识与技术才能发挥更大作用，从而使宏观经济体系发生深刻变革，使创新驱动带动经济的转型与升级。目前，我国在实施创新发展战略的过程中，知识和技术创新成果不断涌现，而模式创新已经迫在眉睫。

我国的模式创新应聚焦两个领域：一是实现市场发展模式的创新，主要在于我国市场主体要在知识和技术创新的基础上，进一步实现企业组织形式的变革，并实现商业运行模式和价值链的整合，从而改善市场主体的竞争模式和市场规则，并在未来的市场竞争中占据主动地位。二是实现管理体制的创新，主要是从国家与政府角度，推进社会治理方式的创新。为了建设创新型社会，政府需要进行行政管理机制的改革，引导市场优化发展，激活全社会的创新潜能。要在政府的宏观管理中，为创新创业活动创造更为优越的宏观政策环境，加强对高技术领域和中小微企业的扶持。同时，政府还要加强市场监管，为创新企业的发展创造更为公平、合理的发展条件。

第四，空间创新是将创新驱动延伸到城市、乡村发展和社会生活的最终效果。在空间创新体系中，创新主体不仅局限于少数知识群体和市场主体，还应成为全社会的创新活动，进而形成一定空间范围内的分工协作、协同发展的创新模式。在我国，空间创新体系的建设应主要在以下方面体现：一是加快城市化和城市集群的发展，为各种创新活动提供更加广阔的空间和基础设施支持。在城市与城市集群的发展中，以各个城市为主体，实现创新要素的集聚和扩散，产生区域特征明显的创新成果。二是新型城镇化建设，使创新能力获得进一步延伸，在新型城镇化建设中，创新要素将向乡村地区发展，并激活广大乡村群体的创新能力。这些地区可以借助创新活动，实现地区经济的快速发展。三是全民创新创业活动的开展，使社会创新能力进一步提升。大数据、云计算、互联网以及其他创新技术的广泛应用和快速发展，为全民创新活动的开展创造了条件，最终使我国社会产生"大众创业、万众创新"的新引擎。

结合纵向发展与横向延伸两个维度的理解，可以推导出创新驱动的基本理论框架。在实际应用该理论框架时，应该指出以下两个方面：首先，需要突出从知识创新、技术创新、模式创新到空间创新的不同创新体系之间的变化，在理论上可以是线性的、单向的，但在实际经济运行中也可以是非线性的、多向的，而且创新的分叉、跳跃、不规则变化往往是常态。技术创新、模式创新和空间创新都可能激发新的知识发现和新一轮创新要素的扩散，把创新体系划分为由创新要素流动形成的四个部分，是理论研究抽象的需要。

其次,制度创新与四大创新体系的关系,是制度创新贯穿于四大创新体系内部以及体系的转换过程,制度创新有助于提升四大创新体系的运行效率。

第二节 知识创新体系与我国经济高质量发展

知识创新是创新驱动的核心,人力资本则是知识创新的重要基础。因此,可以从这个角度来看,创新驱动高质量发展的本质在于提高整个社会的知识储备水平。

一、知识创新与人力资本认知

人力资本和知识创新是密切相关的,二者之间有着紧密的互动关系。人是实现知识积累与创新的主体,知识创新是人在进行劳动与社会实践中不断总结和创造中实现的。高质量的人力资源对知识创新将起到更为关键的作用。在全球化时代,智力因素在社会生产中占据重要位置,带动知识经济的快速发展。知识经济对人力资源产生更高的要求,使各个领域的劳动者必须不断提升知识技能,并具有掌握知识信息的能力。因此,人们在进行生产、生活时,最主要的是进行知识创新。

(一)知识创新的界定

约瑟夫·熊彼特认为,知识创新不能简单地等同于"创造新知识",还应该包括知识的应用与发展过程:一是通过研究与探索产生新成果;二是让新的研究成果应用于生产和服务领域;三是在创新激励下形成新的商业发展模式。随着知识经济的兴起,学者们越发强调新发现知识的商业化应用前景。西方学者对"知识创新"的定义是:"在创造、演进、交流和应用新想法的过程中，将这些新想法转化为可行的、有价值的产品和服务，以促进企业的成功运营、国家经济的繁荣发展以及社会的全方位进步。"在这里，更加强调新思想的起源及其生发机制。

张凤、何传启指出知识创新作为新思想诞生的意义，具有两层内涵，指人们通过实践与探索，发现科学中的未知领域，产生新的工具、工艺或方法等实践应用，就能产生新的知识。知识创新可以从科学发现、技术发明、新知识的创造以及首次应用新知识等四方面来表现：①科学发现指人们在创新活动中，对自然与社会科学的未知领域进行探索，并发现某些新的科学现象与规律，形成新的科学研究成果。②技术发明主要指人们为了提高生产效率或提升生活的便利性，对已有的生产和生活工具进行改良和创造，从而发明出新的工具、工艺和其他物品。③知识创造指人们创造出新的知识内容，主要包括思想、概念或文化创意等领域的创造成果。④新知识的首次应用不仅意味着新知识的检验，还意味着对新的应用模式以及方法的尝试，包括理论应用、生产应用和商业应用等多个方面。同时，新知识的首次应用还可以理解为创造全新的知识载体和知识要素，形成新的知识组合和新的知识应用方式。具体来讲，知识创新的新组合可以分为六种：新事实、新概念、新规则、概念和规则的新组合、概念、规则和载体的新组合以及新组合的首次应用等。

（二）人力资本是知识创新的载体

人力资本是一种非物质资本，主要体现在国家和市场主体在劳动力资源方面进行的投入和产出。在创新活动中，人力资本是进行知识创新的重要载体。社会和企业在进行知识创新时，主要是通过加强教育投入，使劳动力不断积累新的技能，从而实现知识创新。在西方经济学的发展中，学者们对人力资本进行深入研究，将人力资本提升为促进社会创新发展、实现经济新增长的主导力量。20世纪中叶,一批美国学者在研究美国社会、经济发展变迁时指出,人力资本是推动美国实现快速发展的内生动力。这些研究成果重点分析了人力资本与知识创造之间的关系,用知识创造的思维分析经济增长理论,充分认识到人力资本的重要性,打破传统经济发展模式对物质资本的依赖,使传统的经济学得到进一步完善。在这种理论指导下,市场主体要想取得持续竞争力,就要实现物质资本和人力资本共同发展。同时,在市场主体的转型和升级过程中,需要进一步摆脱物质生产要素限制,将人力资本变成企业获得持续发展的内在动力,从而获得在知识、信息等领域的竞争优势。从20世纪中叶至今,随着信息社会的不断发展,人力资本在市场经济中的影响力越来越明显,最终发展成为企业的核心竞争力。

目前,全世界产业能够快速增长的主要领域包括高技术产业。这些领域的发展能够直接体现一个国家或地区的竞争实力,并为经济增长提供源源不断的动力。此外,高技术产业最为核心的资源是人力资本,需要不断进行知识创新才能获得增长,体现出智力密集的特征。相比于其他产业结构,高技术产业中的人力资本呈现出以下特点:

(1)创造性。高技术产业的发展,要求人力资本具有高度的创造性。相关从业人员在劳动过程中的主要工作,是通过研发和创造,为整个行业带来科学技术和管理模式的创新,进而提升效率和竞争力,实现产业革新与进步。

(2)异质性。高技术产业中的人力资本具有异质性,它能够通过技术创新、经营创新以及决策管理创新,实现边际报酬递增。这种异质性的人力资本在不断提高自身的创新能力的同时,能够更好地促进技术的进一步转化为现实的生产力。

(3)流动性。在高技术行业领域,人力资源普遍拥有更高的技术与管理能力,这也使其具有高度的流动性。因此,人才具有一定的稀缺性,相关人员对报酬和待遇等方面的要求更高。为了获得更好的发展空间，许多人才会在各个企业中进行流动，在就业过程中拥有更多话语权，形成人才的高流动性特点。

（4）低替代性。在高技术行业领域，许多人才掌握着特殊的能力和技巧，承担的岗位和职责很难迅速被其他人员代替。市场主体在进行人力资本投入时，需要消耗更多的时间与资金成本。因此，高技术产业中的人力资本具有低替代性特征。

（5）监督困难。在高技术产业中，企业家和研发人员承担了巨大的研发风险和经营风险。一旦失败，很难确定是外部环境因素的影响，还是由于内部人员的主观失误所致。此外，高技术产业中的大部分工作都是复杂的非程序性脑力劳动，这使得难以准确计量人力资本的效率，因此形成了监督上的困难。

随着人力资本概念得以确立，经济发展中人的重要性日渐突出，人力资本积累愈发受到人们的关注和重视。在这种背景下，大多数国家着眼于知识创新能力的提升，不断加强人才培养力度，推出创新相关政策，为知识创新提供更有利的条件。人力资本质量的不断提升，为世界各国创新能力的提升与知识经济的发展产生深远影响。

（三）知识创新的推进模式

知识创新从形成到发展过程中在不断发生变化，形成不同类型的发展模式。目前，主要形成外力推动式、契约平台模式和生态演替模式三种模式。

（1）外力推动模式。知识创新在形成和发展过程中，是在外力推动下实现进步的，外力主要包括两方面：需求和供给。在需求方面，人们在生产与生活中，为了提升生产效率和生活质量，会不断产生对知识理论的需求。在需求作用下，人们会产生知识探索与创新的根本动力，从而开展广泛的创新活动。最终的知识创新成果将会作用于生产与生活，使生产力水平和生产效率获得大幅度提升。在供给方面，在社会与市场主体的共同作用下，人们不断加强对创新活动的支持，使知识创新获得更多的资金与人力资源，进而推动知识创新的发展。

（2）契约平台模式。随着知识创新活动走向成熟，知识创新活动实现更加规范化发展，由此形成契约平台发展模式。契约平台的形成主要是由国家、市场主体或其他社会机构在契约基础上，为相关人员的创新活动进行管理和约束，以提升知识创新的效率和效果。其中，契约的内容主要包括时间、成本和主要研究课题等。在契约关系中，从事知识创新的单位和个人需要严格按照契约内容开展创新活动，要对创新成果的形成承担相关责任。在市场经济条件下，契约平台模式已经成为最主要的知识创新活动。在国家层面，国家应根据社会发展所需要的内容，对相关创新单位做出部署和要求，同时为创新活动提供政策、资金等方面的支持。在企业层面，企业为了完成发展计划，应根据已有资源建立相关的研发平台和科研部门，同样以契约方式，引导创新人员的知识创新方向。

（3）生态演替模式。知识创新活动需要相关创新主体进行长期投入，对于创新结果，人们无法做出准确判断。因此，知识创新活动不能简单地归结为线性发展模式，而是一个动态、立体而复杂的过程。在知识创新的过程中，需要各个主体进行不断学习与合作，需要社会各个机构和个人进行有效分工，只有采取长期而持续的投入，才能确保知识创新的效率以及质量。为了能够达到这一要求，人们通常需要对各类主体进行资源整合，形成知识密集型的产业园区与创新生态链，保障创新的各个环节紧密配合。这种生态演替模式，在全世界知识创新中有着重要的地位，美国硅谷是典型的代表。硅谷位于美国旧金山的一个湾区,为了提高创新能力和创新效率,硅谷集聚了一批知识创新主体,依托斯坦福大学等科研实力雄厚的学院与研究机构,各个高新技术企业和中介服务机构实现集聚发展,并吸引全世界的高端创新人才向这一地区集中,形成良好的创新环境与氛围。

各个创新要素在完善的创新生态链中获得广阔的发展空间,构成互相依存、互相促进的演进关系。我国在知识创新的发展过程中也积极吸取美国硅谷的发展模式和经验,在我国的创新型城市中,大力支持创新园区的发展,从而形成了诸如北京中关村、上海张江高新科技园区、深圳南山科技园等代表性的知识经济集聚区。

上述三种知识创新模式是当前社会开展知识创新活动的主要发展方式。这些模式各具特色和优势,可以独立发展,也可以相互联系。在我国实施创新发展战略过程中,需要保持三种模式的平衡发展,也要认识到三种模式的优势和不足,从而在宏观政策上做出相应调整。其中,外力推动模式是最为本源的一种创新模式,以市场需求为前提,为知识创新提供发展动力。但这种模式往往过于分散,难以产生效率。因此,国家需要对其提供更多的政策保障。

契约平台模式具有严格的管理规范和创新目标,能够为创新活动提供条件和约束。如果管理过于严苛,会使创新主体丧失活力,并且会出现知识产权保护等方面的问题。生态演替型模式是在市场竞争与合作规则下形成的,在规范性与竞争性等方面做出较好平衡,能够有效激发创新主体的创造力,提升创新效率。但我国在引入生态演替模式的过程中,需要注意加强对中小型创新企业的保护力度,进一步平衡市场的效率与公平。

二、作为创新驱动策源地的知识创新体系

知识创新来自个体对知识学习、加工和创造的求知欲望。从本质上讲，知识创新依靠社会个体的创新能力，是社会发展环境下社会个体进行创新活动的体现，离不开个体对知识学习、吸收和创造的活动，也是社会个体进行自我努力和自我创新的结果。因此，强调社会个体知识创新的能动性，对知识创新体系的构建具有重要意义。

个体知识创新能力的培养与形成是一个复杂过程，取决于一定社会条件下的知识创新环境与机制。

（一）知识创新体系是网络化的知识创新

知识创新的推进需要一整套体系实现，包括系统观察知识创新的过程及其影响因素。要形成体系化的知识创新结构，需要在尊重个体创新能力基础上，结合院校、市场主体和相关政府机构，明确各个创新主体的分工与协作，共同构建完整的创新体系。从宏观视角来看，国家在推进创新战略的过程中，要将知识创新体系的建设当成一项重要工作。国家应创造良好的政策环境，使各个创新主体实现高效配合，共同推动知识创新的发展。目前，在知识创新体系中，最主要的组成部分是各个大学与科研机构，这些机构对创新成果的形成将起到关键作用。因此，国家应对大学与院所的创新活动给予支持，同时充分动员社会力量，实现院、校、企业的深度联合，强化科研成果的转化力度。此外，随着公共政策专业化程度的不断提升，智库正在不同知识创造主体之间发挥着桥梁与纽带的作用。

通过将知识创新体系视为一个系统进行分析，我们可以意识到在知识创新过程中应用系统科学方法的重要性。而由于知识创新体系的建立，我们很

大程度上加强了知识系统性的发展，可以让各个创新主体明确功能定位，进而实现不同资源和不同机构的联合发展。同时，建立知识创新体系，也可以让各个创新主体从更为宏观的视角审视创新活动，为政府部门探索知识创新的路径与方法提供新的思路。因此，知识创新体系是整合各类资源的综合系统，具有动态的自组织特性。

（二）知识创新体系的运行机制解读

知识创新体系的建立，应该发挥大学与科研机构的重要作用，使两个主体在知识创新中占据核心地位。我国各个城市和地区在推进创新驱动战略的过程中，必须重视大学与科研机构对区域创新的核心作用，使其成为创新的根源。其中，大学发展能够为城市培养大量的创新人才，并通过创新活动的开展，使各种要素向城市集聚，从而为知识创新提供发展动力。同时，科研机构的创新能力也不容忽视，许多知识创新成果的产生，都是由专业化的科研机构完成。围绕科研机构，各个地区由条件进行知识成果的深入转化，并为企业发展提供智力支持。各个城市和地区可以充分利用本地大学和科研机构资源，建立以知识创新为主的高科技园区，使知识从产生到应用的效率获得提升，创造知识驱动的经济发展模式。

围绕知识创新体系的建设，可从以下角度理解知识创新的运行机制。

首先，充分理解知识创新的主体因素。从创新主体的配置来看，知识创新的主体发展应与社会发展相适应。知识创新活动与社会发展具有共同特征，都是连续且不断进步的过程。在发展过程中，知识创新主体的作用可能落后于社会经济发展，导致社会知识创新能力不能适应经济发展需求。我国正在积极推进创新战略的实施，而要实现这一目标，必须进一步激发创新主体的活力以应对社会发展的要求。此外，由于社会发展的不平衡，创新主体之间也可能存在着不平衡的现象，社会发展的不平衡也会导致创新主体呈现不平衡的特征。为此，政府和社会应根据创新发展要求，优化创新主体结构，对薄弱领域做出倾斜，使创新资源得到有效配置。

其次，应充分理解知识创新的环境因素。外部环境对知识创新的成果产生着很大的影响。这些环境包括学习、创新和创造等方面的因素。其中，学习环境主要指从事知识创新活动的相关人员获取知识与技能的环境，将直接影响人才进行知识积累和传播的效果。在实施创新战略过程中，国家与社会不仅要优化教育环境，还要在社会中建立全民学习、终身学习的良好环境，从而使劳动力资源获得不断提升，为知识创新打造人才基础。

创新环境是指创新主体在积累知识后，在进行创新活动时所面临的各种环境和条件。只有在良好的创新环境下，创新主体才能整合已有的知识，从而产生知识创新成果。因此，国家、社会和企业在知识创新过程中，应提供更好的政策、资金和硬件等创新环境，以便创新主体能够更好地参与到创新活动中。除了学习环境与创新环境之外，知识创新还需要一定的创造环境支持，其含义主要指知识从积累、创新到应用的适合环境。在知识创新过程中，如果缺少必要的创造环境，会使知识成果应用于实践，无法转化为有效的经济价值。

最后，充分理解知识创新的体制机制因素。从政府管理层面来看，政府需要为社会的知识创新活动建立激励机制与保障机制。知识创新同其他市场行为一样，要经历生产与流通的过程，成本、价格与竞争等要素都会影响知识创新活动的开展。但市场行为也具有一定的盲目性和不确定性，因此需要通过政府发挥宏观调控功能，优化资源配置，确保知识创新的有效运行。为此，政府需要在管理制度上做出调整，通过推行激励机制和保障机制，实现对市场功能的完善，使社会各方面与市场主体能够尊重知识创新，创造良好的创新环境。

第三节 技术创新体系与我国经济高质量发展

技术创新通常是在知识创新基础上进行的，是市场主体将知识成果转化为市场成果，发挥其应用价值的过程。技术创新的成果不仅对市场主体的经营行为创造价值，也将改变经济发展模式，形成社会发展的主要驱动力。

市场主体在技术创新过程中将发挥主要作用，在市场竞争的规律下，技术成果将实现推广、传播和应用，并对市场主体行为产生影响。我国为了推进市场主体的技术创新能力，构建完善的技术创新体系，先后颁布了一系列促进技术创新发展规划和政策。在技术创新体系的建设过程中，要确立以"企业为主体、市场为导向、产学研相结合"的体系结构。在这个结构中，各个创新主体和创新要素共同构成了技术创新的复合平台，从而为我国的创新驱动方式提供了清晰的发展方向。在2016年发布的《"十三五"国家科技创新规划》中，再次强调了以"企业为主体、市场为导向"的技术创新体系，这对提升国家创新体系的整体效能具有显著的推动作用。

一、技术创新的界定与认知

技术创新活动是企业在市场导向作用下，将知识创新成果转化为企业竞争优势的过程。技术创新体系的建立要以企业为主体，充分发挥市场的资源配置作用，使企业能够集中人才、资金和信息等创新资源，通过技术成果转化，使技术产品与服务向社会中传播和发展，最终实现经济的高质量发展，推动社会进步。

(一)技术创新的界定

知识创新是技术创新的基础,是为技术创新积累智力储备的重要手段。但是,从市场导向的结果来看,并不是所有的知识创新成果都能够顺利转化成市场中可以应用的产品和服务,且知识创新成果通常也无法被社会中的消费者与用户直接应用。因此,知识创新不等同于技术创新,从两者的区别来看,知识创新的主体通常是院校、科研机构和其他创新人员,这些主体也无法直接参与市场竞争,而技术创新的主体是企业,知识创新主体和政府机构需要协同合作来促进技术创新。在进行技术创新过程中,企业需要发挥其经营和管理能力以支持创新,以市场竞争规律为标准,整合各类生产要素,产生符合市场需求的产品和服务。技术创新能够使企业产生竞争优势,在这一过程中不断进行资源的投入和产出。企业只有通过技术创新,才能推动社会经济的高质量发展。

对于企业,只有通过不间断的技术创新,才能保持竞争优势,产生源源不断的发展动力。为了实现技术创新,企业需要在集聚外部创新要素的同时,加强企业内部的创新能力,为企业未来的发展制订明确的创新目标,并从社会分工中寻求技术合作。因此,技术创新是企业为应对激烈的市场竞争而做出的必然选择,从客观上推动创新活动的发展。

(二)技术创新的实践环节

技术创新是连接知识与应用的重要环节。企业在进行技术创新的过程中,需要与知识创新的主体开展深入合作,才能将知识成果转化为企业竞争力。在技术创新的过程中,需要企业和各个主体之间密切配合,形成紧密的创新链条,其目的是为市场提供新的商业化产品、技术或服务成果。技术创新活动还需要经历各种关键环节,所有环节的效果都会对最终成果产生影响。因此,成功的技术创新可以分解为各个不同环节,而主要环节通常包括以下内容:

第一,基础科学研究环节。基础研究是创新主体对已有知识进行再开发和再创新的过程,主要包括发现新的原理和规律,提出新的思想或方法等。基础研究的关键是推动知识在各个创新主体之间的流动,提升创新主体的研发能力。我国在践行创新驱动战略的过程中,需要研发主体和市场主体进一步重视基础研究,为基础研究环节提供更多资源。

第二,原理样机或应用实验环节。为了更好地推进技术创新活动,使知识创新顺利进入应用转化阶段,企业需要开展原理样机和应用试验环节的研发。原理样机是为验证产品方案的合理性、正确性和生产的可行性而制作的实验机器。这一环节对企业开展技术创新发挥重要作用,是进行产品研发或流程研发的关键步骤。

第三,中间性试验,即中试环节。中试环节是企业将科技成果实现产业化必不可少的环节,只有一项科学研究顺利通过中试生产,才具备继续开发市场化的可能性。中试环节的主要目的是进一步确定产品样品的实用性与合理性,进而使产品更加完善和稳定,进一步测试新研发的工艺、材料或方案等是否具有可行性,确定能否继续向市场推广。通过中试环节,企业也可以进行技术的消化和吸收,从而验证理论的科学性。中间性试验是非常复杂的过程,需要企业投入相应的人力和财力,一般来说,中小型科技企业不具备建设专业化中试基地的能力。目前,许多高科技园区十分注重中试环节的重要性,一般会配套建设专门的中试基地,引入专业化的中试机构,为科技创新企业的发展保驾护航。

第四,产业化或商品化环节。当一项新技术、新产品通过应用实验、中试生产等环节后，企业研发的重心会转移到实现科研成果的产业化和商品化方面。一项新技术需要实现产业化发展，才能借助企业的市场经营活动，充分应用到社会各个领域。同样，一项新产品只有被企业转化成为具备价值与使用价值的商品，才能在销售市场上进行广泛流通，在消费者中得到应用。产业化或商品化的最终效果是企业借助知识创新的成果，获得进入市场的核心竞争力，进而为企业带来市场利润。

由此可见，技术创新是一个环环相扣的有机整体，缺少任何一个步骤，都会给技术创新带来无法预知的后果，从而影响企业正常的生产和经营活动。借助技术创新，企业将发挥主体作用，让知识创新成果以产业化及商品化的方式走向市场，发挥知识成果的真正价值。

二、作为创新驱动主战场的技术创新体系

单个企业技术创新的社会化延展，形成技术创新体系。这一体系是由企业内、外创新环境与创新要素共同作用的结果，企业内部的创新能力决定企业能否高效地进行技术创新；企业外部创新环境，决定企业能否充分吸收社会力量，顺利实现技术创新。技术创新体系是创新驱动的主战场，也是我国提升自主创新能力的核心领域。

技术创新体系是将各种创新要素集成起来，覆盖从科学发现、基础研究、应用实验开发、中试、应用转化研究到首次商业化的全过程。它必须坚持"以企业为主体，以产业技术开发链为基础，以市场为导向"的原则，并且必须从封闭走向开放，以促进创新要素向企业集聚。通过推动产业内科技创新成果的产生、流动、更新、开发和转化，它可以促进创新成果的产品化、市场化、规模化、商品化和产业化，增强企业创新能力和提升产业竞争力。

（一）技术创新体系是集成化的技术创新

技术创新体系是建立在以企业为主体、以产业技术开发链为基础、以市场为导向的创新网络上的。据陈劲、陈钰芬的研究，技术创新体系具有以下本质内涵：首先，技术创新注重技术和市场的整合。技术创新的成功标志即为技术创新成果的首次商业化。因此，技术创新必须注重满足市场和社会的需求，以保证创意能够在商业上取得成功。微软公司希望员工不仅拥有技术方面的才华，还要具备商业头脑。这体现了技术和市场整合的重要性。海尔集团则认为，发明本身并不一定意味着技术创新，而发明者也并不一定是创新者。真正的技术创新，需要将发明转化为能够显著提升经济效益的社会经济活动。其次，技术创新还要强调研究和开发部门、生产制造部门以及营销部门的有效整合。技术创新带来的不确定性不仅来源于技术方面的不确定性，还有来源于市场和战略方面的不确定性。为了提升技术创新的成功率，必须很好地协调和组织研究与开发、市场和生产等方面，对研究和开发、生产制造以及营销部门三个关键部门的联结和界面管理都要进行加强。再次，强调企业内部知识和外部知识之间的有效整合。随着科学技术的不断发展，需要应用的知识和技术种类越来越多，从而要求创新越来越复杂。在资源有限的情况下，企业要提升技术创新能力，仅仅依靠自身的力量已经不足以满足技术创新的要求。因此，企业必须深入发掘并整合内外部知识资源，以全面提升技术创新能力。即便企业拥有强大的技术实力，也难以凭借其内部力量创造出技术创新所需的所有知识。因此，企业之间建立基于知识的联系网络成为知识经济的一个显著特征。这种连接可以帮助企业更有效地利用外部资源和技术能力进行技术创新，从而成为企业创造价值的重要来源。

（二）技术创新体系：从封闭走向开放

随着经济全球化的深入发展，企业之间的边界正在逐渐模糊化。在这种情况下，企业利用和整合外部资源的能力成为其创造价值的重要来源。开放式创新范式认为，如果企业要提高其技术能力，就必须同时利用企业内部和外部知识资源有效地进行整合。通过这种方式，企业可以产生新思想并开发新产品或服务，进而将其通过内部渠道或外部渠道推出市场实现商业化。

开放式创新范式下，企业的边界变得模糊。企业的创新思想主要源于内部的研发部门或其他部门，但也可能来自企业外部。企业内部的创新思想可能在研究或开发的任何阶段，通过知识的流动、人员的流动逐渐扩散到企业外部。一些研究项目在当前经营业务下可能不适用，但在新的市场中却可能发现其巨大的商业价值，也可能通过外部途径实现商业化。知识的大量积累以及知识的快速流动促使科技领域的高素质人才在企业之间广泛流动。此外，风险投资的存在为这些科技人员提供了创业的资金保障。所有这些因素促使企业必须迅速加快新产品开发的速度，并以非常快的速度将其商业化。企业加强内部研发的同时，也要密切监视和跟踪外部知识的变革，并全面吸收和利用这些知识来弥补内部的技术缺陷。通过将内外部知识有机整合，企业可以减少技术创新方面的不确定性，加快创新速度。

在开放式创新范式下，企业可以通过外部途径使研究项目继续进行或者将不适用于当前经营业务的创新产品通过外部渠道进入新市场并实现商业化，从而减小技术创新市场上的不确定性。在开放式创新体系下，技术创新不再是一个简单的线性过程，而是一个充满复杂反馈机制的过程，并且在科学、技术、学习、生产、政策、需求等诸多因素之间形成了复杂的相互作用。企业单独进行创新将变得更加困难，必须通过与其他组织（供应商、用户、竞争者、大学、研究机构、投资机构、政府机构等）的相互作用和相互影响来进行创新。企业内部的想法可以通过外部途径进入市场，并产生额外的价值。有效利用和整合外部知识这一能力已经成为企业获取竞争优势的强大动力。企业可以通过合作研发、购买外部技术许可、技术并购等多种方式经济有效地获得适合于当前经营业务的技术，降低技术创新的成本和风险。对企业的技术创新而言，赢得市场的四大法则是：有敏锐的判断、快速获得技术的方式、找到合适的商业模式，以及与"伙伴"一起创新。

三、技术创新体系变革与高质量发展

在持续跟踪前沿技术、颠覆性技术发展的同时，如何通过技术创新体系变革实现高质量发展，是各国普遍关注的问题。从提升发展质量的角度看，有五个因素需要予以考虑：市场环境与氛围决定企业是否具备创新活力；薪酬激励的制度设计决定技术人员是否具备创新动力；部门之间的利益隔阂决定技术创新开发链是否通畅；产权保护的规则制定决定创新成果能否有效转化；产学研结合决定技术创新体系能否发挥协同力。这些问题的核心是能否以企业为核心，能否以市场为导向，能否正确处理政府与市场的关系，从而构建具有国际竞争力的现代化技术创新体系。

（一）市场环境和企业创新活力

市场环境不佳有三种表现：第一种体现在市场价格体系不合理。由于我国仍处于社会主义市场经济的初级阶段，市场发展水平不够充分，市场管理机制不够完善，在市场发展中会出现价格体系扭曲等问题。通常来说，价格是由市场的供需关系决定，也能够反映市场中的要素与商品的动态变化，从而影响生产者与消费者的行为。但扭曲的市场价格体系不能体现这种变化，

会导致企业在决策与经营活动中做出错误判断。在扭曲的价格体系中，尤其是生产要素市场价格的不合理性，会限制企业进行技术创新，使企业的创新活力受到不良影响。

第二种体现在市场竞争机制不公平。在市场进行无限扩展和发展的情况下，容易产生垄断企业和垄断行为。垄断会破坏市场的正当竞争，给中小型创新企业的生存带来严重威胁。在不公平的市场竞争机制下，科技型企业会进一步削弱技术创新的能力，进而使整个市场的创新活动受到影响。

第三种体现在各级政府对创新的激励机制不科学。我国各地、各级政府在实施创新驱动的过程中，需要建立资金和政策激励机制，对企业的技术创新予以支持。但一些地区的政府对技术创新的认识程度不够，在补贴或激励方式上不够科学，由于科技创新资金和政策向大型企业倾斜，导致中小企业从中得不到应有的支持；还有一些企业通过技术创新项目获得政府补贴，却没有充分落实创新活动，致使政府的投入没有产生理想效果。很多企业在发展中对政府补贴产生依赖性，降低了技术创新活力。为了应对这些问题，政府需要从三个方面做好宏观调控，完善技术创新体系，创造良好的市场环境，增强市场主体的创新能力。

第一，在技术创新体系建设中，政府要明确定位，做好与市场主体的分工协作。在技术创新体系中，企业应始终占主体位置，政府应为企业的创新保驾护航。针对技术创新的各个环节，政府应将支持的重点放在基础研究和中试等中间环节。在产业化开发领域，政府应避免过度干涉，要充分发挥企业的自主性，加强企业的市场竞争力。基础研究是提升社会创新能力的重要组成部分。由于这一阶段往往具有高投入、低回报的特点，市场机制在基础研究环节往往无法发挥作用。因此，政府需要整合社会创新资源，加强基础研究的投入力度，激励创新主体进入基础研究领域。中试环节对技术研发具有重要意义，但很多中小企业无法独立进行中试研究，政府为此需要加强中试基地建设，对中试环节给予大力支持，为中小企业营造良好的创新环境。

第二，为企业创新创造有利的市场环境，提升企业创新活力。企业进行技术创新的根本动力在于市场对新技术具有需求潜力，企业能够在创新活动中获得市场利润。因此，要想提升企业的创新活力，就要充分发挥市场机制，实现资源的最佳配置。在此过程中，政府应规范市场行为，消除市场混乱，为企业建立公平竞争的市场环境，注重解决垄断等破坏市场公平性的问题。同时，政府在设立资金和政策激励机制时，不应简单地对创新项目给予资金补贴，使企业产生对政府补贴的依赖性，而是应该将激励的重心放在降低企业风险，提高企业核心技术能力等方面。

第三，政府要加强人才培养力度，创造良好的社会发展环境。因为人才是进行科技创新的根本要素，只有保障科技人才的培养和引进，才能为企业及社会带来持续的创新动力。因此，政府应该建立人才保障机制，使科技人才和科研团队能够获得保障。在这一过程中，政府应加强公共服务能力，使外来人才在生活、教育、医疗等方面能够得到有效解决。

（二）薪酬激励和人员创新动力

技术创新驱动可以提升科技进步与生产力，而薪酬分配则对技术创新产生驱动和激励作用。在员工薪酬激励方面，需要体现技术人员的智力回报，明确企业薪酬分配体系向技术人员倾斜，激发技术人员的创新动力。为激发科技人员的创新潜能，可以探索以薪酬激励为主的分配政策。为落实这一政策，需要建立基于高薪激励、长期激励、提成制激励和专项奖励的差异化、综合性的薪酬激励模式，将创新成果与创新人员的智力回报紧密联系起来。此外，为应对技术创新活动投入大、周期长、风险高的特点，可以改善薪酬激励机制，以鼓励科技人员持续不断推进创新活动，构建有助于推动技术创新体系变革的薪酬激励，应遵循两条原则：一是按照"工资＋奖金＋长期激励"的薪酬结构设计薪酬体系，做到以长期激励（如股权激励等）为主，短期激励（奖金）与长期激励相结合；二是对基础性、前瞻性和共性研发项目加大工资在薪酬结构中的比重，提高基础薪酬份额，因为这些项目的投资回报期可能较长。同时，要在企业内部建立与薪酬激励机制相适应的人员考核评估体系，以准确评估科技活动和研发创新的人力资源贡献。特别需要注意的是，考核评估体系不能片面地关注企业或项目的短期盈利能力，会挫伤技术人员的创新积极性，而是要包容创新失败，充分发挥技术人员在创新活动中的能动性。

（三）部门利益和技术开发衔接

技术创新是一个长期、持续的过程，具有高投入、高风险的特征，其产生的市场收益也十分丰富。为此，企业需要具备应对风险的能力。在进行技术创新活动时，企业需要调动内、外部各类资源，使产学研之间实现密切配合，让研发团队和个人相互合作，确保技术创新的实现。在获取市场收益后，企业还需要让各个部门和创新主体共享创新成果，实现利益的均衡化分配。然而，在实际创新活动中，由于各个部门之间具有不同的利益诉求，出现只顾部门利益的短视行为。这些情况会导致部门之间产生冲突，进而影响企业整体的创新流程。因此，企业内部需要做好各个部门之间的利益协调，在充分尊重个人与团队利益的同时，确保创新活动的公正公平。在进行外部合作时，政府也要发挥协调作用，避免企业之间、企业与其他创新主体之间产生利益冲突。

在技术创新的过程中，各个环节都是必不可少的，尤其是基础研究环节的成果，对于技术创新能够起到基础作用。许多基础研究成果并不会转化为真正具有市场价值的产品和技术，但其价值也不能被忽视。因此，政府和社会要加强对基础研究部门的支持，避免因利益分配问题导致基础研究人才的流失。

企业是开展技术创新的核心，在技术成果转化为应用成果方面发挥关键作用。企业在技术创新的中间环节，也需要得到其他科研机构的大力支持，确保实验与中试环节的顺利进行。在企业获得市场利润时，需要协调与合作团队之间的关系，避免因短视而破坏团队之间的合作机制。

（四）产权保护和创新成果转化

知识产权保护是确保创新主体的利益受到保护，促进技术创新顺利开展，激发社会创新动力的基本保障。因此，保护知识产权其实就是保护创新本身。

缺乏产权保护的结果是催生企业的短视行为，如果企业得不到产权保护，会丧失自主创新的动力和积极性，导致企业追求短期利益，进行不正当的市场竞争行为。技术创新是一个漫长而充满挑战的过程，需要在市场的主导下发挥企业的主体作用，充分调动各种创新资源，共同完成某一创新目标。企业在进行技术创新时，在短期内不会取得明显效益，因此需要在产权保护下才能顺利进行。如果社会对产权保护出现缺位，会使企业及创新主体的努力付诸东流，使创新成果被模仿或复制，企业无法在市场中获得利润，严重损害创新企业、科研团队和研发人员的利益。一旦缺乏产权保护，就会产生"劣币驱逐良币"，引发企业短期行为。

（五）产学研和技术创新协同力

建立以企业为核心的技术创新系统，其关键在于以企业为节点，构建集成产业化和商业化运作的平台。技术创新体系的建设以企业为主体，并不代表企业要承担技术创新环节中的所有工作任务，而是在企业的产业化带动下，整合高校、院所和其他创新主体，明确分工，形成协作发展机制。在技术创新过程中，企业的作用是明确产业化发展方向，在项目决策、资源投入和市场化经营方面起到关键作用。在创新项目决策方面，政府要进一步释放企业的自主能力，让企业按照市场需求，参与科研项目的规划和决策，从源头上完善创新与市场的结合度。在合作机制方面，需要在政府和企业的共同努力下，以产权保护和利益分配为标准，建立产学研长效合作的新机制。

在创新人才管理方面，社会各界应该鼓励研发人员流动，这样产业、学术和研究之间的合作机制才能得到充分的人才保障。例如，北京中关村高科技园区的成功建立就基于产业、学术和研究间的合作。中关村围绕北京大学与清华大学等院校、中科院与中国工程院等院所构成的强大研发环境，形成以信息技术产业为基础的高技术产业集聚区。企业、高校和科研院所以中关村为平台，发挥出高效的协同创新能力，科技人才可以在学校、院所和企业之间快速流动，诸多科技成果在企业主导下实现快速转化，使中关村展现出蓬勃发展的创新活力。

加强产学研结合的创新协同能力，对中小型民营企业的发展具有促进作用。中小型企业由于处于创新、创业的起步阶段，对技术风险和市场竞争的抗风险能力较弱。对此，加强产学研合作可以帮助中小型企业分担部分风险，同时为其创造良好的发展环境。此外，产学研的协同发展还可以为中小型企业提供更多的人才支持，帮助企业进一步增强创新能力。目前，为了加快中小型企业发展，提升企业创新能力，我国各地围绕产学研融合机制，建设中小企业科技孵化器，实现技术创新环节的服务和共享。对于促进成果转化、加快科技创新企业的发展将有很大帮助。

第四节　模式创新体系与我国经济高质量发展

商业模式创新是企业进一步商业化、市场化并占领市场竞争高地的战略举措，也是构建与完善现代化经济体系的重要途径。前者为后者打下实践基础，而后者为前者提供制度保障，两者相互依存。模式创新体系是系统化的模式创新，企业战略视角下的模式创新体系是"蓝海"战略的执行结果，而产业发展视角下的模式创新体系，则是由价值链分裂或产业融合产生的新兴业态。

互联网时代，模式创新体系生长决定了发展质量，其中，物联网的壮大有助于促进业态创新与资源整合，平台经济的发展有助于加速商业模式创新，而移动智能技术的演化将带来一系列深刻的模式变革，从而开启全球互联互通新模式。

一、模式创新及其影响因素分析

建立模式创新体系的基础是实现市场模式的创新。在信息技术的推动下，模式创新表现为企业为适应新的市场需求，在内部的经营模式和外部的市场活动方式上进行创新和完善，从而形成新的组织活动形式。在市场带动和政府引导下，企业通过模式创新，进一步推动整个产业实现结构调整，并打破原有的市场格局，形成新的竞争方式，最终使社会经济发生重大变革。

（一）模式创新的界定

在传统的工业社会中，社会中的创新能力主要体现在工业产品的开发与制造领域。在传统制造业发展模式下,技术创新和产品迭代的速度较慢,每种技术或产品都具有较强的使用周期,不容易形成新的市场发展模式。在这种状态下,企业一般不会追求模式上的创新,而企业的发展与扩张主要依赖于生产规模和市场占有率的提高。为了追求更高的利润,企业会在生产成本和产品销售渠道上加强改进。

自20世纪末以来,信息技术与互联网技术取得了飞速进步,使全球领域的生产、服务和配套设施被高度整合,生产与消费市场之间的距离被进一步缩短。在这种背景下,信息化与工业化实现深度融合,信息技术逐渐演变为制造企业的主要生产力。产业结构的变化,必然导致传统的市场模式不再适应时代要求,并带动市场经营管理模式不断发生变化。各个市场主体必须加强模式创新,才能紧跟上日新月异的科技发展步伐。

进入21世纪,市场领域的最大变化是互联网技术的应用。互联网使生产者与消费者可以直接进行互动,使传统的商业模式面临严峻挑战。过去用于连接生产与市场环节的批发、零售渠道商不得不进行商业模式的创新,而以电子商务为主要业务手段的商业企业获得了广阔的发展空间。因此,在信息时代背景下,市场中的商业模式迎来了一次全新变革,促使企业进一步加强模式创新力度。

(二)信息技术催生模式创新

作为企业创新活动的一种特定形式,模式创新具有特殊性,其难以脱离企业创新范畴,同时也遵循着企业创新的一般规律和基本特征。特别是在互联网条件下,模式创新是一种特定的产物。

互联网和信息技术的发展为商业模式创新提供了机遇。互联网普及应用下的商业环境特点包括以下10点:①互联网和信息技术作为一种技术媒介,能够把相互依存或有此希望的个体联系起来；②它无处不在并且能够压缩或扩大世界；③它消除时间限制，能够压缩或延长时间；④互联网可以作为渠道进行信息产品的销售和传播；⑤它具有无限的虚拟容量；⑥它降低了信息的不对称性；⑦降低了在社会经济生活中的交易成本；⑧通过标准化而具备低成本和开放性；⑨它具有网络外部性和收益递增特性；⑩它通过创造性的破坏，深刻影响了企业的协调、商务、社团、内容和沟通等各种商业活动，为大量新的商业实践奠定了基础。①

目前，信息技术的快速发展，使经济、社会与文化产生巨大变化，信息技术为企业进行模式创新提供了基本方向，进而影响到企业的市场活动与消费者的消费行为。数字技术与信息化技术已融入市场、政府和大众生活，使企业管理、政务管理和消费市场得以实现虚拟化与数字化发展。政府、企业与公众之间的交流互动方式在这种模式下发生了根本改变。随着网络信息技术的不断进步，以万物互联为基础的物联网模式逐渐形成，进一步加强制造业与信息化的融合能力。物联网模式的深入开发，为全社会创造了新的经济发展模式。

信息技术对模式创新具有以下几点作用：

第一，信息技术加快市场价值形式的变革。在传统的市场发展模式下，制造业产品主要追求的是规模化生产，生产者为消费者提供统一标准的商品。在信息技术带动下，消费者对个性化产品的需求越来越强烈，随着信息化的发展，生产者能够向市场提供更加多元化和个性化的产品和服务。同时，随着信息资源在经济领域中的地位不断提高，信息资源也成了企业最为重视的生产要素，其重要性已经超过了其他生产要素。知识与创新经济的发展，进一步带动现代服务业的快速发展。

---

① 乔为国. 商业模式创新［M］. 上海：上海远东出版社，2009：32-33.

第二，信息技术为社会带来战略性新兴产业的快速进步。随着云计算、大数据等技术的进步，促使新一代信息产业获得更广阔的发展空间，并引导社会其他产业取得转型和升级。信息技术的进步，催生了更多的产业发展领域，使智能制造、信息服务等企业得到快速发展。

第三，信息技术带来生活消费习惯的创新，导致市场模式发生变革。随着信息技术向大众群体的普及，消费群体的生活习惯和消费方式也发生巨大变化。为了满足消费者的需求，市场主体必须创造新的商业模式，为消费者提供信息化的产品和服务。

早期的电子商务是企业之间进行远程商贸往来的一种手段，随着互联网平台的完善，电子商务形态也演变为企业与消费者，或是消费者之间进行交易的重要手段。这种方式彻底改变了人们的消费生活，让传统商业模式不再适应时代需求。新的商业模式也加快了其他领域的发展，使快递、物流和电子支付等方式获得快速发展。信息技术发展为商业模式创新在价值主张、流程、资源组合以及界面模式等结构层次提供了无限的可能性，这种情况导致了新产品、新服务、新技术、新领域的出现，同时也显著提高了企业的经营绩效。

（三）模式创新的影响因素：市场与政府

在企业进行模式创新的过程中，必须关注两个重要的影响因素，即市场和政府。

第一，市场需求对模式创新的影响。企业在进行模式创新的过程中，根本目标是为了满足市场需求，使消费者能够更加便捷地接受企业产品和服务。企业在进行模式创新的过程中，需要以市场为导向，让商业模式的发展适应用户与消费者需求。在用户与消费者的带动作用下，企业会产生模式创新动力。因为市场行为的目的是追求利润最大化,所以,企业之间通常会采用各种方式争夺消费市场。激烈的市场竞争也会为企业模式创新带来动力。在传统模式下,为了在市场竞争中获得优势,企业应采用降低运行成本、提高生产效率的方法赢得竞争。但随着市场的不断变化,各行业产能过剩的问题更加突出,这时,企业进行模式创新将会为自身争取到更多的竞争优势。

第二,政府管理体制对模式创新的影响。随着市场经济的完善和发展,政府在市场中的职能也将发生改变。政府具有对市场进行宏观调控的能力,通过产业规划、政策法规和管理政策,确保市场环境健康发展,也需要从宏观角度引领社会经济走向。同时,政府的市场职能还包括维护公平竞争机制、保护市场主体的创新能力、制定标准和营造企业发展软环境等。政府在履职各项职能的过程中,会依据各项规划与管理政策,使市场模式发生改变,也有可能促进企业创造新的商业模式。

例如,近年来,我国提出建立环境友好型社会的总体发展方向,相关环保部门对环境保护的力度进一步加强。政府对制造企业的节能减排提出具体要求,由此带来相关环保产业和环保服务的快速发展,形成与环境保护相关的新型商业模式。政府管理也对市场中的模式创新起到限制作用,是由于政府在行使职能的过程中,除了促进市场的经济发展,还要强化社会公共事业管理。当市场中出现新的创新模式时,有可能因为与政府传统的管理方式不相适应,而使政府限制其过度发展和扩张。例如,在信息技术带领下,民营化的互联网金融服务模式得到快速发展,但政府出于金融安全的需求,会对电商企业拓展互联网金融业务的行为进行一定限制。

二、作为创新驱动应用端的模式创新体系

在微观层面,模式创新的促进作用不仅对企业的发展十分重要,也为产

业升级与发展带来积极意义。企业通过模式创新，将促进科技成果转化能力，进一步增强企业竞争能力，由此使整个产业的发展形态出现变革，从而创造出良好的产业生态链。这些功能的实现，有赖于模式创新的系统性集成，需要在企业、产业、政府、社会等不同领域展开模式创新。同时，模式创新活动也改变了不同领域之间的边界，产生价值链分裂以及产业融合等创新机制。此外，新兴业态是模式创新的落脚点和着力点，综合体现出模式创新与高质量发展的效果。

（一）模式创新体系是系统化的模式创新

模式创新体系的建立，使企业、政府和消费者之间形成关系密切的互动模式，有利于形成全社会共同参与的创新系统。在系统化的模式创新中，企业是主要的生产者和消费提供者，一切行为模式都是以市场为主导，以消费者的需求为中心。为了保障市场利润，企业会通过模式创新，不断改善与消费者之间的互动关系。政府是市场和企业的监管者，能够对企业行为做出规范，保障经济社会健康发展。随着模式创新在企业经营活动中的重要性逐渐增强，企业、政府和社会群体会更加关注新兴市场模式的发展，共同开拓新的经济增长方式。

企业、政府、社会绘制出一幅以"新兴业态"为中心的模式创新体系图景。由此可以看出，模式创新体系的形成既是社会各方力量共同作用的结果，也是经济发展的必然趋势。模式创新能够改变传统的经济发展结构，进而演变出新的产业形态，使市场经济格局发生深刻变革。因此，要创建一种新的模式体系，需要根据经济和社会发展背景因素进行深入分析，尤其是要着重梳理模式创新和产业发展之间的互动关系。这种互动关系主要体现在四个方面：一是企业间的竞争关系，市场竞争能够刺激企业做出改革，进一步探索新的商业发展模式,以使自身获得市场竞争的主动性。二是市场需求的推动作用,会吸引企业探索新兴的市场领域,使新兴产业得以快速发展。三是政府的政策引导作用,会使市场中的各种资源向某一产业领域集中,继而刺激模式创新体系的形成。例如,我国普遍实施的创新驱动战略,加快了产业升级进程,为战略性新兴产业的发展创造出良好的发展环境。四是社会文化与社会生活方式的改变,加快新兴产业与模式创新发展的步伐。社会文化环境的形成与经济的发展、科学技术的进步紧密相关,也反过来作用于经济和产业发展。因此,社会文化环境的改变会对市场模式的创新活动产生促进作用。

(二)基于企业战略视角下的模式创新体系

从企业战略角度出发的模式创新机理,主要指企业的竞争战略选择所导致的新的商业模式的出现。在强大的信息技术普及应用环境中,企业可以借助新的技术手段,对市场进行更细致、更科学地分析、定位、制定,并实施竞争战略,充分挖掘传统技术下不可能或者不值得挖掘的市场,从而创造新的价值。

一是从"红海"战略与"蓝海"战略来看,模式创新是"蓝海"战略的执行结果。"蓝海"战略是指在一个尚未被开发的市场空间中(被称为"蓝海"),创造新的用户需求,以此来建立一个高增长和高利润的企业,而不是在一个已有明确客户需求和存在的产业领域(被称为"红海")与竞争对手激烈竞争。尽管"蓝海"战略是风险投资家、创业者和企业发展战略制定者追求的目标,但在国家层面,"红海"是提升综合实力的基础。因此,"红海"是机会的基础,"蓝海"是机会的延伸。信息技术的发展与普及应用已经使得"蓝海"战略并不具有长久性,而"红海"才是常态。在这一背景下,基于信息技术的新兴产业发展,是企业商业模式创新的着眼点和终极目标。

二是基于"长尾理论"。该模式的创新更加关注中小消费者（长尾）给企业带来的利润。"长尾"是齐夫（Zipf）定律和帕累托（Pareto）定律在口语化表达中的形式。齐夫定律描述了单词使用的频率与其排名的关系，在日常表达中，部分文字出现频率高，绝大部分文字则难得一用，表现在统计图表中体现为长长的尾巴。除此之外，1897年，意大利经济学家帕累托归纳出了"二八定律"，即20%的人口占有80%的财富，这是一种统计规律，而且适用于很多领域。在过去技术手段不发达的情况下，人们只能关注重要的人或重要的事（头部），由于高成本或者技术不可行而忽略了大多数人或事（长尾）。如今随着信息技术的不断发展，人们关注"长尾"市场的成本也逐渐降低，从而扩大市场规模，创造更多的价值和利润。因此，技术的升级是把无数小规模市场转化为大规模市场，网络时代是关注和利用"长尾效应"的时代。

（三）基于产业发展视角下的模式创新体系

模式创新体系的形成与新兴产业发展之间具有相互促进、相互影响的关系。模式创新有利于新兴产业的发展，而新兴产业的形成，则是促进市场主体进一步探索模式创新的方向。从产业结构调整的角度来看，新兴产业的形成主要有以下两种方式：

第一，由传统市场价值链中分离出来形成的新兴产业领域。在传统经济发展模式下，随着企业的不断扩张，企业活动会覆盖较为完整的价值链，从上、下游价值链中获得更多利润。例如，许多制造企业会参与研发、销售及服务等环节。然而，随着经济全球化的不断发展和信息技术的快速进步，目前在全球市场经济体系中，市场分工不断得到细化，致使传统的市场价值链不断扩大，从单一的产业体系中分离出来，成为新兴的产业门类，构成新的市场模式。又如，在传统制造业的价值链中，生产企业通常会参与产品的研发和设计环节。随着市场经济的不断成熟，产品研发和工业设计从价值链中分离出来，成为新的领域，发展出许多专门进行研发和设计的专业化企业。此外，目前的市场中还有从流通领域分离出来的电子商务，从生产领域分离出来的原始设备制造产业等。随着技术发展与分工体系的加强，未来将会有越来越多的产业链环节成为极富潜力的新兴产业。

第二，各行业之间的交叉、融合与重组，促进新兴产业的形成。许多新兴产业都具有跨行业特征，是由不同产业之间融合产生的。随着行业之间的分工与合作，过去的边缘领域和结合领域逐渐成长，演变为新的产业形态，进一步刺激了经济增长。目前，我国主要的交叉领域是信息化与工业化的"两化融合"，这种宏观融合的方式催生出许多新兴的产业形态，其中包括工业电子、工业软件和信息化服务等丰富多元的产业门类。各个行业之间的融合发展，突破了传统产业之间的界限，进而形成新的市场空间，这推动了高科技企业开发新产品和服务，例如，大数据、云计算、互联网等技术与传统产业之间的交叉融合和整合。这不仅改变了传统产业的商业模式，也创造了新的商业机会和市场，进而形成以信息技术为基础的新兴产业，包括电子商务、数字出版、互联网金融等。

三、模式创新体系生长与高质量发展的关系

模式创新是企业开展市场活动时必须进行的一种创新活动，因此，模式创新并不是一种新形成的概念。在传统的市场模式中，企业只有进行模式创新，才能适应变幻莫测的市场环境。但模式创新的重要性在信息化的市场环境下被不断放大，进而成为现代企业最为重要的创新内容之一。随着数字经济时代的到来，企业进行模式创新的重心与方向也将发生改变，需要围绕物联网、平台经济和移动智能等领域进行模式创新。在这种情况下，模式创新

体系实现了进一步转型和升级,对社会经济发展的意义也凸显出来,在经济的高质量发展中发挥越来越重要的作用。

(一)物联网有效促进业态创新与资源整合

如今,世界各主要国家纷纷将云计算、智慧城市和物联网建设作为前瞻性主导产业,对其引入大量资源,以克服经济危机导致的增长动力匮乏之难题,也作为支撑未来产业竞争高低的支柱。

云计算是信息技术和通信技术的发展融合产物,包括网络计算、分布式计算、并行计算、效用计算、网络存储、虚拟化、负载均衡等。物联网是基于云计算的一个重要应用,它将物理设备与互联网连接起来,并通过云计算技术进行数据存储、处理和分析。如果说云计算是互联网的神经系统,那么物联网则是互联网末梢神经系统的萌芽。物联网主要由DCM(Devices Connect Manage),即感知层、传输层和应用层三层架构构成,并衍生出射频识别(RFID)、传感网、M2M(Machine to Machine)和两化(工业化和信息化)融合四大支柱产业,通过实现对"万物"的智能化管控和运营,实现高效、节能、安全、环保等目标。

物联网的商业模式可以归为10种类型,包括系统集成商核心型、运营商运营型、运营商合作推广型、移动金融型、用户自建体系型、公共事业应用型、广告平台型、软硬件集成商主导型、软件集成商主导型和"云聚合"型。

(二)促进商业模式创新:平台经济的发展

平台经济是信息时代最为典型的经济形态之一。平台经济是以互联网和数字技术为基础,由社会各个主体共同参与的一种新兴产业模式。平台经济主要由各类现实或虚拟的经济平台为中心,在平台中完成资源的智慧化配置,让市场中的供需关系更加协调。在平台经济模式中,企业的市场活动将会发生根本性变化,并为企业提供更多的发展机遇和创新动力。可以在智能化平台帮助下,利用互联网和大数据技术,使市场供求双方以数字化模式进行交易,借此达到共享信息、降低企业开支、提升贸易效率的目的。

平台经济的基本组成包括需求方用户、供给方用户、平台企业(或平台提供者)和平台支撑者四个方面,其中平台企业是平台经济的核心,平台企业掌握的信息资源与技术能力,将影响平台的效率与规模。平台经济改变了传统的商业模式,使平台有条件整合市场中的各个主体和要素,实现重新组合与配置,促使市场竞争从企业之间的竞争转向平台之间的竞争,也使企业的市场活动转化为平台的市场活动。因此,平台经济使传统的产业机构发生进一步转型,并创建新的商业模式和消费方式,是实现经济高质量发展的重要途径。

平台对商业模式的创新主要体现在:一是平台不断发展,其业务领域覆盖到一、二、三产业,使各个行业实现进一步交叉与融合,从而创生出具有交叉特征的新兴业态,打破了传统产业升级模式。二是对企业的经营,平台代替了传统企业管理的一些环节,让企业内部管理更加简单化和扁平化。依托平台,企业不仅可以抱团发展,也可以让企业的专业化能力得到强化。三是平台经济的发展,使企业营销和服务更加精准化,加强企业的创新和服务能力。

互联网技术的快速发展,使我国平台经济进入前所未有的发展高峰,平台经济正在成为新兴业态的主流模式。随着门户网站、网络游戏、电子商务等领域不断创新,平台企业在编织和演化平台经济方面已成为趋势。此外,网络社区、第三方支付、网络电视等新兴领域也在不断发展,如阿里巴巴、腾讯、百度的出现,宣告大规模定制时代的落幕和基于平台经济的新生商业力量的崛起。平台企业利用信息平台和第三方支付等技术手段，通过发现和创造商机，建立撮合交易平台，重构现代市场体系的微观基础，模糊制造业和服务业之间的产业边界。

（三）移动智能技术开启全球化新模式

随着 5G 网络[①]时代的到来，移动计算技术再一次迎来全面革新。高速、泛在、低时延的移动通信技术将进一步改变商业模式，并重塑消费者的生活方式。在移动互联网技术带动下，企业、政府和社会各界进一步完善模式创新体系，开启全球互联、万物互联的新模式。

一是纸张的消失。数字化技术可以让传统的信息传播内容实现数字化。通过移动互联网的应用，数字化信息可以快捷地传播到消费者手中。消费者只需要一部手机就可以快速进行文字浏览和阅读，使以印刷为主的传统信息传播模式发生改变。在这种情况下，传统的大众媒体产业、出版产业将进行数字化变革，寻求以数字化方式对消费者进行信息传播。

二是即时娱乐。在移动互联网技术的带动下，移动设备整合拍摄、游戏和多媒体播放功能，使得消费者可以通过手机进行即时娱乐。受此影响，为大众提供娱乐服务的游戏、影视、社交平台等企业，将运营中心转移到移动端平台，寻求在移动端市场的发展模式。在电子游戏产业方面，各个企业更加关注移动端游戏内容的创新与运营，社交游戏企业通过销售虚拟商品在玩家身上获取收入的商业模式，成为电子游戏主要的收入来源。随着 5G 网络的应用和普及，数字化的影视产品将在移动平台上具有更加高效和清晰的传播

---

① 5G 网络是以用户为中心，以功能模块化、网络可编排为核心理念，重构网络控制和转发机制，改变单一管道和固化的服务模式，基于通用共享的基础设施，为不同用户和行业提供按需定制的网络架构。5G 网络将构建资源全共享、功能易编排、业务紧耦合的社会化信息服务使能平台，从而满足极致体验、效率和性能要求，以及"万物互联"的愿景。

方式，消费者可以通过手机进行影视内容的观看，让手机替代电视、影院和个人计算机，成为人们获得娱乐的主要方式。

三是智能货币。谷歌、微软、维萨、美国运通等大公司联合领先的移动设备制造商和无线运营商已将无线射频识别技术引入市场。这项技术将深刻改变零售行业的结算模式，并在近距离无线通信技术和生物识别匹配技术的支持下，得到了手机内置的应用，使得新一代身份证件可以同时成为各道门禁的钥匙、信用卡、银行卡等。亚马逊、苹果、腾讯、淘宝等高科技公司将移动计算技术引入金融服务业，传统银行业的自动柜员机网络、实体银行网点、贷款办公室、信用卡和数据处理技术正在被淘汰，成为历史，这些公司将在全球范围内直接从客户的信用卡账户划款，并通过信用卡账户为客户提供贷款。

四是移动的社交世界。移动技术缩短了人与人之间的距离，从而形成以移动社交网络为基础的社交方式。各个社交软件的快速普及，让移动用户的社交方式发生改变，人们更愿意通过移动社交软件进行信息共享，寻找志同道合的网络社交伙伴。在商业模式上，移动社交网络改变了商家与用户的交流方式，让企业可以同消费者进行直接对话，并帮助企业建立线上用户网络，从而促进粉丝经济的发展。另外，在移动互联网的帮助下，企业可以更精准地掌握消费者需求，为消费者提供个性化服务。人们对移动社交方式的需求，还催生出以社交为主要业务的新兴业态发展，各类直播平台、短视频平台和社交平台企业迎来新的发展机遇。

五是全球医疗。移动技术的发展，让医疗活动实现数字化与网络化，人们可以通过手机进行网络挂号，甚至可以获得数字化的病历和处方，使人们的看病就医更加方便和快捷。随着移动设备的发展，远程医疗得以实现。医生可以通过远程监控及时了解病人的身体状况，从而为病人提供更好的医疗服务。这些技术的应用将会提升医院的工作效率，进一步降低人们的医疗成本。网络通讯手段的发达，远程医疗技术使得偏远地区的患者也能享受到城市先进的医疗服务，缓解了医疗资源不足的问题，并进一步强化国际的医学合作，使全球医疗成为可能。

六是教育资源和机会变得更为平等。移动计算技术下的新型教材更能体现个性化和全面化，通过对教材内容的自组织，可以激发学习者的学习兴趣，可以将学习内容融入游戏中，从而培养主动学习的方式。在虚拟社交世界和学习空间中，借助于虚拟现实技术（VR）、增强现实技术（AR）和混合现实技术（MR），人们可以进行动态多维度的教学和研究工作。这些技术为教育和研究带来了全新的可能性，并提供了更加直观和沉浸式的学习和研究体验。在移动计算技术的协助下，教育资源的可得性与匹配度大幅提高，而教育成本大幅降低，全球教育为人们提供更多平等接受教育的机会。

第五节　空间创新体系与我国经济高质量发展

空间创新体系的形成，是在宏观政策、社会环境背景下，使创新活动扩展到区域和城市等领域，进而产生空间领域的创新优势。当前，我国推进城市化和新型城镇化发展，为空间创新提供了良好的机遇。在空间创新体系的引领下，城市与城市之间、城乡之间开展互联互通和合作发展，推动了区域间的经济发展和空间优化，促进了城乡协调发展，加快创新要素在区域空间的集聚和分配，最终使城市及城镇彰显出独特的创新功能，进一步强化区域之间的竞争能力，实现区域经济的高质量发展。

本节内容主要是对空间创新、创新空间与空间创新能力做出界定，空间创新体系是高度集成的空间创新范畴，它是知识创新、技术创新和模式创新的空间表述,其动力机制来自空间创新体系的内部与外部,保障体系来自相关联的公共服务与文化氛围。互动性是培育良性空间创新体系的保证,高质量的空间创新体系具有纵向、横向的互动机制与空间溢出效应。作为一类重要的空间创新形式,创新城市的演化路径与空间结构,备受研究者关注。

一、空间创新、创新空间和创新能力

(一)空间创新的界定

知识创新的可转移性、技术创新的可溢出性、人力资本的可流动性,以及模式创新的可复制性,形成特定空间内的创新需求,网络化以一定的空间载体呈现出的创新,称为空间创新。与英国卡迪夫大学的菲利普·库克教授提出的区域创新体系(RIS,Regional Innovation System)相比,空间创新和空间创新体系是有所不同的。库克指出,区域创新体系的形成是一定区域范围内的创新主体通过分工与合作形成的。在一定区域内,社会各个主体将掌握一定的创新资源、拥有一定的区域特色,并会产生相对统一的经济发展目标。各个主体为了实现创新成果,会在区域内进行资源共享,形成有机联系,从而构建空间创新的协作机制。空间创新不仅包含库克所指的区域创新,还包括各种空间层级内的创新,并且更加强调创新在时空上的继起性,即从知识创新到技术创新,再通过模式创新转化为空间创新的动态演变过程。在中国城市规划设计研究院李晓江院长看来,空间创新是指对空间概念和组织方式进行创新。空间创新要求从传统的增量和等级化的空间组织模式转向存量、特色化和网络化的空间组织模式,以此为创新功能和创新活动提供空间载体。

（二）空间创新和创新空间

空间创新需要一定形式的创新空间作为载体，创新活动在这些空间内进行、转移、扩散、成长和融合。创新空间可以是大的城市创新区或小的创新街区，文化创意产业园、创新集聚区、创新城市、城市群、湾区经济等都是创新空间的具体表现。

创新空间具有"随机性"与不可预见性。例如，北京的中关村、深圳的华强北等地区发生的创新并未被事先预见，而且创新空间的出现也与当地的产业基础、空间特征、人力资源分布和创新政策环境密切相关。但空间创新又呈现出一定的内在规律性，掌握创新空间的涨落变化特点，对把握空间创新的内在规律具有积极意义。

创新空间的特征主要包括以下四个方面：首先，它具有营利性和商业性，追求低成本和高收益的同时，也期望具备高声誉和良好的商业信誉。其次，创新空间具有流动性和活动性，希望人和物能够便捷地流动和交易，以便更好地促进创新和商业活动的发展。再次，创新空间具有集聚性和交融性，交通便利和居住宜居并存，以吸引更多的人才和企业进驻。最后，它还需要提供便于交流的场所，使不同领域、不同行业的人员能够面对面地交流、合作和创新，促进知识、技术和资源的共享和互通。

（三）空间创新和空间创新能力

倪鹏飞等人的研究指出影响城市创新能力取决于六个因素，空间创新能力受这六个因素的影响，即创新主体、资源禀赋、市场环境、内部平台、全球联系和公共制度[①]。六个因素对空间（城市）创新能力具有不等的正向作用，

---

① 倪鹏飞，白晶，杨旭.城市创新系统的关键因素及其影响机制——基于全球436个城市数据的结构化方程模型［J］.中国工业经济，2011（2）：16-25.

并通过直接或间接、一条或多条途径产生作用。在制定和实施促进创新的公共政策时,各实际部门应该协同使用相关政策和各项因素来激励和促进创新活动,避免政策之间产生相互抵消的作用,以确保城市创新活动的效果最大化,避免因不匹配造成的重复投入与过度建设,确保实施路径的有效性,不断加强空间的创新能力。

城市作为一类特殊的空间范畴,备受研究者关注。屠启宇等人把城市创新能力与知识流动能力、知识创造能力、企业创新能力并列,共同组成城市创新的能力框架要求。[①] 其中,城市创新能力主要体现在三个方面:首先,注重知识的消化、吸收和应用,将其视为城市增长方式转变的有效途径和重要任务。其次,要培育创新服务水平、创新基础设施、市场需求水平、劳动者素质水平和金融环境等,这些都是城市创新能力的重要组成部分。最后,要形成以自主科技创新为动力的增长结构,以科技创新型产业为主导的产业结构,以自主创新型企业为核心的企业结构。由此可见,空间(城市)创新能力是知识创新、技术创新与模式创新活动对在城市空间内的集中展开与综合反映。

周振华指出要防止一种认识上的误区,既不能把创新城市片面理解为技术创新,也不能脱离城市本身谈论一般意义上的创新问题。[②] 从城市本身的特点来讲,城市集聚着大量高密度的经济要素,形成强大的集聚效应和扩散功能。因此,创新城市具有较大的包容性与整合性,覆盖了经济、社会等各方面的发展,贯穿于城市发展的各项内容中,如创新城市的发展模式、基本功能、产业体系、空间结构、管理架构、社会组织、环境氛围等。

---

① 屠启宇.国家战略中的上海科技创新中心城市建设:理论、模式与实践[M].上海:上海社会科学院出版社,2017:52.

② 周振华.崛起中的全球城市:理论框架及中国模式研究[M].上海:上海人民出版社,2008:274.

二、作为创新驱动承接点的空间创新体系

空间创新的体系化就是空间创新体系,即特定空间内具有特色并与地区资源相关联的组织网络。空间创新体系内存在着各类不同的创新链,这些创新链相互生发并共存,形成了一个庞大的创新网络。空间创新体系是国家创新体系的重要组成部分,也是创新驱动高质量发展战略的着力点和承接点。

(一)空间创新体系是高能化的空间创新

空间创新体系是一个复杂的社会系统,其发展受到外部经济环境、资源环境和政策环境的影响,旨在将空间体系内部的新知识、新技术与新模式的产生、流动、更新与转化,把各种创新活动有机地协调起来,促进空间内部经济结构合理化与经济发展能级提升。在内部、外部影响因素的共同作用下,空间创新体系旨在构建创新环境的不断优化、创新主体相互协调、创新要素自由流动、创新内容日益丰富的创新网络,空间创新体系的特色和能级是根据自然地理禀赋、社会历史条件、经济发展水平和技术积累水平等因素综合作用的结果。不同的地区和城市具有不同的自然、历史和经济条件,这些条件为其发展空间创新提供了不同的优势和限制。

从创新要素的角度来看,空间创新体系由主体要素、功能要素和环境要素三个方面构成。主体要素包括企业、大学、科研机构、中介服务机构和地方政府等,是空间创新体系的重要组成部分和主要创新主体。功能要素包括制度创新、技术创新、管理创新和服务创新等,是空间创新体系实现创新发展的重要保障和支撑。环境要素包括体制、机制、政府或法制调控、基础设施建设和保障条件等,为空间创新体系提供了必要的外部环境和保障条件。空间创新体系通过这些要素的相互作用和协同发展,具有输出技术知识、物

质产品和效益三种功能。

从创新过程角度看,空间创新体系包括:创新机构、创新基础设施、创新资源和创新环境。创新机构主要包括企业、大学、科研院所、孵化器及其他中介机构;创新基础设施包括信息网络、图书馆、公共基础设施等;创新资源包括资金、人才、信息、知识等;创新环境则是政策与法规、管理体制、市场与服务的统称。

从创新空间范围看,空间创新体系可以是创意(创新)街区、文化创意产业园区、创新集聚区,也可以是创新城市、创新农村和创新城市群等,但无论区域覆盖范围有多大,空间创新体系都将建立在一定数量的创新空间基础之上。其中,创新空间体系的重要载体是城市。我国若要深化创新空间体系建设,必须以城市为中心,提升城市的创新能力。空间创新体系的建立又给城市创新带来基本保障。

空间创新体系对城市的作用,主要体现在集聚创新资源,发挥创新主体的能动性,营造良好的创新文化环境。空间创新体系的建设能够增强中心城市的创新能力,中心城市又会产生辐射带动作用,使周边次级城市和新型城镇发挥特色,实现合作共赢。为了全面贯彻落实创新驱动发展战略,提升我国区域创新能力,必须加强创新城市建设,促进区域经济高质量发展。

在"城市中心论"思想的指引下,城市创新体系的构建有利于加强城市内部创新资源的汇集,为了提升城市的创新能力和竞争优势,需要创造一种新的、更加高效的资源配置方式,其中包括人力资本、技术成果转化和创新基础设施建设等多个方面。这些措施可以促进城市创新体系的形成和发展,推动城市经济和区域经济的健康、可持续发展。同时,城市创新体系受到多个因素的影响,包括创新主体、资源禀赋、市场环境、内部平台、全球联系和公共制度等六大方面,而且城市创新体系更加强调三点:一是创新环境的构建，尤其是城市政府制定的创新政策能否有效包容创新失败；二是创新主体的成长，特别是创新体系中各种要素如何帮助创新主体尽快成长；三是模式创新的形成，关键在于不可复制模式的独特性是如何产生的，以及可复制模式又是如何借助创新网络加以推广和传播的。

（二）空间创新体系的动力机制

空间创新体系是推动创新活动不断发展和变化的能源和动力源泉，为促进创新主体的利益最大化和社会价值的最大化提供了重要保障。空间创新体系的动力机制主要分为两类：一类是内部动力机制，包括内部激励机制、学习机制、制度创新机制、企业家精神、组织结构创新等因素，这些因素能够为创新活动提供驱动力和支持，促使创新主体不断进行创新探索和实践；另一类是外部动力机制，包括经济环境、资源条件、制度保障等因素，这些因素能够直接或间接的影响创新主体的创新需求和创新行动，为创新活动提供必要的制度化条件和环境支持。

（三）空间创新体系的保障体系

空间创新体系的保障体系由公共服务系统和创新文化氛围两部分构成，前者是空间创新体系赖以生存的硬条件，后者则构成空间创新体系得以发展的软环境。

一方面，立足于空间创新的共性需求，瞄准支柱产业和社会经济发展中的重大技术问题，联合各方共建公共研发服务平台，促进区域间科技资源的整合和共享。尤其是鼓励跨地区联合建设一批创新空间和共用技术平台，包括相互开放的国家级或省级重点实验室和实验基地、科技基础数据中心、中试基地、技术标准检测机构和信息服务平台等。立足于创新过程中的基础环节与中间环节，为企业和创新主体的创新活动打造稳固的设施配套基础，并集聚各类创新要素，让企业和创新主体之间实现信息共享、服务共享，进一步形成以合作共建为基础的创新联盟。创新联盟的形成将给区域内的创新活动带来活力，从而以城市和高科技园区为基本单位，形成区域创新特色和产业特色，促进区域经济的高质量发展。

另一方面，为了提升空间创新实力，应建立良好的创新文化环境，尊重不同主体之间的文化差异。创新活动的开展，离不开社会文化的支持，各级政府在强化空间创新实力的同时，要为社会发展营造开放、包容的文化软环境，充分尊重社会主体，尤其是个人的文化差异，应为优秀的创新型人才施展才能提供更多机会。

现代社会的发展历程表明，宽松、自由的社会文化环境对激发人的创造力，促进科学技术发展具有重要作用。发达国家之所以走在科技创新的前沿，除了具有雄厚的经济、资源基础，还与其社会文化环境有关。在发达国家，社会环境呈现多元化的表现，能够包容各种价值观念共同发展，并充分尊重个人的意志与权益，使人们能够产生进行研发、探索和创造的积极性。发展中国家要在创新领域追赶上发达国家，不仅需要加快知识储备与经济发展速度，还需要拥有大批创新型人才与创新型企业，具备科技成果转化的社会文化环境。因此，发展中国家若要建立完善的空间创新体系，需要在区域空间内做好制度保障和文化创新。具体来说，要使社会发展成为知识型社会，使社会文化环境能够满足创新需求。从这个意义上讲，创新取决于企业的创新动力与创新团队之间的合作能力，创新空间的多样性以及空间创新要素的多样性，可以确保文化的多元性以及不同文化之间相互碰撞的激烈程度。大城市和城市群之所以能够成为一类重要的创新空间，是因为有更多来自不同地方和社会阶层的人，他们带来了不同文化和思想的互相碰撞，为创意和发明创造空间。

三、空间创新体系演化与高质量发展的关系

空间创新体系的发展质量取决于特定空间内创新要素的集聚、互动、外溢与辐射功能的发挥，集聚能力越强、互动越频繁、外溢辐射范围越广，空间创新体系的发展质量越高。

（一）互动性与空间创新体系的发展质量

斯托夫·弗里曼（C.Freeman）是创新系统理论的先驱，他将创新系统的质量分为三个方面：第一，创新系统核心要素的质量，包括企业、公共演进机构、教育培训机构、政府机构、金融机构等的素质和能力；第二，创新系统所涉及的知识基础设施、创新政策体系和相关制度框架的质量，包括对创新活动的支持和保障、对知识产权的保护、对市场竞争的规范等方面；第三，创新的系统化与网络化的复杂程度，指出系统的知识配置能力比知识生产更为重要，创新要素之间的互动性决定创新系统的效率。

叶林、赵旭铎的研究以英国牛津郡新兴科技创新中心为例，指出政府与市场的关系对区域（空间）创新体系运行具有重要作用，以市场调节为基础，企业、政府与科研部门三方的有效互动，是培育良性区域（空间）创新体系的保证。[①]

张省、顾新从系统运行角度认识城市（空间）创新系统的发展质量可以从内部动力机制的角度进一步分为生成机制、发展机制和演进机制三个方面。在创新系统的内部动力机制中，动力生成机制包括标识、聚集和黏着三个阶段，动力演进机制包含锁定、内卷和涨落三个阶段。[②]

---

① 叶林，赵旭铎.科技创新中的政府与市场：来自英国牛津郡的经验［J］.公共行政评论，2013，6（5）：36-179.

② 张省，顾新.城市创新系统动力机制研究［J］.科技进步与对策，2012，29（5）：35-39.

周振华认为，在全球化与信息化交互作用推动下，一旦信息、知识、货币、文化等流量要素成为空间能量交换的主导形式，传统的区域空间结构理论则不再适用，而是需要引入基于流量扩张的空间结构模型，用以衡量全球城市在全球城市网络中的能级。①

网络流量扩展的核心在于城市作为节点，在网络中不断扩大其连接范围，并加深城市之间的交互联系，增强城市之间的关联密度。这些网络的连接、联系和关联，均是通过流动性体现出来的，又体现出各要素之间的互动关系。各种有形或无形的流动物（对象），则是流动性或互动性的物质载体。

（二）空间创新体系的互动机制与溢出效应分析

一是合作伙伴之间的纵向互动机制。这种纵向机制主要体现在共同创新环节和产业价值链上各类创新主体之间的互动与交流。在一定空间内，创新链的上下游主体可以集聚在较近的范围内，形成利益共同体，即企业之间是由于市场交换而相互联系起来的。马歇尔－阿罗－罗默模型（Marshall-Arrow-Romer Model）对这一合作关系进行了深入探讨。MAR模型深刻揭示在纵向的价值链中，各个主体为了共同的市场目标进行分工合作，集聚发展，并在实现创新的活动中进行信息与技术方面的共享。纵向互动可以让每个企业关注到产业链中的某个环节，使企业的生产成本得到降低。各个企业通过不断交流与反馈，可以使市场在技术和模式中得到创新，从而使产业链得到升级发展，促进空间创新能力的提升。

二是竞争对手间的横向互动机制。在区域空间内，由于经济社会的发展和区域文化的形成，区域内的行业领域也会形成具有共通性的行业规则、行

---

① 周振华.崛起中的全球城市——理论框架及中国模式研究［M］.上海：上海人民出版社，2008：193.

为习惯和社会惯例,这些共同性的文化形态会成为区域内各个市场主体共同遵守的准则。因此,各个主体之间会在共同准则基础上,保持横向交流和互动。

市场主体与行业领域间建立的此类互动关系,并不完全依赖于市场机制内上下游企业之间的正式交易关系,而主要是依靠"非交易相互依赖性"机制,这一概念是由美国加州学派的代表人物迈克尔·斯托普尔(Michael Storper)提出的。非交易相互依赖性现象会更多地存在于共同区域空间内具有同行业竞争关系的市场主体之间,在同一产业中存在竞争关系的市场主体之间,其"知识的默契程度越高,则地理集中度也越明显"。同行业内部的从业者具有共同的语言文化习惯和相近的思想观念,在他们进行日常社会交际的过程中,可以互相学习经验,分享与行业发展相关的知识。处于统一空间内的市场主体,也可以借助人才流动、企业间的关系往来,让各类经验与创新理念得以传播。正是通过这些横向联系,空间区域内的创新经验和行业知识可以不断被企业和人员吸收和传播,整体上带动空间创新体系的发展。

三是空间溢出效应与创新集聚机制。空间溢出效应主要指一个实体的研发成果对空间外部而言所具有的正外部性。正是由于空间溢出效应的存在,使得高等院校、科研机构和科技型企业相伴而生,从而形成创新活动的空间集聚。20世纪80年代,美国为了加快区域创新的发展脚步,保障国家在创新领域的优势地位,专门推出一项法案,即《贝赫-多尔法案》。该法案要求政府在高校中支持创新项目,高校可以拥有知识产权,但这些创新成果必须交给企业进行转化,尤其是高校要通过科研成果,支持中小企业发展。这一法案为创新型中小企业提供了极大的发展机会,使创新成果的空间溢出效应显著提升。

美国斯坦福大学与硅谷是空间溢出效应的产物。斯坦福大学作为硅谷中重要的科研型院校，每年都会产生丰硕的创新成果。该学校为了保障硅谷发展，将大量创新成果分享给区域内的中小型科技企业，为硅谷地区新兴产业的发展注入新的活力。

（三）创新城市演化与空间结构

构建空间创新体系的目标是在创新体系推动下，集聚辐射创新资源，形成创新区域、创新城市和创新城市群。创新城市的建设需要依靠空间创新体系才能实现。在创新城市的建设和发展过程中，创新资源的供给往往存在不足的情况，创新产业结构相对单一，尤其是缺少创新企业和产业项目，无法支撑城市创新发展的基础。为此，城市需要通过构建一批创新产业园区，发挥本地资源、环境优势，加大对创新项目和企业的招商引资力度，加强对创新人才的吸引力，才能实现创新要素的集聚发展。

陈媞、喻金田的研究认为，并非所有的创新活动都能够成为创新城市，只有当其具备一定的创新要素聚集、创新能力提高、创新体制完善和创新文化浓厚等条件时，才能够真正成为创新城市。[1] 从一般城市到创新城市的发展历程，需要经过一段时间的积累和完善，只有当城市形成一定规模的空间创新体系，发展出具有优势的创新产业链条，集中一定数量的创新人才和创新企业，才能成为创新型城市。城市在实现创新驱动的过程中，通常要经历从要素驱动到效率驱动，再到创新驱动的过程。随着创新城市发展规模与经济质量的提高，城市会发挥辐射带动作用，使城市中的创新资源向周边地区扩散，从而使其他城市和新型城镇能够受到创新驱动的影响，使城市圈与区域范围内的创新能力获得全面发展。

从创新城市发展的不同阶段来看，在经济发展的初期，城市可以通过不

---

[1] 陈媞，喻金田. 创新型城市的形成过程研究[J]. 科技创新与生产力，2011（12）：17-21.

断积累创新要素,逐步实现产业的转型升级。在这个过程中,城市政府扮演着重要的角色,通过打造良好的创新环境,为产业、学术界和研究机构之间的互动合作搭建桥梁,同时也加强社会创新能力的培育,为中小企业的发展提供更好的支持。在这一过程中,创新产业不断获得发展空间,知识经济的作用不断凸显。创新城市进入成熟阶段后,创新活动将不再局限于某些科研院所和科技园区,而是形成整体的社会创新文化,使各个领域都围绕创新展开活动。

通过建立和不断完善空间创新体系,城市逐渐形成了自己独特的竞争力,这成了城市发展的主要驱动力,并对区域内其他城市和地区产生了深远的影响。在这个过程中,城市淘汰了落后的产能,逐渐转型升级,使高技术产业和现代服务业成为城市的主导产业,从而实现了城市经济的高质量发展。从空间结构来看,创新城市往往具有"复合型"的空间构造,使得创新城市比普通城市更具有层次感,也丰富了城市内部不同区域之间相互交流的可能性与必要性。

随着创新要素的不断集聚,在城市边缘地带不断发生城市内外部的能量交换与物质交流,从而形成从"单中心"向"多中心"的发展与演化。城市副中心或新型城镇不仅要与创新中心城市产生合作、分工与互动,也要摆脱对城市的依赖,形成符合地方发展特色的产业与独立创新能力,才能进一步使创新资源得到合理分配,使空间创新体系得到进一步优化,最终形成多中心的创新格局。因此,在实际操作中,人们更多地关注郊区新城的建设与发展。

结束语

　　发展问题与人民的利益息息相关，要想实现全面发展，就要有一定的经济基础。我国对经济建设予以高度重视，大力推进经济发展。在中国共产党的革命、建设和改革发展的历程中，经济发展始终是一个重要的议题。尤其在改革开放以后，中国经济的飞速增长，经济发展的效果也非常显著。从经济发展的历程中可以看出，经济的可持续发展需要建立在多方面的基础之上，包括有效的管理、高质量的发展和稳中求进的态势，目前，世界正处在信息产业新时期，中国经济正处于转型升级、优化结构、转变增长模式的关键时期，要想突破这个关键时期必须注重长远规划，突出重点，抓住关键，促进经济高质量发展，要全面增强国家实力，实现社会主义现代化强国的目标，必须大力进行质量变革、效率变革和动力变革，同时要增强人民群众的幸福感。

参考文献

[1] 陈劲, 陈钰芬. 开放创新体系与企业技术创新资源配置[J]. 科研管理, 2006（3）: 1-8.

[2] 陈媞, 喻金田. 创新型城市的形成过程研究[J]. 科技创新与生产力, 2011（12）: 17-21.

[3] 冯金钟. 关于推动我国经济高质量发展的若干思考[J]. 中国市场, 2018（18）: 14-15.

[4] 冯俏彬. 我国经济高质量发展的五大特征与五大途径[J]. 中国党政干部论坛, 2018（1）: 59-61.

[5] 高培勇, 袁富华, 胡怀国, 刘霞辉. 高质量发展的动力、机制与治理[J]. 经济研究参考, 2020（12）: 85-100.

[6] 高煜. 我国经济高质量发展中人工智能与制造业深度融合的智能化模式选择[J]. 西北大学学报（哲学社会科学版）, 2019, 49（5）: 28-35.

[7] 郭栋. 新时代我国经济高质量发展的内涵及路径探究[J]. 哈尔滨学院学报, 2020, 41（8）: 36-40.

[8] 何宏庆. 数字金融:经济高质量发展的重要驱动[J]. 西安财经学院学报, 2019, 32（2）: 45-51.

[9] 洪宇, 马成文. 我国经济高质量发展指数构建与测度[J]. 统计与决策,

2020，36（13）：21-25.

[10] 侯鹏.新时代我国经济如何实现高质量发展［J］.人民论坛，2018（23）：86-87.

[11] 黄辉.我国经济高质量发展的关键途径分析［J］.创新科技，2018，18(1)：23-24.

[12] 姜长云.服务业高质量发展的内涵界定与推进策略［J］.改革，2019(6)：41-52.

[13] 李碧莹，傅畅梅.我国经济高质量发展的治理现代化视角阐释［J］.湖北经济学院学报（人文社会科学版），2020，17（9）：30-33.

[14] 李凌.创新驱动高质量发展［M］.上海：上海社会科学院出版社，2018.

[15] 李艺敏，林森.实现我国经济高质量发展的路径选择［J］.中国经贸导刊（中），2020（3）：145-146.

[16] 林园春.推动我国经济高质量发展的保障措施研究［J］.创新科技，2019，19（1）：36-41.

[17] 林兆木.关于我国经济高质量发展的几点认识［J］.冶金企业文化，2018（1）：26-28.

[18] 林兆木.我国经济高质量发展的内涵和要义［J］.西部大开发，2018（Z1）：111-113.

[19] 刘海霞.我国经济高质量发展的内涵与本质［J］.现代管理科学，2019（11）：3-5.

[20] 刘奕，夏杰长.推动中国服务业高质量发展：主要任务与政策建议［J］.国际贸易，2018（8）：53-59.

[21] 鲁朝云，刘国炳.现代服务业高质量发展评价指标体系构建及应用［J］.

大连海事大学学报（社会科学版），2019，18（5）：64-70.

[22] 吕铁，刘丹.制造业高质量发展：差距、问题与举措[J].学习与探索，2019（1）：111-117.

[23] 乔为国.商业模式创新[M].上海：上海远东出版社，2009.

[24] 任保平，何苗.我国新经济高质量发展的困境及其路径选择[J].西北大学学报（哲学社会科学版），2020，50（1）：40-48.

[25] 任保平，李禹墨.新时代我国经济从高速增长转向高质量发展的动力转换[J].经济与管理评论，2019，35（1）：5-12.

[26] 史丹，李鹏.我国经济高质量发展测度与国际比较[J].东南学术，2019（5）：169-180.

[27] 史丹.中国经济高质量发展[M].北京：经济管理出版社，2019.

[28] 孙继德，郑冕，傅家雯.新时代建筑业高质量发展的内涵与政策建议[J].建筑经济，2019，40（5）：5-9.

[29] 孙江超.我国农业高质量发展导向及政策建议[J].管理学刊，2019，32（6）：28-35.

[30] 陶良虎，李波平，徐勇."互联网+"让中国经济高质量发展[M].北京：国家行政管理出版社，2020.

[31] 王飞.硬科技创新推动我国经济高质量发展[J].中国经贸导刊，2018（1）：69-71.

[32] 王靖华，李鑫.以创新推动我国经济高质量发展的路径[J].经济研究导刊，2018（28）：4-5.

[33] 王伟.我国经济高质量发展评价体系构建与测度研究[J].宁夏社会科学，2020（6）：82-92.

[34] 王雪峰，曹昭乐.我国经济高质量发展的内涵、特征及要求[J].中国

国情国力，2020（6）：14-17.

［35］王一鸣，陈昌盛.重构新平衡：宏观经济形势展望与供给侧结构性改革［M］.北京：中国发展出版社，2016.

［36］王一鸣.大力推动我国经济高质量发展［J］.人民论坛，2018（9）：32-34.

［37］王一新.实现我国经济高质量发展的战略擘画［J］.前线，2018（9）：39-42.

［38］王永昌，尹江燕.论经济高质量发展的基本内涵及趋向［J］.浙江学刊，2019（1）：91-95.

［39］王兆斌.推动我国经济高质量发展的科学指南［J］.理论导报，2020（9）：10-12.

［40］文丰安，胡洋洋.区块链技术支撑我国经济高质量发展的路径研究［J］.济南大学学报（社会科学版），2020，30（5）：91-98+159.

［41］夏显力，陈哲，张慧利，赵敏娟.农业高质量发展：数字赋能与实现路径［J］.中国农村经济，2019（12）：2-15.

［42］许世卫.农业高质量发展与农业大数据建设探讨［J］.农学学报，2019，9（4）：13-17.

［43］许振乾.我国经济高质量发展水平测度研究［J］.中国经贸导刊（中），2020（3）：143-144.

［44］薛龙，郭歌，董盈.我国经济高质量发展的研究进展与展望［J］.郑州轻工业学院学报（社会科学版），2020，21（4）：76-82.

［45］叶林，赵旭铎.科技创新中的政府与市场：来自英国牛津郡的经验［J］.公共行政评论，2013，6（5）：36-59+178-179.

［46］余东华.制造业高质量发展的内涵、路径与动力机制［J］.产业经济评

论，2020（1）：13-32.

[47] 袁宝龙，李琛.创新驱动我国经济高质量发展研究——经济政策不确定性的调节效应[J].宏观质量研究，2021，9（1）：45-57.

[48] 张宝友，黄妍，杨玉香，孟丽君.质量基础设施如何影响我国经济高质量发展[J].经济问题探索，2021（2）：13-30.

[49] 张鸿，刘中，王舒萱.数字经济背景下我国经济高质量发展路径探析[J].商业经济研究，2019（23）：183-186.

[50] 张建刚.推动我国经济迈向高质量发展[J].红旗文稿，2018（10）：23-24.

[51] 张丽伟，田应奎.经济高质量发展的多维评价指标体系构建[J].中国统计，2019（6）：7-9.

[52] 张省，顾新.城市创新系统动力机制研究[J].科技进步与对策，2012，29（5）：35-39.

[53] 张涛.高质量发展的理论阐释及测度方法研究[J].数量经济技术经济研究，2020，37（5）：23-43.

[54] 赵剑波，史丹，邓洲.高质量发展的内涵研究[J].经济与管理研究，2019，40（11）：15-31.

[55] 钟钰.向高质量发展阶段迈进的农业发展导向[J].中州学刊，2018（5）：40-44.

[56] 周红.大数据驱动中国经济高质量发展[M].北京：经济管理出版社，2018.

[57] 周振华.崛起中的全球城市：理论框架及中国模式研究[M].上海：上海人民出版社，2008.